서산대사 법어

활안 한정섭 편저

佛教精神文化院

머리말

　휴정(休靜) 스님은 한국불교의 자존심이다. 나라가 위기한 일발의 역사적 고난에 처해 있을 때 출가사문으로써 호국간성의 첩경이 되었으며, 불교가 유생들의 배불정책에 휘말리고 있을 때 호법신장으로써 불법을 지켜주었기 때문이다.
　조선중기(1520~1604)의 승려로써 8도 16종도총섭이 되었기 때문에 승병장, 묘향산 원적암에 살았으므로 서산(西山)·금강산·두류산을 두루 다니면서 조계의 선풍을 드날렸으므로, 백화도인(白華道人)·풍악산인(楓嶽山人)·두류산인(頭流山人)·조계퇴은(曹溪退隱)·병로(病老) 등의 호를 가지고 후인들을 제접했던 선지식이다.
　본관은 완산 최(崔)씨로 평안도 안주 출신이고, 어려서 자는 현응(玄應), 이름은 여신(汝信)·운학(雲鶴)이었다. 9세에 어머니를 여의고 10세에 아버지마저 떠나 안주 목사 이사증(李思曾)의 양자가 되어 성균관에 입학하였다가 15세에 지리산에 들어가 숭인장로(崇人長老)에게 공부하고 부용영관(芙蓉靈觀)을 전법사로 모셨다. 《전등록》과 《화엄경》·《법화경》을 배우고 승과에 합격하여 대선 중덕을 거쳐 양종판사를 겸했으며, 보우스님의 후임으로 봉은사에 주지가 되기도 하였다.
　1557년 겨울 퇴직하고 전국 명산을 순례하다가 금강산 비로봉에 이르러 세상명리가 허망함을 느끼고 시 한 수 지은 것이 1589년 정여립의 역모사건에 걸려 옥에 갇히기도 하였지만 도리어 왕의 친국으로 무고가 인정되어 묵죽을 하사받는 영광을 얻기도 하였다.

1592년 임란이 일어나자 의승병 기허 영규(騎虛靈圭)가 청주성을 탈환하자 선조대왕께서 친히 불러 8도 도총섭에 임명되어 국난을 타개하였다. 73세의 노령에도 불구하고 전국에 격문을 보내 승병 5천여 명을 규합하고 그 총수가 되어 이듬해 명나라 군대와 함께 서울 수복에 공을 세웠으며, 한도 후에는 노병을 핑계로 유정과 처영에게 총섭을 부탁하고 묘향산으로 돌아가 1604년 1월23일 85세(법랍 70)로 입적하시니 나라에서는 "국일도대선사 선교도총섭 부종수교 보제등계존자"란 호를 내렸다.
  제자에는 유정·편양·소요·정관 등 1천여 명이 있으며, 그 가운데 생사를 자재한 분들만도 70여 명이 넘었다. ≪선가귀감·삼가귀감·선교석·선교결·운수단·설신의·심법요초·청허다집≫ 10여 권의 저서가 있으나 여기서는 ≪청허당대선사행장≫과 선교석·심법요초·소문·묘연문·기문·행적·비명·서간·시문 등 중요한 것만 간추려 정리한다. 자료는 조선실록·인조실록·조선불교통사·서산행장기·비명·전기 등을 참고하고, 번역은 동국역경원 청허선사문집을 많이 참고하였다.
  나라가 어지러울 때는 우주열사가 생각나고, 집안이 어려워지면 효재충신이 생각난다는 말과 같이 아직도 이 나라가 남북이 양대하여 평평히 칼날을 세우고 있기 때문에 지난 해에는 백곡대선사와 사명당을 편집하고 금년에는 서산대사와 의천스님을 기록하도록 계획 세우고 있다. 양이 많아 원문을 고스란히 전재하지 못하는 것을 죄송스럽게 생각하며 간추려 정리하나니, 글을 읽고 몸소 행에 옮겨 나라를 생각하고 백성을 걱정하는 호국불교가 실천되기를 바란다.

불기 2554년 정월 편집자 활안 합장

일러두기

1. 제목을 서산대사라 한 것은 현응(본명)·여신·운학·휴정보다는 서산이 우리에게 널리 알려져 있기 때문이다.

2. 이정구 찬 ≪비명≫이나 이우신의 ≪병서≫, 서유린 정종대왕 ≪사적≫·≪화상당명≫, 편양스님의 ≪행장≫ 등 많은 자료가 있으나 반복되는 것이 많으므로 ≪청허당집≫을 종합하여 재정리한 것이니 독자 여러분은 이를 참고 하시고 깊이 연구하시고 널리 읽고자 하시는 분들은 원전을 중심으로 공부하시기 바란다.

3. 세계불교는 계간지이므로 먼저 잡지 형식으로 편집하여 독자들에게 배포하고 정장을 구하기 원하는 분들이 계시기 때문에 이어서 책자를 간행하는 것이니 역시 참고하시기 바란다.

4. 세상이 화상(畵像)시대가 되어 흰종이에 검은글씨가 잘 눈에 들어오지 않는 것 같으나 전통적인 인습을 무시할 수 없어 그대로 인쇄하고 다시 그것을 인터넷에 띄우노니 독자여러분은 이 또한 참고하시기 바란다.

5. 바쁘신 가운데서도 함께 교정을 보아 주신 한수갑 법사님과 문수원 법안스님께 감사드린다.

목 차

머리말 • 3
일러두기 • 5

서산대사 행장 ··· 17
정종대왕 화상당병서 ······································· 25
법어(法語) ·· 28
  1. 선교결(禪敎訣) ··· 28
  2. 선교석(禪敎釋) ··· 32
  3. 심법요초(心法要抄) ·································· 45
  4. 선가구감(禪家龜鑑) ·································· 65

소문(疏文) ·· 121
  1. 보현사 경찬소(普賢寺 慶讚疏) ············· 121
  2. 보현사 보광전의 기와를 바꾸는 경찬소 ······ 124
  3. 원각경 경찬소 ······································· 127
  4. 명적암(明寂庵) 경찬소 ·························· 128
  5. 쌍계사 중창 경찬소 ······························ 129

모연문(募緣文) ··· 132
  1. 두류산 내은적암(內隱寂庵) 중창 모연문 ···· 132
  2. 태백산 본적암(本寂庵) 수장 모연문 ····· 133
  3. 만덕산 백련사(白蓮寺) 중창 모연문 ····· 134
  4. 내은적암(內隱寂庵)의 개와 모연문 ········ 135

5. 원각경 중간 모연게(圓覺經重刊募緣偈) ·············· 137

기문(記文) ·· 141
　1. 두류산 신흥사 능파각기(凌波閣記) ················ 141
　2. 지리산 쌍계사 중창기 ···························· 144
　3. 봉은사기(奉恩寺記) ······························ 147
　4. 묘향산 원효암기 ································ 148
　5. 금강산 도솔암기 ································ 149
　6. 풍악산 돈도암기 ································ 153
　7. 용두산 용수사(龍壽寺) 극락전기 ·················· 154
　8. 지리산 황령암기(黃嶺庵記) ······················ 155
　9. 묘향산 법왕대와 금선대 두 암자기 ················ 158
　10. 태백산(太白山) 상선암기(上禪庵記) ·············· 159
　11. 내은적암의 청허당 상량문(淸虛堂上樑文) ········ 161

종명(鍾銘) ·· 165
　1. 금강산 장안사 새로 지은 종명(鍾銘) ·············· 165
　2. 묘향산 보현사 새로 만든 종명(鍾銘) ·············· 167
　3. 금강산 장안사 새로 지은 종명(鍾銘) ·············· 168

행적(行蹟) ·· 171
　1. 벽송당(碧松堂) 행적 ···························· 171
　2. 부용당(芙蓉堂) 행적 ···························· 176
　3. 경성당(敬聖堂) 행적 ···························· 186
　4. 행적(行蹟)의 발(跋) ···························· 193

비명(碑銘) ·· 194
　1. 석가세존 금골사리부도비(金骨舍利浮圖碑) ················ 194

편지(書簡) ·· 200
　1. 완산 노부윤(盧府尹)에게 ·· 200
　2. 박좌상(朴左相) 순(淳)에게 드림 ·· 210
　3. 박판서(朴判書) 계현(啓賢)에게 드림 ································ 211
　4. 문인 이수재(李秀才)에게 ·· 212
　5. 산해정(山海亭)에게 부치다 ·· 212
　6. 큰 효자이신 노대헌(盧大憲)의 여소(盧所)에게 ·········· 213
　7. 노상사(盧上舍)에게 ·· 214
　8. 학선자(學禪子)를 부름 ·· 215
　9. 철옹(鐵瓮)의 윤(尹)에게 ·· 215
　10. 김안렴(金按廉)에게 ·· 216
　11. 이성재(李誠齋)에게 ·· 216
　12. 봉래선자(蓬萊仙子)에게 ·· 217
　13. 경희장로(敬熙長老)에게 ·· 219
　14. 불일장로(佛日長老)에게 ·· 220
　15. 채송자(采松子)에게 ·· 220
　16. 교종스님에게 ·· 220
　17. 백운·두류산 법제들에게 ·· 221
　18. 도인(道人)을 부름 ·· 222
　19. 태상선자(太常禪子)에게 ·· 222
　20. 법운선자(法雲禪子)에게 ·· 222
　21. 벽천도인(碧泉道人)에게 ·· 223
　22. 동호선자(東湖禪子)에게 ·· 224

23. 병암주인(屛巖主人) ·· 225
24. 민선자(敏禪子)에게 ·· 225
25. 옥천자(玉川子)에게 ·· 226
26. 행선자(行禪子)에게 ·· 227
27. 두류산의 스님들에게 ··· 227
28. 윤상사 언성(彦誠)에게 ··· 228
29. 묵년시자(黙年侍者)에게 ··· 229
30. 오대산 일학장로(一學長老)에게 ··························· 230
31. 희선자(熙禪子)에게 ·· 232
32. 풍수학자(風水學者)에게 ·· 232
33. 옥계자(玉溪子)에게 올림 ······································ 235
34. 이암(頤庵)에게 올림 ·· 236
35. 행대사(行大師)에게 답함 ······································ 237
36. 융선자(融禪子)에게 답함 ······································ 238
37. 도우 신(信)에게 답함 ·· 238
38. 이암(頤庵)에게 올리는 글 ···································· 238
39. 법현선자(法玄禪子)에게 ·· 239
40. 인휘선자(印徽禪子)에게 ·· 240
41. 혜안선자(慧安禪子) ·· 240
42. 지해선자(智海禪子)의 청게(請偈)를 받고 ·········· 241
43. 덕인선자(德仁禪子) ·· 241
44. 태전선자(太顚禪子) ·· 242
45. 성종선자(性宗禪子) ·· 242
46. 의정선자(義正禪子) ·· 242
47. 성희선자(性熙禪子) ·· 243
48. 재상 소세양(蘇世讓)의 운(韻)을 따라 진기대사(眞機大師)
    에게 줌 ·· 243

잡저(雜著) ·· 246
  1. 지헌 참학(智軒參學)을 대신하여 올리는 글 ············ 246
  2. 자락가(自樂歌) ·· 247
  3. 탱발(幀跋) ··· 249
  4. 연경문(蓮經文) ·· 250
  5. 부모님 제사에 올리는 글 ···································· 251
  6. 멀리서 노찰방(盧察訪)의 영궤(靈几)에 제사하는 글 ·· 253
  7. 참선문(參禪門) ·· 253
  8. 부처와 중생, 삼도(三途)와 마장(魔障) ················ 254

천도문(薦度文) ·· 258
  1. 대왕천도소(大王薦度疏) ······································ 258
  2. 천사소(薦師疏) ·· 260
  3. 채씨(蔡氏)를 대신하여 지아비를 천도하는 글 ········ 261

시문(詩文) ·· 264
  1. 선조대왕 묵죽시(墨竹詩) 차운(次韻) ·················· 264
  2. 사선정(四仙亭)에서 ·· 264
  3. 서도(西都)에서 ·· 265
  4. 동호(東湖)의 밤 ·· 265
  5. 남명(南溟)에서 ·· 266
  6. 여강(驪江)에서 ·· 268
  7. 초옥(草屋) ··· 268
  8. 동도(경주)를 지나면서 ·· 269
  9. 두견(杜鵑) ··· 269
  10. 북벌장군(北伐將軍) ·· 270

11. 왕장군의 묘 ·· 270
12. 가평탄(加平灘) ·· 271
13. 고향집 ·· 272
14. 벗 생각 ·· 272
15. 피리소리 ·· 273
16. 관동(關東)의 회포 ··· 273
17. 서호(西湖) ·· 274
18. 비 개인 뒤의 집구(集句) ··· 274
19. 동해를 바라보며 ··· 275
20. 밤에 앉아서 ··· 275
21. 숭의선자(崇義禪子) ·· 276
22. 감흥(感興) ··· 276
23. 진기자(陳碁子 ; 바둑의 장인)를 곡함 ···························· 277
24. 준선자(俊禪子)에게 ·· 278
25. 유천(蓼川) ··· 279
26. 독사(讀史) ··· 279
27. 어옹(漁翁) ··· 280
28. 북변(北邊)에서 ·· 281
29. 화개동(花開洞) ·· 281
30. 옛 절 ·· 282
31. 옥계자(玉溪子) ·· 283
32. 회우(會友) ··· 283
33. 일암(一巖) ··· 284
34. 원선자(願禪子)를 보내며 ··· 284
35. 도중유감(途中有感) ·· 285
36. 김장군의 묘 ··· 285

37. 누(樓)에 올라 ··· 286
38. 동원군수(東原郡守) ································· 286
39. 채옹정(蔡邕亭) ····································· 287
40. 단군대(檀君臺) ····································· 287
41. 청해백사(靑海白沙) ································· 288
42. 부휴자(浮休子) ····································· 288
43. 행주선자(行珠禪子) ································· 289
44. 남화권(南華卷 ; 眞經) ····························· 290
45. 탄서(歎逝) ··· 291
46. 상춘(賞春) ··· 291
47. 상춘(賞春) ··· 292
48. 어미 잃은 까마귀 ··································· 292
49. 만추(晩秋) ··· 293
50. 강릉(康陵)에서 곡함 ······························· 293
51. 망고대(望高臺) ····································· 294
52. 불일암(佛日庵) ····································· 294
53. 가야(伽倻)에서 ····································· 295
54. 대혜록(大慧錄) ····································· 295
55. 조실(祖室)을 찾다 ································· 296
56. 청학동의 폭포 ······································· 296
57. 영성(榮城)의 북촌 ································· 297
58. 서산(西山)에 놀다 ································· 297
59. 부여(扶餘)를 지나며 ······························· 298
60. 노병(老病)듦을 한탄함 ····························· 298
61. 봉래자(蓬萊子)에게 ································· 299
62. 일선자(一禪子)에게 ································· 299

63. 가을 강의 이별 ·· 300
64. 벗을 기다리며 ·· 301
65. 홍류동(紅流洞) ·· 301
66. 철봉(鐵峯) ·· 302
67. 밀운선자(密雲禪子)에게 ····························· 303
68. 목암(牧庵) ·· 303
69. 고운(孤雲) ·· 304
70. 이죽마(李竹馬)의 운(韻) ····························· 304
71. 중양 남루에 올라 ······································· 305
72. 탐밀봉(探密峯) ·· 305
73. 양양에서 ·· 306
74. 약속한 사람 ··· 306
75. 낙양(洛陽)에서 ·· 307
76. 지언대선(志彦大選)의 귀령(歸寧) ················ 307
77. 심경암(心鏡庵) ·· 308
78. 지대사(芝大師)를 보내며 ···························· 309
79. 화엄사(華嚴寺)를 지나며 ···························· 309
80. 고도(古都)를 지나며 ·································· 310
81. 행선자(行禪子)에게 답함 ···························· 310
82. 남해옹(南海翁)에게 답함 ···························· 311
83. 이방백(李方伯)에게 답함 ···························· 311
84. 이수재(李秀才)에게 ··································· 312
85. 무릉동(無陵洞) ·· 312
86. 관탄(冠灘)에서 ·· 313
87. 봄 ·· 313
88. 혜은선자(惠訔禪子) ··································· 314

목차 13

89. 낙산사의 불사 ·· 314
90. 언덕을 오르며 ·· 315
91. 윤방백(尹方伯)에게 ······························· 315
92. 두견새 소리 ··· 316
93. 산에 살다 ·· 316
94. 법광사(法光寺) ······································ 317
95. 처영(處英) ··· 317
96. 이죽마(李竹馬)에게 ······························· 318
97. 통결(通決) ··· 318
98. 행원(杏院) ··· 319
99. 두견새 소리 ··· 319
100. 혜기장로(慧機長老) ···························· 320
101. 형초도(荊楚圖) ··································· 320
102. 가을 ··· 321
103. 우음(偶吟) ··· 321
104. 하씨(河氏)를 곡함 ····························· 322
105. 봉래(蓬萊)에서 ·································· 322
106. 저사(邸舍 ; 왕족의 집)의 거문고 소리 ·········· 323
107. 허학사의 석문시(石門詩) ···················· 323
108. 청량국사의 영첩(影帖) ······················· 324
109. 감회 ··· 324
110. 곽융수(郭戎帥)에게 ··························· 325
111. 옛 싸움터를 지나며 ·························· 325
112. 조학사(趙學士)와 청학동 ···················· 326
113. 백아도(伯牙圖)에 쓰다 ······················· 326
114. 윤상사(尹上舍 ; 진사)의 옛집을 지나며 ·········· 327

115. 도원도(桃源圖) ·· 327
116. 숨어 사는 노부(老夫) ······································· 328
117. 하서(河西 ; 金麟厚)의 묘를 지나며 ················· 328
118. 초당(草堂) ·· 329
119. 송암도인(松巖道人) ·· 329
120. 운유(雲遊) ·· 330
121. 남행 길에서 ·· 332
122. 강월헌(江月軒) ·· 332
123. 옛일을 추억함 ·· 333
124. 초옥(草屋) ·· 333
125. 귀양사는 윤공(尹公) ·· 334
126. 무상거사(無相居士) ·· 334
127. 세상을 탄식함 ·· 335
128. 두류산(頭流山) ·· 335
129. 부휴자(浮休子) ·· 336
130. 아이를 곡함 ·· 336
131. 회포 ··· 337
132. 재송도자(栽松道者 ; 五祖) ······························· 337
133. 세상을 탄식함 ·· 338
134. 맑은 밤에 ·· 338
135. 일암도인(一庵道人) ·· 339
136. 인경구탈(人境俱奪) ·· 339
137. 사야정(四也亭) ·· 340
138. 염불승(念佛僧) ·· 340
139. 행대사(行大師)에게 ·· 341
140. 희장로(熙長老)에게 ·· 341

141. 봉성에서 닭소리를 듣고 ·· 342
142. 덕의선자에게 ··· 342
143. 법장대사(法藏大師) ·· 343
144. 원각경을 강하면서 ··· 343
145. 초당의 잣나무 ·· 344
146. 내은적(內隱寂) ··· 344
147. 고의(古意) ·· 345
148. 심선자의 행각 ·· 345
149. 도운선자(道雲禪子) ·· 346
150. 응화선자(應和禪子) ·· 346
151. 태희사미(太熙沙彌)의 귀령 ··· 347
152. 원철대사(圓徹大師) ·· 347
153. 원(圓)과 밀(密) 두 선자에게 ·· 348
154. 좌주(座主)의 물음 ·· 348
155. 낙산사의 회해선자(懷海禪子) ··· 349
156. 김거사의 딸을 곡함 ··· 350
157. 천옥선자(天玉禪子) ·· 350
158. 성운장로(性雲長老) ·· 351
159. 도능선자(道能禪子) ·· 351
160. 새인선자(賽仁禪子)가 게송을 구함 ································ 352
161. 신상사(申上舍)의 운을 따라 ··· 352
162. 도홍(陶泓 ; 벼루)을 구하는 선자 ·································· 353
163. 찬불(讚佛) ·· 353
164. 유·도를 찬(讚)함 ··· 354
165. 달마의 진영에 붙여 ··· 354

16 서산대사

서산대사 행장

　스님의 행장은 이정구 찬 ≪국일도대선사 선교도총섭 부종수교 보제등계존자 서산청허당 휴정대사 비명병서≫, 이우신의 ≪휴정대사비명병서≫ 그리고 서유린의 ≪휴정대사기적비명병서≫, 정종대왕의 ≪서산청허당휴정대사 화상당명병서≫, 편양언기의 ≪금강산 퇴은 국일도대선사 선교도총섭 사자 부종수교겸 등계보제대사 청허당 행장≫, 그리고 스님께서 직접 쓰신 ≪완산 노부윤께 올리는 글≫ 속에 잘 나타나 있다. 그럼으로 이 글은 이 모든 것을 종합하여 정리한 것이다.

　서산대사의 자는 현응(玄應)이고, 이름은 여신(汝信)이며, 휘는 휴정(休靜)이고, 호가 청허이다. 묘향산에 오랫동안 살았으므로 서산(西山)이라 일컬었고, 휴정은 별명이다. 속성은 최씨(崔氏)이고, 완산 사람이다. 어려서는 운학(雲鶴)이라고도 불렀다.
　아버지 세창(世昌)은 기자전감(箕子殿監)의 참봉이었으나,

일찍이 사직하고 향관(鄕官)을 맡았고, 증조부와 고조는 무과에 급제하였으며 태종조 때 창화로 옮겨가 살았으므로 창화를 고향으로 쓰고 있다. 외조부 현윤(縣尹) 김우(金禹)는 연산군에게 죄를 얻어 안릉으로 귀양가서 서관의 백성이 되었다.

스님은 정덕(正德: 중종 15년) 경진년에 태어났다. 그 전해(기묘년) 어머니의 꿈에 어떤 노파가 와서 읍하고,

"사내대장부를 임신하겠기에 와서 축하드립니다."

하였는데, 과연 태기가 있어 아들을 낳았다. 아이는 살과 뼈가 맑게 트이었으며 기틀과 정신이 보통사람과 달랐다. 모래작란을 할 때도 탑과 부처를 조성해 모시고 지극히 효행하였다.

나이 겨우 아홉 살에 어머니께서 데리고 고을의 원 이공에게 부탁하였으므로 서울로 데리고 올라갔다. 3년 동안 반궁(伴宮) 성균관에 있으면서 관하에서 무과를 겨루다가 두 번이나 낙방하자 분발하여 남쪽으로 내려가 지리산 화엄동 칠불암을 구경하고 불교책을 보다가 "빈 마음에 급제하면 반드시 대장부가 된다"는 대목에 이르러 과거의 공부가 한갓 빈 이름 뿐임을 깨닫고, 숭인장로에게서 머리를 깎고 영관대사에게서 법을 들으니 이때 스님의 나이 21세였다.

나이 30에 선과(禪科)에 올라 중선(中禪)이 되었다가 대선 후에는 선교양종의 판사가 되었다. 하루는,

"내가 집을 떠난 본뜻이 어찌 여기에 있었겠는가."

탄식하고 금강산으로 들어가 미륵봉 밑에서 계시다가 산 달이 허공에 천지가 훤히 비치는 것을 보고 이연(怡然)히 투기송(投機頌: 오도송)을 지었다.

주인은 손에게 제 꿈 이야기하고
손은 주인에게 제 꿈 이야기하네.
이제 두 꿈 이야기하는 나그네
이 또한 꿈속의 사람일세.

기축년(己丑年)에 정여립 사건으로 잘못 도적의 누명을 쓰고 임금이 불러 국문하자,
"털끝만한 죄도 없는 것을 무업(無業)이 무고하였구나."
하고 임금님은 스승의 시집을 친히 보시고 어필로 대나무를 그려 주시어 위로하시니 그 자리에서 시를 지어 보였다.

瀟湘一枝竹　聖主筆頭生
소 상 일 지 죽　성 주 필 두 생

山僧香爇處　葉葉帶秋聲
산 승 향 설 처　엽 엽 대 추 성

이 때 스님 나이 69세였다. 이 글은

葉自毫瑞出　根非地而生
엽 자 호 서 출　근 비 지 이 생

月來無是影　風動不聞聲
월 래 무 시 영　풍 동 불 문 성

이란 선조대왕 글에 대한 대구이다.

임진년(선조 29년)에 왜적이 삼경(三京)을 빼앗았을 때 대가(大駕)가 서쪽으로 용만에 이르자 임금님께서 갑자기 생각

하시고 물었다.

"아무 상인은 지금 어디 있는가?"

이에 심부름꾼들이 스님을 모셔오자 임금은 스님을 주렴 밖에 앉히시고,

"지금 형세가 이처럼 위태하니 이 급한 어려움을 구하라."

하시면서, "팔도 십륙종 선교도총섭(八道十六宗禪敎都摠攝)"에 임명하셨다. 스님은 눈물을 흘리면서 물러나와, 순안 법흥사로 달려가 스님들을 모으고 천병(天兵: 명나라 구원병)과 왕사(王師)를 도와 서경을 수복하였다. 적이 남으로 달아나매 그들을 쫓아 송도로 진격하였고, 성세를 서로 도와 남으로 한강을 건너 안성에 진을 쳤다. 스님은 나이 늙어 군대를 부릴 수 없음을 생각하고, 제자 유정(惟政)과 처영(處英)에게 대중을 맡기면서 말하였다.

"나라를 위하는 내 마음은 화살이나 돌에 맞아 죽더라도 한 될 것이 없다. 다만 나이 장차 80인데 어찌 이 장군의 책임을 감당할 수 있겠는가. 그대들에게 장군을 대신하게 하는 것이니 부디 힘을 합해 나아가라."

그리하여 도총섭의 도장을 나라에 바치고 옛날 살던 묘향산으로 돌아갔다.

난리가 평정되어 공을 논할 때에 조정에서 의논하였다.

"비록 산인이라 하더라도 공이 있는데 상이 없을 수 없다."

하고 직호를 "국일도대선사 선교도총섭 부종수교 보제등계(國一都大禪師禪敎都摠攝扶宗樹敎普濟登階)"라 내렸다.

스님은 사람들에게 말이나 글을 보일 때는 언제나 임제(臨濟)의 종풍을 잃지 않았으니, 그것은 근원이 있었기 때문이

다. 즉 우리 동방의 태고화상이 중국의 하무산에 들어가 석옥을 이어받아 환암에게 전하니, 환암 구곡은 청공선사를 법고 벽계정심, 벽송지엄, 부용영관, 서산청허에게 전하였으니, 석옥이 곧 임제의 적손이기 때문이다.

이 팔대 중에서 오직 서산만이 미친 물결을 돌이키고 무너지는 벼리를 바로 하는 힘이 있었으니, 이른바 뼈를 영방(靈方)으로 바꾸었고, 막(膜)을 금비로 갈아서 선·교가 혼잡할 때에 옥과 돌을 구별하였고, 보금을 휘두를 때에 날카로운 칼날을 범하지 않았으며, 입을 막고 고요히 관할 때에는 싸늘한 재에 떨어지지 않았으니 그것은 누구의 공인가.

또 죽이고 살리는 겸추(鉗鎚 ; 스승이 학인을 단련하는 수단)를 잡고 많은 영재들을 도주(陶鑄 ; 인재를 단련)하고, 부처와 조사의 광명에 목욕하고 사람과 하늘의 눈을 뜨게 하였으니 이런 훌륭한 일이 또 어디 있겠는가. 스님은 선조 37년(1604) 1월 묘향산 원적암에서 자신의 영정에 "80년전 네가 나고 80년 후엔 내가 너로구나"하고 열반에 드시니 나이는 85세요, 법랍은 67세였다. 때는 갑진년 정월 23일이다. 그 입실 제자 원준·인영 등이 화장하여 뼈 두어 조각을 받들었는데, 원준 등이 사리 2과를 얻어 보현사 서쪽 안심사에 있는 왕사 나옹의 급(級)과 같이 부도를 세워 봉안하고, 한 조각은 자휴(自休) 등이 금강산에 가지고 와서 향을 피우고 간절히 빌고 신주(神珠)를 두어 과를 얻어 함께 돌함에 넣어 유점사 북쪽에 묻었다.

스님께서 지은 글로는 "석가여래비문" 한 통과 "선가구감" 한 권, "선교석" 한 권, "운수단" 한 권, "선교결" 3매와 시영(詩詠)과 제문(祭文)·소, 기문 세 권이 있다.

실로 불교는 견성성불로 생사해탈하는 종교이지만 나라가 위급하고 백성들이 고난에 빠지면 화광동진(和光同塵)으로 자리이타에 충실하려 한 글이 곧 ≪인왕호국경≫이다. 그러기에 신라에서 화랑도를 만들어 미래 미륵불의 선행을 젊은 청소년들로 하여금 실천하게 하였고, 고려에 와서는 의승군이 만들어져 여진·글안족을 막고 조선조에 이르러서는 임진·정유 때에 스님들이 호국운동을 한 것이다.

유생들은 매일 배불하고 호화찬란한 생활을 하면서 스님들은 비복 상인으로 학대를 받았으나 나라의 임금을 섬기는 일이나 백성들을 보살피는 일은 승군이 아니면 깨알 하나도 찾아보기 힘들었다. 뿐만 아니라 스님은 "선교석"을 저술하여 "선은 불심이고, 교는 불어"라 하여 선교양종이 난형난제로 화합하여 불법을 익히게 하였으니 호국은 외호의 일이요, 화합은 내교의 일이었다.

이제 스님의 저서를 낱낱이 인용해 보면 다음과 같다.

① 선교석(禪敎釋)

서산스님이 묘향산 금선대에서 앓아누워 있을 때 행주(行珠)·유정(惟政)·보정(寶晶) 등 세 제자에게 전반을 설하고, 후반은 뒤에 붙은 발문에 의하면 서산스님의 선교관에 반발한 50여명의 승려가 서산스님과 토론을 가졌는데, 이때 만들어진 것이 후반을 이루게 된 것이다.

② 선교결(禪敎訣)

"선교석"과 마찬가지로 서산대사가 남기신 짤막한 글인데 제자 유정에게 선과 교의 차이를 간결하게 해설한 것이다.

"선은 우리 스승의 법이요, 교도 역시 우리 스승의 법이다. 선이 부처님 마음이라면 교는 부처님 말씀이다. 교란 유언(有言)으로부터 무언(無言)에 이르는 것이다." 이러한 식으로 선·교의 불가분의 관계를 설명하여 선가나 교가가 한편에 치우쳐 편협해지는 오류를 경계하고 있다.

③ 운수단(雲水壇)

서산대사가 일반 승려들의 일상 수도생활에 있어 필요한 주문(呪文)을 모아 놓은 책이다.

④ 청허당집(淸虛堂集)

서산대사의 시문을 모은 것이다. 현존하는 판본은 전4·7권으로 되어 있는데, 문헌에 전하는 바에 의하면 전8권이라는 설도 있다. 지금까지 전8권으로 된 판본을 얻지 못한 점으로 미루어 전4권과 7권이 옳은 것이 아닌가 한다. 다만 이 ≪청허당집≫에는 서산대사의 주저인 ≪선가구감≫ 등이 들어 있지 않으므로 이것을 포함시켜 전8권본을 만들었는지도 모를 일이다. 여기에 번역한 4권본 ≪청허당집≫은 묘향산 보현사판본으로서 그 내용을 개괄해 보면 권1에는 시(詩), 권2에는 서(書), 권3에는 기(記)·명(銘)·서간(書簡) 편이 포함되어 있다. 그리고 권4에는 소(疏)·문(文) 약간과 선교결(禪敎訣)·발(跋)·제문(祭文)·반야다라부법전(般若多羅付法傳)이 들어있다.

4권본과 7권본이 수용하고 있는 내용에 있어서는 큰 차이가 없으나 7권본에 없는 선교석 따위가 4권본에는 수록되어 있고 7권본의 7권 보유(補遺)가 정리 되어 4권본에도 수용되어 있다.

⑤ 선가구감(禪家龜鑑)

≪선가구감≫은 서산대사의 저술로 되어 있다. 스님 자신이 지은 "서문"과 제자인 사명스님의 "발문"에도 있는 바와 같이 이 글이 모두 스님의 창작만은 아니다. 50여권의 경론과 조사의 어록을 보다가 요긴한 것을 간추려 모아 곁에 있는 제자들에게 가르쳤던 것이다. 처음에는 원문마다 주해(註解)를 달고 더러는 송이나 평석도 붙여 놓은 것이다.

이밖에도 ≪선가구감≫과 함께 삼가구감(三家龜鑑)이라고 묶어서 부르는 ≪도가구감(道家龜鑑)≫·≪유가구감(儒家龜鑑)≫이 있고, ≪설선의문(說禪儀文)≫·≪심법요초(心法要抄)≫·≪제산단의문(諸山壇儀文)≫과 ≪묘향산 석가세존 금골사리 부도 비명(妙香山釋迦世尊金骨舍利浮屠銘)≫이 있다.

이제 정종대왕이 서산대사 화상당에 명(銘)과 서문을 쓰고 또 건륭 59년 갑인년 4월 8일 나라의 임금님께서 친히 신 공조정랑 겸 춘추관 기주관 승 응조를 보내어 "국일도대선사 선교도총섭 부종수교 보제등계존자 증 표충선사 휴정"의 영에 제사를 지냈던 글을 소개하고자 한다.

정종대왕 화상당병서

"집에 있어서는 충성하고 효도하며 출가하여서는 중생을 사랑하고 가엾이 여겼다. 그 인연은 혹 경우야 다르겠으나 그 뿌리야 어찌 다른 갈래이겠는가. 생각하면 선사는 신령스런 기운을 모은 무리에서 빼어난 자질이 있었던 것이다. 맑음에 오히려 자취는 응했고 허함에 중생을 저버리지 않았다.

운장(雲章)과 보묵(寶墨)은 성조(聖祖)의 은총이었다. 돌아가 산문에 모셨으니 어찌 깊은 은총을 잊었으랴. 세법이 시현(示現)하매 의병이 깃발을 떨치니 요사스러운 기운은 모두 없어지고 하늘의 해는 밝게 나타났다. 종사에 공을 이루었으매 대국에 이름이 드날렸고 회광반조(回光返照), 그 도의 경계는 무위(無爲)와 같다.

저 당나라의 업후(鄴候 ; 이필)와 같이 자취가 어찌 그리도 기이한고, 제자가 큰 바다 저쪽으로 지팡이를 날리매 오랑캐의 괴수는 이미 두려워하니 국운이 다시 편안하게 되었다. 의발을 전함으로써 의를 세워 때를 바로잡았으니 실로 선종을 힘입어 우리 민이(民彛 ; 五倫)를 빛나게 하였다.

나는 처음 멀리 추모하여 남쪽 사당에 깨우쳐 고함으로써 그 현판을 빛내었더니 높고 높은 향악(香岳 ; 스님의 탑)에도 휘장이 있다 한다. 하물며 나고 자라고 늙고 죽음이 또한 서도의 지경에 있었음이랴. 곧 거기에 사당을 세우기로 하고 유사에게 명하였다. 동우(棟宇)를 새롭게 하고 큰 비(豊碑)를 세우라고 하였다. 그리고 두 글자(酬와 忠)의 아름다운 이름으로 위대한 공적을 추모한다. 장차 풍성(風聲)을 수립하려 함이어늘 어찌 거듭 베푸는 일을 꺼리겠는가.

해는 갑인의 아침, 욕불의 때를 맞이했으니 금화(金花)에는 해가 빛나고 보개(寶盖)에는 구름이 이는구나. 오늘 향을 내려 황조의 의식을 모방하나니 아득한 겁의 세월에 성렬(聲烈)이 밝게 드리우랴. 영(靈)은 물과 같다 했으니 와서 흠향하라."

명(銘) 이르다.

부처의 해가 처음으로 비치매
자비의 구름은 경(經)이 되었네.
오랜 겁을 통해 오로지 전하매
그 부촉함 더욱 간절하였네.

그 서원을 물으면
어느 것인들 보지 아니랴만
진리의 바다 아득하여
건너는 사람 많지 않았네.

복된 나라에 하늘의 도움이 많아
도가 높은 스님이 때를 맞추어 태어났네.
주장자를 세우고 한 번 소리치면
악마의 군사가 흩어졌네.

하늘은 맑고 달은 밝으며
물결은 고요하여 일지 않으니
우담바라가
동녘 바다에서 솟아올랐네.

적현(赤縣 ; 동양)에 기쁜 일 돌려주고
청련(青蓮 ; 불교)의 본지(本地)로
엄숙하고 심원한 종과 목어(木魚)에
선(禪)의 등불이 높이 달렸네.

그 이름 죽간(竹簡)에 전하고
그 도는 패엽(貝葉)에 보존되었나니
적정한 도량에 머물러
서로 눈길로 통하네.

은혜를 갚는 제사는 어떠한가
소찬의 제물을 관해서 내렸네
아마도 신령스런 은혜를 베풀어
길이 전단(栴檀)을 덮어 주리.

삼과 벼와 대와 갈대가
온 지경에 무성하여
주(周)나라처럼 백성은 부유하고
당나라와 같이 밭 갈고 우물을 파서
모든 중생이 함께 즐기리.

법어(法語)

1. 선교결(禪敎訣)
- 유정대사(惟政大師)에게 보임-

　요즈음 선(禪)을 하는 사람은 "이것이 우리 스승의 법이다" 하고, 교(敎)를 하는 사람은 "이것이 우리 스승의 법이다" 하여 하나의 법을 가지고 서로가 옳고 그르다 손가락질을 하며 다투고 있으니 슬픈 일이다. 그 누가 능히 판단할 것인가. 그러나 선은 부처님의 마음이요, 교는 부처님의 말씀인 것이다. 교는 말이 있는 곳으로부터 말이 없는 곳에 이르는 것이요, 선은 말이 없음으로부터 말이 없는 곳에 이르는 것이다. 말이 없는 곳으로부터 말이 없는 곳에 이르면 누구도 그것을 무엇이라 이름할 수 없어 억지로 이름하여 '마음'이라 하는 것인데 세상 사람들은 그 까닭을 알지 못하고 "배워서 알고 생각해서 얻는다"고 하니 참으로 민망스러운 일이다.
　교를 하는 사람은 "교 안에도 선이 있다"고 한다. 그 말은 성문승도 아니고, 연각승도 아니고, 보살승도 아닌데서 나왔고, 또한 불승의 말도 아니라고 한다.
　그러나 이는 선가의 문에 들어가는 첫 글귀이지 선의 근본 뜻도 아니다. 세존의 일생에 말씀하신 가르침은 마치 세 가지 자비의 그물을 삼계 생사 바다에 펴서 작은 그물로는 새우와 조개를 건지(人天小乘)고 중간의 그물로는 방어와 송어를 건지며(緣覺中乘) 큰 그물로는 고래와 자라를 건져(大乘圓頓) 그 모두를 열반의 언덕에 두는 것과 같으니 이것은 교의 순서인 것이다.

그 가운데 어떤 물건이 있으니 목덜미에 난 긴 털은 주화(朱火 ; 등불)와 같고 발톱은 쇠창과 같으며 눈은 햇빛을 쏘고 입은 바람과 우레를 토한다. 몸을 뒤쳐 한 번 구르면 흰 물결이 하늘에 닿고 산과 강은 진동하며, 해와 달이 어두워진다. 세 가지 그물 밖으로 뛰어나가 바로 푸른 구름 끝에 올라서 감로를 쏟아 중생을 이롭게 하니(敎外別傳) 이는 선이 교와 다른 점이다. 이 선의 법은 우리 세존께서 진귀조사(眞歸祖師)에게서 따로 전해 받은 것이니 옛 부처의 묵은 말이 아니다.

요즈음 선의 뜻을 그릇 이어받은 사람들은 돈점문을 바른 줄기라 하는가 하면, 혹은 원돈교로써 종문(宗門)을 삼으며 외도의 글을 끌어와 비밀한 뜻을 설명하는가 하면, 혹은 업식을 희롱함으로써 본분을 삼고, 혹은 빛의 그림자를 실재한 것으로 알아 자기라고 생각하며, 나아가서는 장님과 귀머거리의 방할(棒喝)을 함부로 행하면서 부끄러움이 없으니 그 정성은 어떤 뜻인가. 그 법을 비방하는 허물을 내가 구태여 말하겠는가마는, 내가 말하는 것은 교외별전이라는 것이 배워서 알고 생각으로 얻어지는 것이 아니라는 점이다. 오로지 마음을 궁구하여 그 길이 끊어진 뒤에야 비로소 알 수 있고 오로지 스스로 긍정하여 머리를 끄덕인 뒤에야 비로소 얻어지는 것이다.

그대는 듣지 못했는가. 석존이 꽃을 들어 대중에게 보였을 때 가섭이 파안미소 하였고, 나아가서는 직접 말로써 후세에 전한 것이 있으니, 이른바 달마는 "확연하여 성인이 없다" 하였고, 육조는 "선도 악도 생각하지 말라" 하였으며, 회양은 "수레가 멈추거든 소를 때려라" 하였고, 행사는 "여릉의 쌀값이다" 하였으며, 마조는 "서강의 물을 모두 마셔라" 하였고, 석두는 "불법을 모른다" 하였으며, 운문은 "호떡"이요, 조주는 "끽다(喫茶)", 투자는 "고주(沽酒)", 현사는 "백지(白紙)", 설봉은 "곤구(輥毬)", 화산은 "타고(打鼓)", 신산은 "고라(敲羅)", 도오는 "작무(作舞)"라 하였다. 이것은 모두가 과거의 부처님과 과거의 조사들이 함께 부른 교외별전의 가락이니 생각이나 말로써 얻을 수 있겠는가. 이는 모기가 무쇠로 만든 소의 등을 물어뜯는 격이라 할 것이다. 이제 말세를 당하여 무딘 근기가 많으니 교외별전의 기틀은 아니다.

그러므로 다만 원돈문의 이치의 길과 뜻의 길과 마음의 길과 말의 길로 써보고 듣고 믿고 이해하는 것만을 귀중히 여기고 경절문(徑截文)의 이치의 길이 끊어지고, 뜻(義)의 길이 끊어지고, 마음의 길이 끊어지고, 말의 길이 끊어져 자미(滋味)가 없고 모색할 것도 없는 경지에서 칠통을 깨드리는 것은 귀중하게 여기지 않으니, 그러한즉 어떻게 하는 것이 좋겠는가. 지금 그대로 팔방의 납자들에 대하여 그 요긴한 곳에 칼을 내려쳐 구멍을 뚫지 못하거든 바로 본분인 경절문의 활구로 그들을 가르쳐 스스로 깨닫고 얻게 하여야 비로소 종사로서 사람들의 모범이 될 것이다. 만일 학인이 깨닫지 못함을 보고서 아무렇게나 설하고 가르치면 사람들의 눈을 멀게 함이 적지 않을 것이다.

　만일 종사로서 이 법을 어기면 비록 설법하여 하늘의 꽃이 어지러이 내리더라도 이는 미치광이가 외변으로 질주하는 것이며, 만일 학인일지라도 이 법을 믿으면 비록 금생에 투철한 깨달음을 얻지 못하더라도 목숨을 마칠 때 나쁜 업을 입지 않고 바로 보리의 바른 길에 들게 될 것이다.

　그 옛날 마조가 한 번 꾸짖음에 백장은 귀가 먹었고, 황벽은 혀를 토했으니, 이것은 임제종의 연원이다. 그대는 반드시 정맥을 가리어 종안(宗眼)이 분명하였기에 이같이 누누이 말하는 것이니 뒷날, 이 늙은 중을 저버리지 말라. 만일 이 늙은 중을 저버리면 반드시 부처님과 조사들의 깊은 은혜를 저버림이 될 것이니 자세히 살피고 살펴라.

　천리를 달리는 기마가 어찌 채찍의 그림자를 기다리며 광야의 봄바람도 생각하면 반드시 흐르는 물과 같을 것이다. 그런데 옛사람은 말하기를 "도를 보기는 쉬우나 도를 지키기는 어렵다"고 하였다. 그대는 항상 비니법(毘尼法 ; 계율)을 힘써 지켜 해(解)와 행(行)에 어긋나지 않아야 하고, 남의 허물을 말하지 말며, 조정의 일을 이야기하지 말며, 외소를 보지 말며, 삿된 형색을 보지 말며, 달콤한 말을 듣지 말아라. 이불과 베개가 있는 곳도 두려워해야 할 것이어늘 하물며 바깥사람이 있는 곳이겠는가. 아첨하는 웃음을 가까이하지 말라. 속인도 꺼려하거늘 하물며 도인이야 그래서 되겠는가. 총명과 지혜로 나를 높이지 말고, 문자를 가려 남을 업신여기지 말라. 지극한 도에는 사람이 없고, 참된 이치에는 나(我)가 없다. 부디 항상 나의 분수를 지키고 항상 나의 허물을 살피되 정직함과 검소함으로 체(體)를 삼고 사랑과 인내로 용(用)을 삼으며, 푸른 산과 흰 구름으로 집을 삼으며, 물과 달과 소나무와 바람으로 마음을 아는 벗을 삼아라. 그러면 거의 도인일 것이다.

2. 선교석(禪敎釋)

병들고 늙은 청허가 서산의 금선대에 있을 때, 하루는 행주·유정·보정의 세 덕사가 금강경 오가해를 가지고 와서 물었다.

"반야교 가운데도 선지가 있으니 그 반야를 종으로 삼아도 좋겠습니까?"

나는 옛 일을 끌어 대답하였다.

"다만 세존이 정법안장을 마하가섭에게 부촉하였다는 말은 들었으나 금강반야를 마하가섭에게 부촉하였다는 말은 듣지 못하였다. 대저 모든 풀잎 끝에는 생동하는 조사의 뜻이 있고 나아가서는 꾀꼬리와 제비도 항상 실상의 법을 말하거늘 하물며 우리 금강경의 한 글귀이겠는가. 문자에만 집착하지 않으면 한 권의 경전을 읽어도 좋을 것이다. 그러나 부처의 광명에 목욕함은 그 기틀이 아니면 능히 엿볼 수 없을 것이니, 그러므로 나는 지금 그대들을 위해 선과 교의 두 길을 대조하여 분별하면서 해석하려 한다. 그 해석은 옛날의 책에서 끌어온 것이며, 지금의 것이 아니다.

① 선문최초구(禪門最初句)

세존은 도솔천을 떠나기 전에 이미 왕궁에 내려왔고 어머니의 태 안에서 나오기 전에 이미 중생을 제도하여 마쳤다고 한 이 말은 선문 최초의 글귀이니, 어떤 고덕은 송하기를,

> 석가는 이 세상에 나오지 않고서
> 49년을 설법하였고
> 달마가 서역으로부터 오지 않았는데
> 소림에는 묘결이 있었다.

라고 하였으니 이것이 그 뜻이다.

〈華嚴 十種訣〉

② 선문말후구(禪門末後句)
"세존이 도솔천에서 왕궁에 내려와 태 속에서 살다가 태에서 나오고 집을 떠나 도를 이루고, 악마를 항복받고 법륜을 굴렸으며 드디어 열반에 들었다"고 한 이것은 선문의 마지막 글귀이다. 어떤 사람이 말하기를 "마치 저 하늘에 있는 달그림자가 모든 물을 머금은 것 같아서 시간에도 걸림이 없고, 장소에도 걸림이 없어 처음부터 끝까지 한결같으면 마지막 글귀가 맨 처음의 글귀가 되고, 맨 처음의 글귀도 마지막 글귀인 것이다" 하였다. 그러나 우리 선문 가운데는 본래가 그러한 상량이 없다. 하물며 법을 아는 사람도 상량을 두려워하기 때문이다.

〈拈頌說誼〉

세존이 처음 마야부인의 태에 들어가 바로 삼십 삼인(三十

三人)에게 모두 현기(玄記)를 주면서, '나에게 정법안정이 있어 너희에게 비밀히 부촉하노니 저마다 한 사람에게 전하여 끊어지지 않게 하라' 하셨다.

송(頌)한다.

마야부인의 가슴 속 전당은
그 본체가 법계와 한결같아
삼삼조사(三十三人)와 여러 조사에게
동시에 수기(授記)하였네.

③ 밀부정법안장(密付正法眼藏)

세존이 영산이 법회에 계실 때, 대중 앞에서 가섭을 위해 자리의 반을 나누어 주시고, 꽃가지를 들어 보이며 두 발을 내 밀어 보임으로써 비밀히 부촉하였으나 문수보살과 보현보살 등 팔만의 보살들은 가섭의 깨달은 바를 알지 못하였으니, 이것은 교외별전의 갈래이다.

〈梵王決疑經〉과 〈宗道者傳〉

④ 교외별전지원(敎外別傳之源)

결(訣)에 말하기를 "가섭과 아난의 두 존자로부터 육조 혜능대사에 이르기까지를 삼삼조사라고 한다. 이 교외별전의 뜻은 멀리 푸른 하늘 밖으로 뛰어났으니 다섯 교학자들도 믿기 어려울 뿐 아니라 하근기 종도들 역시 아득하여 알지 못하는 것이다" 하였다.

묻는다.

"가섭과 아난은 성문의 지위에 있는데 어떻게 교외별전의 뜻을 알 수 있겠는가?"

"가섭과 아난은 응화의 큰 성인으로서 백천삼매와 한량없는 공덕은 여래와 다름이 없거늘 하물며 이미 비밀한 기별을 받은 사람이겠는가."

〈正宗記〉

그러므로 세존께서

처음 녹야원으로부터
마지막 발제하에 이르기까지
일찍이 나는 그 중간에서
한 글자도 말하지 않았다.

하신 것이다. 이것이 진실로 "교회별전"이다.

〈智度論〉

⑤ 교외별전지파(敎外別傳之派)

모든 부처들은 활(弓)을 말하고, 여러 조사들은 활줄(弦)을 말하여 교가의 무애한 법이 비로소 일미로 돌아갔으나, 이 일미의 자취를 떨어버려야 비로소 선가의 일심이 나타나는 것이다. 그러므로 "다함이 없는 성품의 바다가 모두 일미와 합하고 일미가 서로 가라앉은 것이 바로 우리의 선(禪)인 것이다."

〈順正錄〉과 〈眞正錄〉

⑥ 교외별전대의(敎外別傳大意)

묻는다.

"원교에서는 성품의 바다 자체가 비록 생각할 수도 없고 설명할 수도 없지만 처음에 법계의 인(因)을 닦아 마침내 법계의 과(果)를 증한다 하고, 또 해인(海印)으로 말하면 스스로 증득한 자체는 인과 과를 떠났다 하였으니 그것들은 선문의 정종 심인(心印)과 일치하는 것이라 할 수 있는가?"

"같으면서 같지 않다. 화엄경에서 비록 다함이 없는 법계가 인과(因果)의 영역 안에 있음을 밝혔으나, 그것을 깨달으려는 사람은 반드시 견문이 생기고 해행이 생긴 뒤에라야 깨달아 들어가기 때문에 아직 이치의 길이 구멍을 뚫지 못했고, 또 열 가지 병의 근원을 벗어나지 못했으니, 어찌 '교외별전'의 선지(禪旨)에 견줄 수 있겠는가. 또 해인으로 말하면 그것이 비록 인과 과를 떠났으나 인과가 있는 곳에서 나와 인과를 없앤 곳으로 돌아가는 것이니 인이 있는 것은 처음의 자취요, 과가 있는 것은 마지막 자취이니라.

⑦ 원교의 성해해인(性海海印)과
　　선문정종밀인(禪門正宗密印)

그러나 선문이 비밀히 전하는 뜻에는 본래 법계의 인도 없고, 또한 인을 없앤 것도 없으며, 본래 법계에는 과도 없고, 또한 과를 없앤 것도 없다. 본래 인이 없기 때문에 만행의 길이 없고 본래 과가 없기 때문에 과를 증득하는 문이 없다. 하물며 학자가 참구 하는 화두는 말의 길이 끊어졌고, 이치의 길이 끊어졌으며, 재미도 없어서 열 가지의 병에 걸리지 않으며, 화두의 전부를 제시한다는 소견도 거치지 않고, 병을 부순다는 견해도 거치지 않고 갑자기 땅을 내뿜어 한 번 폭발하면 저절로 한 마음의 법계가 환히 밝아지고 불가사의한 법계가 환히 밝아지리니, 이른바 하나를 듣고 천 가지를 깨달아 큰 총지를 얻음이겠는가. 더구나 종사가 보이는 수단은 법에 의거하고 말을 떠나 때를 따라 죽이기도 하고 살리기도 하되, 혹은 청천에 벽력을 일으키고, 혹은 평지에 방패와 창과 칼날을 일으켜 능히 사람을 치며, 번갯불 속에서 바늘을 꿰나니 아무리 훌륭한 근기와 큰 지혜라도 거기에 대해 생각하거나 의논할 수는 없는 것이다.”

⑧ 돈교일념불생(頓敎一念不生)

"돈교에서는 모든 법은 마음의 반연하는 모양을 떠나고 이름과 글자의 모양을 떠났으므로 한 생각도 생기지 않으며, 도를 증득할 때에도 증득하는 사람이 없다 고 하였으니, 이것은 선문의 비밀한 뜻과 일치한 것인가?”

"같으면서 같지 않다. 돈교의 ‘한 생각도 생기지 않는다’는 것은 마음이 아주 끊어져 사구(死句)의 구덩이 속에 앉아 있는 것이다. 그러므로 만일 그 한 생각도 생기지 않는 해(解)를 환히 밝히지 못하면 그 행을 거두어 잡지 못하는 것이다. ≪원각경≫에 ‘법계의 청정함을 얻은 사람은 곧 청정하다는 해(解)의 장애를 받는다’고 한 것도 이것을 말한 것이다. 만일 증득되는 진여를 말한다면 반드시 증득하는 지혜의 본체가 있을 것이요, 만일 생기지 않는 망녕된 생각이 있다면 반드시 생기는 바른 생각이 있을 것이며, 또 믿음을 쫓아 부처의 땅에 이르는 자취가 있을 것이다. 그러나 선문의 비밀한 뜻에는 본래 한 생각도 없으니 어떠한 생각도 일어나지 않을 것이며, 생각이 이미 본래 없다면 믿음의 지위가 어떻게 설 것이며, 믿음의 지위가 서지 않으면 부처의 땅이 어떻게 있겠는가. 비록 최상승을 말하지마는 본래 최상승이란 없는 것이다.

하물며 학자의 참구 하는 활구(活句)는 마치 한 덩어리의 불을 가까이 하면 곧 얼굴을 태우는 것과 같아서, 부처와 법을 둘 곳이 없는 것이니, 다만 뜨거운 불꽃이 하늘에 뻗치는 것과 같은 큰 의심이 있어서, 갑자기 칠통을 깨뜨려 버리면 백·천의 법문과 한량없는 묘한 이치는 구하지 않아도 원만히 얻어질 것이다. 그러므로 비록 이치를 깨달아 부처가 된다 하여도 다만 본래의 법신을 얻었을 뿐이니, 어찌 저것과 같다고 말하겠는가.

그러므로 조사가 "마음을 전한 곳은 마치 새가 공중을 나는 것과 같아서 그 자취가 아주 없다" 하였고, 또 화엄소에 "원교·돈교 위에 따로 한 종(宗)이 있다" 한 것도 이 선문을 말한 것이다.

〈昭禪章〉과 〈訣疑論〉

결(訣)에 가로되 "원교에는 걸림이 없는 연기의 해(解)가 있고 돈교에는 이름을 떠나고 모양을 끊는 해(解)가 있으며 선문에는 더듬을 것도 없고 붙잡을 것도 없다" 하였다.

⑨ 능가경 성종설(性宗說)

묻는다. "《능가경》은 성종(性宗)의 법으로서 달마가 가지고 온 심지의 법문을 증거하기 가장 요긴한 것이므로 역대로 부촉하였다 하니 그 말이 옳은가?"
 답한다. "그 또한 옳지 않다. 큰 바다를 사이에 두고 멀리 떨어진 곳에서 부처님이 대혜(大慧)보살을 위해 불성을 말씀한 뜻은 이승(二乘)을 격려하고 분발시켜 소승을 버리고 대승을 사모하게 하려한 것뿐이다. 그런데 어찌 방등부(方等部)에서 선문을 증거할 수 있겠는가."
〈引古辨金錄〉

 중봉(重峯)조사가 말하였다.
 "달마가 처음 와서 정법안장을 혜가에게 친히 부촉하고서 승나(僧那) 선사[혜가의 방전(倣傳)이다]를 보니 교(敎・筏)에 집착함이 견고하여 조사의 바른 법을 얻지 못하였으므로 장차 어리석고 미혹한 정(情)으로 바른 법이 파멸할까 두려워 방편을 거짓으로 설하였으니 능가경 네 권은 내 마음의 요긴한 법이다 말하고 혜가에게 부촉하고 또 전하게 하였다."
 그러므로 조사의 문에서 능가경을 전하는 것은 승나의 울음을 그치게 하는 돈 뿐이다.
〈海東七代錄〉

⑩ 반야경 제불종차경출설(諸佛從此經出說)
 묻는다. "반야경에 '모든 부처가 이 경전에서 나왔기 때문에 반야를 부처의 어머니라 한다'고 하였으니, 그러면 이 반야를 종(宗)으로 삼아도 좋은가?"
 "그 또한 옳지 않다. 반야란 한문으로 번역하면 '지혜'이니 만일 그것이 지혜라면 문수보살이 종주가 될 것이다. 반야 이전에 설명한 법은 모두 희론이다. 그러므로 경전에 '희론의 똥을 없애버려라'고 말한 것이다. 그 때문에 반야는 성문들의 치질을 핥고 종기를 째는 좋은 약일 뿐인데, 어떻게 선문의 종주라 할 수 있는가."

〈鑑昭錄〉

⑪ 선교고하(禪敎高下)

성주(聖住)화상은 항상 능가경을 읽다가 그것의 그름을 알고는 곧 버리고서 당(唐)나라에 들어가 선법(禪法)을 전하였다.

도윤(道允)화상은 늘 화엄경을 연구하다가 하루는 '원교와 돈교의 이치로 어찌 (印)의 법을 알겠는가' 하고 곧 그것을 버리고 당 나라에 들어가 조인(祖印)을 이어받았다.

〈七大錄〉

결(訣)에 말했다.

"주 금강이 촛불을 잡으려 한 것과 양 서산(亮西山 ; 마대사의 제자)이 얼음을 녹인 것과 부태원(孚太原 ; 나팔과 북소리를 듣고 깨달은 스님)이 고각의 소리를 들은 것과 해월주(海越州 ; 마조대사의 제자)가 보장(寶藏)을 얻은 것과, 내지는 영묵(靈黙 ; 석두의 제자)이 머리를 돌린 것과 양수(良遂 ; 보철의 제자)의 칭명이 다 그것이다"

신라의 문성대왕이 무염국사(無染國師)에게 물었다.

"나를 위해 선·교의 낮고 못함을 분별하여 해석하시오."

"여러 관리와 재상은 제각기 그 직책에 능하므로, 제왕이 묘당(廟堂) 위에서 손을 여미고 잠자코 계시면 백성은 편안

합니다."

왕은 듣고 매우 기뻐하였다.

〈無染國師別集〉

⑫ 교종의 삼종기(三種機)

≪화엄경≫을 강의하는 좌주가 나계(螺溪)국사에게 물었다.

"교의 세 가지 근기와 선의 따로 전하는 한 근기를 분별하고 해석하여 주시오."

"세존이 생사의 바다 속에서 세 가지 그물로 인천의 고기를 건져 올렸으니 어찌 세 그물에 걸린 고기와 구름 밖에서 감로를 쏟는 신룡(神龍)과 비교하겠는가."

〈螺溪別集〉

⑬ 선의 안족설(眼足說)

결에 가로되,

"선문의 바로 전한 기틀은 한편으로는 세 가지 그물 위에 있는 구름 밖 신룡과 같고 한편으로는 모든 관리 위의 묘당에 있는 천자와 같으니 그 존귀함은 분별하지 않아도 알 수 있다."

그 때에 교학자 5~6명은 분연히 얼굴빛을 고치고 청허에게 물었다.

"선가의 발언은 너무 도에 지나치다. 그 눈은 있어도 발(足)이 없는 것이 아니겠는가?"

청허는 얼굴빛을 바로하고 대답하였다.

"선가는 눈도 갖추어 있고 발도 갖추어 있다. 어찌 영겁을 생사에 빠지고 잠기겠는가. 모든 성인의 해탈을 사모하지 않음은 선가의 눈이요, 다른 사람의 허물은 보지 않고 항상 자기 허물을 보는 것이 선가의 발이다. 아아, 세상은 그릇되고 성인은 멀어 악마는 강하고 법은 쇠약함으로 바른 법을 마치 흙덩어리처럼 보는구나. 나의 이 말은 한 잔의 물로 한 수레의 불을 끄는 것과 같다.

오조(五祖)화상은 '내가 본심을 지키는 것은 시방의 모든 부처를 생각하는 것보다 낫다'라고 이미 하늘을 가리키면서 맹세하되, '내가 만일 너희들을 속인다면 나는 대대로 범과 이리에게 먹힌 바가 될 것이다'고 하였다. 만일 학자로서 이 지경을 당해 슬픈 감정이 생기지 않는다면 그는 목석과 다를 바 없을 것이다.

그러므로 고덕은 말하기를 '교를 소중히 여기고 마음을 가벼이 여기면 아무리 많은 겁을 지나더라도 모두 천마나 외도가 될 것이다'라고 하였다."

이 책을 유정·행주·보정의 세 덕사가 기꺼이 받고 예하여 사계하고 곧 선(禪)·교(敎) 양당에 알렸다.

⑭ 정혜견불성(定慧見佛性)

어느 날 선·교의 학자 50여명이 한 자리에 모였다. 교학자가 물었다.

"선정과 지혜를 고루 배우면 불성을 훤히 본다는데 그 이치는 어떠한가?"

"우리 집에는 노비가 없다."

⑮ 보살자비심(菩薩慈悲心)

교학자가 선사에게 다시 물었다.

"보살이 중생들이 괴로워하는 것을 보고 자비심을 일으키는 것은 어떠한가?"

"자(慈)란 이루어질 부처를 보지 않고 비(悲)란 건질 만한 중생을 보지 않는 것이다."

⑯ 중생제도

"그렇다면 여래가 말씀한 법도 중생을 건지지 못하는가?"

"만일 여래가 말씀한 것이 있다고 말하면 그것은 부처를 비방하는 것이요. 또 여래가 말씀한 것이 없다고 말하면 그것은 법을 비방하는 것이다. 누가 듣는가."

⑰ 대장경의 용처

"그렇다면 일대장교가 쓸데없다는 말인가."

"일대장교는 마치 저 달을 가리키는 손가락과 같은 것이다. 근기가 날카로운 사람은 사자와 같고 근기가 둔한 사람은 한로(韓獹)와 같다."

⑱ 등묘이각(等妙二覺)과 보리열반

"참 부처는 입이 없어서 설법할 줄 모르고, 진정한 들음은 행이 없으나 증득하는 계급은 분명하다는 것을 믿고 또 이해한다. 어찌 등각자(等覺者)는 조적(照寂)하고, 묘각자(妙覺者)는 적조(寂照)하고, 번뇌가 변하여 보리가 되고, 생사가 변하여 열반이 되는 것이 아니겠는가."

"등(等)과 묘(妙)의 두 각(覺)은 형틀(枷)을 걸머진 귀신이요,

보리와 열반은 나귀에 맨 말뚝이다. 나아가서 이름과 글귀를 인정하는 것은 똥을 머금은 흙덩이요, 부처와 조사를 구하는 것은 지옥의 업이다."

⑲ 불조설(佛祖說)
"부처와 조사는 어떠한가."
"부처란 환화(幻化)의 몸이요, 조사란 늙은 비구(比丘)이다."

⑳ 현성의 견증처(見證處)
"실체의 성현이 어찌 본 것과 증득한 것이 없겠는가."
"제 눈을 어떻게 보며 제 마음을 어떻게 증득하겠는가. 또 교에서 말하기를 '머리는 본래 편안한데 스스로 얻었다 하고, 잃었다고 하는 생각을 내고, 마음은 본래 평등한데 스스로 범부이다, 성인이다 라는 소견을 일으킨다' 하였으니, 그것이 어찌 발광이 아니겠는가."
"필경에 그 이치는 어떠한가."
"자기의 본분 위에는 본래 명자가 없지마는 방편으로 그것을 '정법안장 열반묘심'이라고 한다. 다시 한 가지 말이 있는 그것은 내일로 미루자."
그리하여 선·교의 문답·변론은 끝나 그들은 각기 예배하고 지위를 따라 자리에 앉았다.

결어(結語)
그때 서산은 "이번 문답은 선교석(禪敎釋) 발문으로 하였으면 한다" 하고 곧 사미 쌍익(雙翼)을 불러 쓰게 하였다.

3. 심법요초(心法要抄)

이 일은 그 본체를 덮을 수 없고 산천도 그 빛을 숨길 수 없으며, 안으로 엿보아도 쌓임이 없고 밖으로도 넘침이 없어서, 8만 장경도 다 거두어들이지 못하고 제자백가도 다 말하지 못하며, 어떠한 넓은 도량도 능히 알지 못하고 어떠한 문장과 구법(句法)도 분별하지 못한다. 말하면 곧 어그러지고 생각하면 곧 어긋나거늘 하물며 말하고 붓으로 그리겠는가.

진공(眞空)을 알음알이로 헤아리려는 것은 법의 바다를 병에 담으려는 것 같아 비록 꽃을 들거나 벽을 향해 앉더라도 그는 오히려 철면피라 부끄러움을 모른다.

무참(無慚)의 학자들은 경권(經卷)을 가지고 갈등을 만들어 머리서부터 깊이 파고들지마는 마치 애꾸눈의 개나 눈먼 나귀의 눈과 같으니 어찌 그것을 알 수 있겠는가. 그 두 죄인이 적지 않게 법을 비방하는 것이니 삼가고 삼가야 할 것이다. 만일 찾아오는 학자가 있거든, 재미도 없고 더듬을 수도 없는 그 화두를 힘껏 들어 스스로 깨달아 들어가게 해야 비로소 얻을 것이다.

부처님은 말씀하시기를,

"참 부처는 형체가 없고 참 법은 모양이 없다."

하셨다. 그러므로 학자가 어떤 모양이 있는 것으로 법을 구하면 그것은 다 여우의 정령이요 외도의 소견이다. 만일 어떤 참다운 사람이 홀로 높이 뛰어나 부처를 구하는 데에도 집착하지 않고 법을 구하는 데에도 집착하지 않으면 비록 지옥의 갖가지 흉악한 모양을 보더라도 그것은 마치 허공의 꽃과 같을 것이며, 또 모든 부처의 훌륭한 모양을 보더라도 그것은 마치 어린애 장난 같을 것이니, 억지로 법을 만들지 말아야 한다.

　우리의 바른 법 안에서는 '범부다, 성인이다' 하는 두 가지 소견도 틀리고 '악마다, 부처다' 하는 두 가지 길도 또한 틀리며 그 범부도 성인도 없다는 견해도 틀리고, 악마도 부처도 없다는 견해도 또한 틀린 것이다. 불의 법은 본래 공한 것이라, 공으로써 다시 공을 얻을 수 없고 부처의 법은 본래 얻을 바가 없는 것이라, 얻을 바 없음으로써 다시 얻을 바 없는 것이다.

　한 줄기의 영광(靈光)이 텅 비고 넓어 거리낌이 없거늘, 어찌 구태여 옳다 그르다 하겠는가. 항상 조사의 공안을 힘껏 참구하여 활연히 크게 깨달음으로써 그 문에 들어가도록 해야 하느니라.

　① 교학자의 병
　교학하는 사람으로서 활구(活句)를 참구하지 않고, 한갓 총명하고 지혜로운 구이(口耳)의 학문으로 세상에서 뽐내며 실제의 땅(實地. 진리의 세계)을 밟지 않고 말과 행이 서로 어긋나, 이곳인가 저곳인가 하면서 산을 찾고 물을 찾으며 한갓 죽이나 밥만을 허비하고, 스스로 경론을 둘러쓰고 사람을 속이면서 일생을 지내면 마침내 지옥의 종자가 되기 때문에 세상을 건지는 바가 아니니라.

　② 선학자의 병
　선학하는 사람으로서 익히고 들은 것으로 성품을 이루어, 스승을 찾지 않고 여우의 굴속에서 한갓 수고로이 앉아 졸며, 눈앞에서 일어나는 일과 법을 꿰뚫어 벗어나지 못하면 입부리를 놀리는 광대이며 미자(謎子)여서 다만 풀이나 나무에 붙은 정령이 되고 마니 이 또한 세상을 건지는 바가 아니니라.

③ 삼승학인의 병

밤에 노끈이 움직이지 않건마는 네가 의심하여 뱀이라 하고 어두운 방은 원래 비었건마는 네가 두려워하여 귀신이 있다 한다. 마음 위에 진·망(眞·妄)의 정을 일으키고 성품 안에 범·성(凡·聖)의 헤아림을 세워 마치 누에가 실을 토해 제 몸을 싸는 것과 같다. 이것이 누구의 허물인가. 만일 한 생각이 빛을 돌리면 바로 보리의 바른 길이지만, 천 가지로 생각하고 만 가지로 생각하면 곧 내 마음의 왕을 잃어버릴 것이다. 말의 길이 끊어지고 마음의 행하는 곳이 사라져 8만의 큰 장경도 거두어들일 수 없는 것은 향상(向上)의 한 길이요, 3천의 옛 부처도 설명할 수 없는 것은 격외선(格外禪)의 뜻이다. 만일 생각을 없애어 텅 비고 밝아서 목석이나 허공과 같아지면 조금 도에 상응하게 된다 할 것이다.

학자로서 사어(死語)를 지키는 사람은 항상 정결(淨潔)의 구속을 받아 다만 안으로 유한(幽閑)을 지킬 줄만 알고 활구(活句)를 참구할 줄 모르는 사람이니, 그는 마치 꿩이 산 고개를 넘어가버렸는데도 아직 빈 나무 덩굴을 지키는 것과 같다.

방편을 지키는 사람은 마음을 장벽처럼 하는 것으로써 도리어 도라 하여 고요하고 빈 무기(無記) 속에 머물러 다른 사람이 그 머리를 베어도 깨닫지 못한다. 이런 공부는 앉아서 미륵이 태어날 때 까지 있을 지라도 능히 깨닫지 못할 것이니 저 계현(戒賢 ; 백살이 넘도록 나란타사의 논사로 있었음)의 무리와 같다.

　방편을 버리는 사람은 장벽(墻壁) 위에서 참구하되, 끊어졌다가 다시 살아나 지혜의 광명을 밝혀 말이 미치지 못하는 곳을 스스로 환히 아는 것은 저 혜가(慧可 ; 40세에 눈 속에서 달마의 법문을 들음)의 무리들과 같다.

　이제 배우는 이들로서 달마가 2조에게 한 말을 알지 못하고 도리어 조주의 "무(無)"자를 이끌어 앞뒤의 방편을 세우는 사람이 가끔 있으니, 더욱 틀린 일이다.

　또 어떤 사람은 무심(無心)한 방편을 세운다 하며, 다만 그런 생각으로 그대로 지내지만 그는 더욱 낱낱이 찢어 놓은 달마의 참 뜻을 알지 못함으로써 능히 한 걸음 물러서서 장벽 위에서 참구하지 못하나니, 이른바 산 조사의 뜻을 묻어 버리고 이름과 말에 떨어져 그릇된 사람이라 할 것이다.

　또 분별하는 사어(死語)를 붙잡고 공적(空寂) 속에 앉아 면목(面目)을 활짝 열지 못하는 이도 있고, 또 방편을 지키어 버리지 않는 이를 종사(宗師)로 삼는 이도 있다. 학인으로서 마음과 뜻과 의식으로써 생각하고 헤아려 깊은 뜻을 파고들어 지해(知解)를 얻은 뒤로, 맑음으로써 맑음에 들어가 합하는 것을 구경(究竟)의 법으로 삼는 이는 이루 다 셀 수 없다. 이는 경절문(徑截門)의 활구이며 자미(慈昧)가 말과 양구(良久)와 방할(棒喝)과 삼구(三句) 삼현(三玄) 삼요(三要)는 모두 다 선지(禪旨)이니, 모름지기 조사의 활구 위에서 깨뜨려야 한다. 비록 당장에는 깨닫지 못하더라도 사흘이나 닷새나 이레나 혹은 평생 동안에는 깨닫게 될 것이다.

요즘 여러 곳의 칠통 같은 무리들은 다만 조사의 보인 바 경절 방편에 집착하여 그것을 실법(實法)이라고 여러 사람을 가르친다. 그러므로 사람의 눈을 멀게 함이 적지 않으니 또한 몰라서는 안된다. 어떤 사람은 일부러 "실법을 보여 네게 준다" 하였다. 뜻을 참구하는 사람이 활구(活口)를 얻지 못하였더라도 가르침(敎語)에 의지하여 홀연히 깨달음이 열린다. 활구란 마음과 뜻과 의식이 미치지 못하는 곳으로서 근본 심왕(心王)이 산 것이니 달리는 짐승과 같다. 사구(死句)란 마음과 뜻과 의식이 미치는 곳으로서 근본 심왕이 죽은 것이니 달리는 개와 같다.

선과 교는 한 생각 안에서 일어난 것이다. 마음과 뜻과 의식이 미치는 곳을 생각으로 헤아리는 것을 교라 하고, 마음과 뜻과 의식이 미치지 못하는 곳을 참구하는 것을 선이라 한다.

조사가 보인 것은 모두가 다 이 한 글귀이며 그 안에 8만 4천의 법문이 원래 스스로 갖추어져 있다. 그러므로 인연을 따르나 변하지 않고, 그 성·상·체·용(性·相·體·用)을 단박에 깨닫고 차츰 닦음으로써 완전히 거두고 완전히 가리어 원융한 행이 두루 퍼지되 자재하여 걸림이 없고 원래가 동시(同時)여서 전후가 없는 것이 선이다.

여러 부처님이 보이신 바를 단박에 깨닫고 차츰 닦음으로써 인연을 따르나 변하지 않고, 그 성·상(性·相)을 완전히 거두고 완전히 가리어 원융한 행이 두루 퍼지되 일마다 걸림이 없으며 비록 법문이 갖추어져 있으나 닦음과 증득에 계급과 차례와 전후가 있는 것이 교다.

선의 등불이 가섭의 마음에 켜진 뒤로 모든 조사가 서로 그 근본을 전하고 그 이름을 드러내고 그 체를 가만히 보이어 바른 맥을 서로 이었고 종(宗)의 근원을 곧 바르게 전하였다.

교의 바다가 아난의 입에서 쏟아진 뒤로 모든 부처가 서로 전하여 법의(法義)와 인과(因果)로써 보이고 믿고 알고 닦고 증득하게 하였으니, 이것은 만대가 의지해서 바로 이어받는 것으로서 그 흐름의 갈래이다.

자성 안의 반야를 항상 붙들어 일으키고 조사들의 법구를 힘껏 참구하여 활연히 크게 깨달음으로써 그 문에 들면 보고 듣고 깨닫고 하는 그 모든 것에서 마음이 어둡지 않을 것이다.

상문(相門 ; 有爲法)의 반야를 닦되 허망한 것이 본래 공한 것과 마음이 본래 고요한 것을 알지 못하며, 진·망(眞·妄)을 분별해서 집착하고 능·소(能·所)를 서로 다스리되 수습(修習)과 방편(方便)으로 그 문에 들어가 일체의 활동에서 분별하는 마음이 생길 때, 자기의 면목을 돌이켜 비쳐 보고 모든 성인의 해탈을 사모하지 않는 것, 그것은 선가의 눈이다. 남의 시비를 말하지 않고 항상 자기 허물을 반성하면 그것은 선가의 발(足)이다. 그러므로 달마는 "부처는 마음의 근본을 깨닫고 그것과 똑같아 어긋남이 없이 알고 행하면 그것을 조사라 한다" 하였다.

④ 참선문(參禪門)

만일 생사를 벗어나고자 하면 모름지기 조사선(祖師禪)을 참구하라. 조사선이란 "개에는 불성이 없다"는 화두이니, 이것은 1천 7백가지 공안 중에서 제일의 공안이므로 천하의 납승들은 모두 이 "무자"의 화두를 참구한다.

옛날 어떤 스님이 조주(趙州)스님께 물었다.
"개에도 불성이 있습니까?"
"없다."

일체의 함령이 다 불성이 있다는데 조주는 어찌하여 없다 하였으며 그 뜻이 무엇인가. 이 "무"자를 끊임없이 생각하여 다니거나 머물거나 앉거나 눕거나 항상 목전에 상대하되, 마치 불덩이를 가까이 하는 것 같이 하여 곧 얼굴이 데일까 두려워하는 것처럼 하라. 불법을 알려고 집착하면 백이면 백 다 알지 못한다. 그것은 의식이나 감정이나 사상이 이르지 못하는 곳이다. 그러므로 그것은 무심으로도 구할 수 없고 유심으로도 얻을 수 없으며, 말로써 지을 수도 없고 침묵으로써 통할 수도 없으며, 헤아림으로써 얻을 수 있는 것도 아니다. 이치의 길이 끊어지고 마음의 길이 끊어졌으며 말의 길이 끊어졌다. 재미도 없고 잡을 수도 없으며 더듬을 수도 없는 거기서, 한 생각이 폭발해 부수어져야 비로소 생사를 알 수 있을 것이요, 감정이나 의식을 부수지 못하면 심화(心火)가 번뜩일 것이니, 바로 그 때를 당하거든 다만 의심되는 그 화두를 들어 천 번 의심하고 만번 의심하되, 다만 그 하나의 의심은 왼쪽에서 와도 옳지 않고 오른 쪽에서 와도 옳지 않느니라.

무릇 배우는 사람은 부디 활구를 참구하고 사구를 참구하지 말라. 활구를 완전히 체득하면 불조와 함께 스승이 될 수 있으나 사구는 체득하여도 제 몸도 구제하지 못할 것이다.

활구란 경절문(徑截門)이다. 마음의 길이 끊어지고 말의 길이 끊어져 더듬을 수 없는 것이요, 사구란 원돈문이니 이치의 길도 있고 마음의 길도 있어서 듣고 이해하는 생각이 있는 것이다.

⑤ 염불문(念佛門)

염불이란 입으로 외면 송불이요, 마음으로 생각하면 염불이다. 그러나 한갓 외기만 하고 생각하지 않으면 도에는 아무 이익이 없다. "나무아미타불"의 여섯 글자는 결정코 윤회에서 벗어나는 지름길이다. 마음은 부처의 경계를 반연하여 기억해 잊지 않고 입은 부처의 이름을 불러 분명해 어지럽지 않으니, 이와 같이 마음과 입이 상응하는 것을 염불이라 한다.

범어 "아미타불"을 한문으로 번역하면 "무량수불" 또는 "무량광"이라 한다. 시방 삼세의 모든 부처님 중에서 제일이기 때문에 그렇게 이름한 것이다. 법장비구가 세자재왕불 앞에서 사십팔원을 세웠다. 즉

"내가 부처가 될 때에는 시방의 한량없는 세계가 모든 하늘과 사람과 나아가서는 날고 기는 곤충까지도 내 이름을 열 번만 생각하면 반드시 나의 세계에 날 것입니다. 만일 이 소원이 이루어지지 않는다면 나는 결코 부처가 되지 않겠습니다."

과거의 성인이 말씀하시기를,

"부처의 이름을 한 번 부르면 천마(天魔)도 담이 서늘해지고 귀적(鬼籍)에서는 그 이름이 없어지며 금지(金池)에서는

연꽃이 날것이다."
하였고, 또 참법(懺法)은,
"자력과 타력은 하나는 더디고 하나는 빠르다"
고 하였다.

⑥ 삼종정관(三種淨觀)

진금색의 아미타불이 칠보연못(七寶池) 가운데 핀 큰 연꽃 위에 앉았는데 키는 16척이요, 두 눈썹 사이에 있는 흰 털은 오른쪽으로 선회하였다. 고요한 마음으로 그 흰 털에 생각을 쏟으면, 관세음보살은 그 왼쪽에 섰는데, 몸은 자금색이며 손에는 흰 연꽃을 들었으며, 그 천관(天冠) 속에는 한 화불(化佛)이 서 있다. 대세지보살은 그 오른쪽에 섰는데, 몸은 자금색이며 그 천관 속에는 보병(寶瓶) 하나가 있다.

염불에는 네 가지가 있다.
첫째는 입으로 외우는 것이요.
둘째는 상(像)을 생각하는 것이며,
셋째는 모양(相)을 관(觀)하는 것이요,
넷째는 실상(實相)이다.

근(根)에는 이둔(利鈍)이 있으니 기(機)를 따라 들어갈 수 있다.

아미타불 어느 곳에 있는가.
마음에 깊이 새겨 부디 잊지 말라.
생각 생각이 생각 없는 곳에 이르면

법어(法語) 53

여섯 문에서 언제나 자금광을 놓으니라.

자성미타가 어느 곳에 있는가
끊임없이 부디 잊지 말라.
갑자기 하루라도 잊으면
어느 것도 간직하지 못하리라.

위는 자성미타의 게송으로서 불상을 생각하는 염불이다. 이근(利根)과 상지(上智)는 입으로 외우지 않고, 다니거나 머물거나 앉았거나 눕거나 말하거나 침묵하거나 움직이거나 가만 있거나 기뻐하거나 성내거나 슬프거나, 즐거워도 끊임없이 그리워하면서 생각할 뿐이다. 그러나 둔하고 용렬한 근기는 이와 반대다.

⑦ 선송(禪頌)
한량없는 수행의 문 가운데서
참선을 가장 으뜸이라 하나니
천생 만생을 지나와
바로 여래의 방에 앉기 때문이다.

이 일을 알고자 하거든
모름지기 조사의 관문을 참구하라
큰 바다와 같은 믿음을 내고
우뚝한 산처럼 뜻을 세우라.

날로 행하는 4위 가운데

힘을 다하여 의심을 일으키라
차가운 말 재미없으면
화두가 홀로 또렷이 나타나고
의식이 가라앉아 마음 길 끊어지면
대장부의 뼈가 응당 차가우리라.

의심하지 않아도 스스로 의심이 되면
그 사람은 힘을 얻는다
그러한 경에 이르러서야
생사의 횃불을 끌 수 있나니
만약 이 말을 듣지 아니하면
나귀의 해에도 얻지 못할 것이다.

역력히 공안을 들어
들뜨지도 말고 혼침하지도 말라
비고 밝기는 물 속의 달과 같이
늦추고 당기기는 거문고 줄 고르듯 하라.

그 뜻은 병자가 의사를 찾듯
마음은 어린애가 어머니를 생각하듯
그처럼 간절히 공부할 때
아침 해가 동녘 산에 떠오르리라.

활구를 마음에 간직한 선객이여
어느 누가 그와 짝하랴
인연을 갚고 세상을 떠날 때에는

늙은 염라대왕이 스스로 항복하리라.

3악도를 면하려거든
모름지기 조사선을 참구하라
세월은 진실로 아까운 것
부디 등한이 잠자지 말라.

공부하려면 먼저 분발해야 하고
법을 위하거든 다시 몸을 잊으라
활구를 스스로 의심해 부수어야
비로소 대장부라 이름하리라.
조주의 관렬자(關捩子 ; 나사 또는 용수철)를
납승과 같이 타개하자면
천축의 늙은 화상의
코를 꿰어 오라.

서역에서 온 조사(달마)의 뜻은
뜰 안에 선 저 잣나무이니
우스워라, 저 남순동자는
일백일십의 성을 돌면서 헛되이 수고했네.

⑧ 염송(念頌)
마음으로 하나의 금산을 생각하고
손으로는 백팔의 염주를 돌린다
돌이켜 보라, 생각하는 자가 누구인가
마음도 아니요 물건도 아니다.

이는 思想念佛의 게송이다.

합장하여 서방을 향하고
마음을 모아 미타를 생각한다.
평생에 꿈꾸고 생각하는 일
언제나 흰 연꽃에 있다.

염불하는 입이 겨우 열리자
연꽃을 이미 금지(金池. 불변의 땅)에 심었다
만일 믿는 마음이 물러나지 않으면
결정코 금선(金仙)을 예배하리라.

해지도록 생각 모아 사바를 하직하고
16관경(관무량수경) 설하는 석가 부처님 소리 듣는다
한없는 빛깔과 소리에 귀와 눈을 밝히노니
하고 많은 천지에 미타 하나뿐이네.

서방의 부처를 생각하는 법
결정코 생사를 뛰어넘나니
만일 마음과 입이 서로 응하면
왕생은 손가락을 퉁기는 것 같으리.

한 생각에 연꽃을 밟으니
누가 팔천리를 지낼 것인가
공을 이루고 명 다하기를 기다리면

큰 성인이 와서 너를 맞이하리라.

참선이 곧 염불이요
염불이 곧 참선이다
근본 성품은 방편을 떠나
소소하고 또 적적하니라.

⑨ 교가의 55위
55위란 다만 망상을 없앤 뒤에 얻는 과위(果位)이다. 그러므로 55위가 차기 전에 한 계급에 이르러 조그마한 것을 얻고 만족하게 생각하여 법을 안다고 교만이 생긴다. 나중에 대각(大覺)에 들어가면 앞에서 지낸 계위는 모두 환화라 쓸데없는 것이므로 조사들은 차라리 죽을지언정 55위는 밟지 않는다고 말했다.

⑩ 교외별전(敎外別傳)
세존이 꽃을 들어 가섭이 빙그레 웃었다. 그 뒤로는 입으로 말을 하여 후세에 전하였으니 이른바,
달마는 "확연무성(廓然無聖)"이라 하였고,
육조는 "선도 악도 생각하지 말라" 하였으며,
회양(懷讓)은 "수레가 멈추거든 소를 채찍질하라" 하였고,
행사는 "여릉(廬陵)의 쌀값"이라 하였으며,
마조는 "서강을 다 마신다" 하였고,
석두는 "불법을 모른다" 하였다.
또 운문의 "호떡"과 조주의 "차 마시기"와
투자의 "기름사기"와 현사의 "흰 종이"와

설봉의 "곤구(輥毬)"와 화산의 "북치기"와
　신산의 "비단 구드리기"와 도오의 "춤추기" 등
　이런 것은 다 과거의 부처와 조사들이 다 같이 부른 교외별전의 가락이다.

　대저 선·교는 다 방편을 말한 것 같지마는, 한 기틀을 따로 전하기 위하여 세 곳에서 마음을 전하였고, 세 가지의 근기를 위해서 일대에 걸쳐 말한 것이다. 그래서 조사가 나와 부처에 대한 견해와 법에 대한 견해를 꺾었으니 실상 이 교의 뜻을 돋우어 낸 것이요, 교를 헐뜯은 것은 아니다. 그러므로 운문이 "개에게 먹인다"한 것은 부처의 은혜를 갚는 것이다.

　⑪ 바로 심인(心印)을 가리킬 뿐 방편이 없다
　사조(四祖 ; 道信)는 말하기를,
　"그대들은 언제나 제 마음이 곧 부처의 마음이요, 부처의 마음이 곧 자기의 마음임을 믿고, 그 최상의 한 심법을 전하여 서로 깨닫게 하라. 법을 구하는 너희가 구해야 할 것은 마음 밖에 따로 부처가 없고, 부처 밖에 따로 마음이 없다."
　고 하였다.
　참된 마음은 선과 악을 반연하지 않는다. 기호(嗜好)와 욕심이 깊은 사람은 근기가 얕고, 시비를 따져 서로 싸우는 사람은 통달하지 못하며, 경계에 부딪쳐 마음이 생기는 사람은 안정이 적고, 적막하고 기틀을 잊은 사람은 지혜가 잠기며 교만한 마음을 가진 사람은 자기(我)만을 장하다 여기며, 공(空)에 집착하고 유(有)에 집착하는 사람은 모두 어리석으며,

문자를 찾아서 깨달으려 하는 사람은 더욱 막힐 뿐이다. 고행으로 도를 구하는 사람을 외도라 하고, 마음이 곧 부처라고 집착하는 사람을 마귀라고 한다. 일어나는 마음은 곧 천마요, 일어나지 않는 마음은 곧 음마이며, 일어나기도 하고 일어나지 않기도 하면 그것을 번뇌마라 이름한다.

그러나 우리의 바른 법 안에는 본래가 그러한 일이 없다. 그대들은 이런 줄을 알거든 장쾌하게 금강도(金剛刀)를 잡고 한 생각 속에 빛을 돌리면 모든 법이 다 환(幻)을 이룬다. 환을 이루는 것은 또한 병이 되나니 모름지기 그 한 생각마저 놓아버려야 한다. 놓아 버리고 또 놓아버리면 본래의 천진면목이 나타날 것이다.

⑫ **초발심 보살의 수행**
언제나 일체의 선과 악, 더러움과 깨끗함, 유위와 무위, 세간과 출세간, 복덕과 지혜의 구속을 받지 않으면 그것을 부처의 지혜라 한다. 그리고 옳고 그름과 좋고 나쁨과 옳은 이치와 그른 이치에 대한 지견과 정이 다 하여 구속을 받지않고 그 마음이 자재하면 "처음 발심한 보살의 수행"이라 한다.

⑬ **대승인의 수행**
일체의 성색에 막히거나 걸리지 않고, 선악과 시비를 운용하지 않을 뿐 아니라, 일체의 법을 받지도 않고 또 버리지도 않으면 그것을 "대승인의 수행"이라 한다.

선가에 있어서는 지혜(知解)의 두 자가 가장 큰 병이다

지혜는 불교의 큰 병이다. 하택이 조계의 서자가 된 것도

그것 때문이다. 유마경에 "소유를 버리라" 하였고, 법화경에 "똥을 버리고 값을 취하라" 한 것도 다 이 지혜를 두고 한 말이다.

그러므로 지혜가 바른 견해를 방해하는 것은 한편으로는 쉰밥을 아귀에게 제사하는 것 같고, 한편으로는 악의 물이 마음 밭을 더럽히는 것과 같다. 그러므로 조주의 무자 화두를 드는 것만 못하다.

상근대지의 스스로 깨닫는 곳

부모도 나의 친한 이 아니어늘 그 누가 가장 친한 이인가.
눈 어둔 거북과 절름발이 자라를 친하라.
모든 부처도 나의 무리 아니어늘 그 무엇이 가장 훌륭한 도인가.
너의 도와 너의 마음을 친하라.

장부는 스스로 하늘을 찌를 듯이 있기에 여래가 갔던 곳을 향해 가지 않는다.

사람마다 본래 태평이다

방망이 끝에서 깨달으려 하면 덕산을 저버리는 것이요, 할(喝) 밑에서 알려 하면 임제를 묻어버리는 것이니, 하물며 가지를 붙잡고 덩굴을 끌어와 횡설수설함으로써 산승의 입을 더럽히고 선자(禪子)의 귀를 막음이겠는가. 양구,
동쪽을 버리고 서쪽을 칠한들 어찌 천진한 얼굴만 같으랴.

당사자가 스스로 긍정하여 깨닫는 곳

배우는 이는 모름지기 스스로 생각이 미치지 못하고 말이 미치지 못하는 곳에 이르러야 한다. 다만 3세의 모든 부처님이 어디에서 나왔는가, 역대의 조사가 어디에서 나왔는가, 3계의 중생이 어디에서 왔는가 하고 모르는 곳을 붙잡고 오래오래 참구하면, 그 사람은 갑자기 말 없는 데서 스스로 긍정하게 되어 스스로 깨달아 지혜의 광명이 밝게 피어나 칠통을 깨뜨린 연후에 비로소 문에 들게 될 것이다.

⑭ 불설삼구(佛說三句)

세 곳에서 마음을 전한(三處傳心)이 제일구(第一句)요, 화엄경에서 방편을 세 번 (上·中·下) 굴린 것이 제이구이며, 일대에 걸쳐 말씀하신 것이 제3구이니라.

자성(自性) 가운데는 본래 범부도 성인도 없다. 그 두 가지 견해를 놓아 버리면 한 생각 홀로 우뚝하리라. 앞에 나타난 그 한 생각이란 사람 사람의 근본된 마음이요, 그것은 또한 법이며 또 영지의 마음이다. 중생의 마음 밖에서 부처를 구하면 부처를 구하는 상(相)에 막혀 부처는 서쪽에 있고 나는 동쪽에 있게 된다. 그래서 자성의 미타와 서방의 미타가 각기 마주 서게 된다. 학자는 부디 그런 소견을 일으키지 말라.

⑮ 법에는 본래 병이 없다

강월헌(江月軒 ; 나옹) 대사가 병든 승 운도(雲道)에게

"그대는 지금 중병을 앓는데 그것이 무슨 병인지 모르는가. 몸의 병인가, 아니면 마음의 병인가. 만일 몸의 병이라

면, 몸이란 지·수·화·풍의 네 가지 요소가 잠시 모여서 된 것이니 그 앓는 자는 누구인가. 만일 마음의 병이라면, 마음이란 수·상·행·식의 네 가지 요소가 잠시 모여 된 것이니 그 앓는 자는 누구인가. 그러므로 그 고통이 어디서 왔으며 더구나 그 고통이란 무엇인지 알 수 없는 것이다. 부디 이렇게 참구하고 생각하되, 이리 생각하고 저리 생각하면 갑자기 깨달을 때가 있을 것이니, 간절히 부탁하고 부탁한다."
라고 말 하였다.
그리하여 그 앓는 스님은 생사 두 글자가 온 곳을 생각하였으나, 남도 알 수 없고 죽음도 알 수 없으며 천당도 알 수 없고 지옥도 알 수 없었다. 필경에 그것은 무엇인가.

아야(阿耶)라는 두 글자를 그대는 아는가.
병을 깨달으면 병은 원래 돌아오지 않느니라.

⑯ 근본법에는 본래 견해가 없다

근본법에는 계율을 가진다거나 범한다는 것이 없다. 계율을 가진다는 것은 소승의 견해요, 계율을 가지지 않는다는 것은 중생의 견해이며, 바로 그 자리에서 마음이 없이 분별을 내지 않는다는 것은 대승의 견해이다. 그러므로 학자는 연기문을 지키지 말고 항상 자기의 면목을 돌이켜 비추어 보고 항상 조사의 활구 위서 죽었다 다시 살아나야 비로소 얻을 것이다.

또 보고 듣고 깨닫고 알되 성색을 뛰어 넘어 제 몸에서 찾아본다는 것을 대승의 견해라 한다. 본래 면목이란 자기 본분상(本分上)의 일이요, 본지의 풍광이란 색이 없는 경계이다. 본체와 본용의 사이에 걸쳐있는 외롭고 높은 현관(玄關)에서 팔식의 본전지(本田地)를 깨뜨려라.

나무로 만든 사람이 노래하고 손뼉 치며 쇠로 만든 소가 울부짖으며 돌로 만든 말이 광명을 놓는다고 하는 선가의 말은 다 생이 없는 가운데서 활용으로서, 죽음 가운데 삶을 갖춘 것이며 삶 가운데 죽음을 갖춘 것이다.

⑰ 사자상승엔 전할 것이 없다

석가는 가난하고 가섭은 부(富)하며, 달마도 서역에서 오지 않고 혜가도 그 뜻을 이어받지 않았으니 본래 갖추어져 있는 한 법을 어디서 찾아 얻겠는가.

지혜가 없는 치우친 견해

옛날 한 노파가 젊은 딸을 시켜 한 도인을 섬긴 지 30년이 되었다. 하루는 식사를 마치고 그 여인은 도인을 안고서 물었다.

"어떻습니까?"

"마른 나무가 찬 바위에 의지했으니 삼동(三冬)이라 따뜻한 기운이 없다."

이 말은 습관 된 말은 알아듣지 못함이니 이러한 소견은 지혜가 없는 치우친 선정으로서 안으로 유한(幽閑)만을 지키는 것이다.

조사가 보인 법이 어찌 등한한 법이겠는가. 운문의 당문검(當門劍)이나 임제의 취모검(吹毛劍)이 어찌 음계(陰界) 속의 일이겠는가. 그것은 광기(狂氣)와 광혜(狂慧)가 미치지 못할 바로서 오로지 죽이고 오로지 살리는 좋은 솜씨이다. 지금 사람들로 하여금 자기의 본분을 향해 공부하게 하려면 반드시 스스로 깨닫게 하여야 하나니, 그것이 종사의 수단이다.

4. 선가구감(禪家龜鑑)

서(序)

 옛날 부처를 배우던 사람은 부처의 말이 아니면 말하지 않고 부처의 행동이 아니면 행하지 않았다. 그러므로 그들이 보배로이 여기는 것은 오직 패엽의 거룩한 글뿐이었다. 그런데 지금 부처를 배우는 사람이 서로 전해 외우는 것은 사대부의 글귀요, 빌어서 가지는 것은 사대부의 시다. 나아가서는 붉고 푸른 빛깔로 그 종이를 물들이고 아름다운 비단으로 그 책을 장식하여 아무리 그것이 많아도 만족할 줄 모르고 값진 보배로만 생각하니 슬프다. 옛날과 지금의 부처를 배우는 사람들이 보배로 삼는 것이 어찌 이리 다른가.

 내 비록 못났으나 옛날의 학문에 뜻을 두어 패엽의 신령한 글을 보배로 삼는다. 그러나 그 글이 너무 번거롭고 경전의 바다가 너무 넓어 후세의 동지들이 그 잎사귀를 따는 괴로움을 면하지 못하겠기에 그 경전 안에서 가장 요긴하고 절실한 수백의 말씀을 가려 뽑아 한 장의 종이에 적으니, 이른바 글은 간단하나 뜻은 두루했다 하겠다. 만약 이 말씀으로 엄한 스승을 삼아 깊이 연구하여 그 묘한 이치를 깨달으면, 글귀마다 산 부처가 계실 것이니 부디 힘쓰고 부지런하라.
 그러나 문자를 떠난 한 구절(句), 격외의 기특한 보배를 쓰지 않으려는 것이 아니지마는, 아직 장차 별기(別機)를 기다리기도 한다.
 가정(嘉靖) 갑자 여름 청허당 백화도인(白華道人) 씀

 [본문] 여기에 한 물건이 있는데, 본래부터 한 없이 밝고 신령스러워 일찍이 나지도 죽지도 않으며, 이름 지을 수도 없고 모양 또한 그릴 수도 없다.

 [주해] 한 물건이란 무엇인가?

 옛 사람이 송하기를
 옛 부처 나기 전에 뚜렷이 밝았도다,
 석가도 몰랐거니 가섭이 전할손가.

 그러므로 이것은 나는 것도 아니요 죽는 것도 아니며 이름 붙일 수도 없고 모양을 지을 수도 없는 것이다.
 육조스님이 대중에게 이르기를
 "나에게 한 물건이 있는데 이름도 없고 글자도 없다. 너희들은 알겠는가?"
 하니 신회선사가 곧 나와 말하였다.
 "모든 부처님들의 본원이요, 신회의 불성입니다."
 이것이 육조의 서자가 된 까닭이다.
 회양선사가 숭산에서 와 뵈니 육조 스님이 묻기를
 "무슨 물건이 이렇게 왔는고?"

하니 회양은 어쩔줄을 모르다가 8년만에야 깨치고 나서 스스로 기꺼워하며
"설사 한 물건이라 하여도 맞지 않습니다."
하였으니 그래서 육조스님의 적자가 되었다.

〔송〕 삼교의 성인이 모두 이 글귀를 쫓아 나왔다.
뉘라 다 들어 말하리요,
눈썹이 뽑힐라!

〔본문〕 부처님과 조사가 세상에 나오심은 마치 바람 없는데 물결을 일으킨 것이다.

〔주해〕 불조는 곧 석가세존과 가섭존자로 세상에 나오신 것은 대자대비가 바탕이 되어 중생을 건지시려는 것이다.
그러나 한 물건으로써 본다면 사람마다 본래 면목이 저절로 원만히 이루어졌거늘, 어찌 남이 연지 찍고 분 발라 주기를 기다리리요.
그러므로 세상에 나오심은 마치 잔잔한 파도에 물결이 인 격이다.
그러므로 ≪허공장경≫에 이르기를
"문자도 마의 업이요, 이름과 형상도 마의 업이며, 부처님의 말씀까지도 또한 마의 업이다."
한 것이다.
이렇게 본분을 바로 들어 보일 때에는 부처님이나 조사도 아무 소용이 없는 것이다.

〔송〕　하늘과 땅이 빛을 잃고
　　　　해와 달도 어둡구나.

〔본문〕　그러나 법에 또 여러 가지 뜻이 있고, 사람에게도 온갖 근기가 있으니, 여러 가지 방편을 빌리지 않을 수 없다.

〔주해〕　법이란 한 물건이고, 사람은 중생이다. 법은 변하지 않는 것이면서도 인연을 따르는 이치가 있고, 사람은 곧바로 깨치는 이와 오래 닦아야 하는 근기가 있으므로, 문자나 말로써 가르치는 방편이 없을 수 없다.
그러므로 옛말에 이른바
"공사에는 바늘구멍도 용납할 수 없으나 사사롭게 수레도 오고 간다."
한 것이다. 중생이 비록 원만하게 이루어졌다 하나 천생으로 지혜의 눈이 없어서 윤회를 달게 받는 것이다.
만약 세상에서 뛰어난 금칼이 아니면 누가 무명의 두꺼운 껍질을 벗겨주오.
고해를 건너 즐거운 저 언덕에 오르는 것은 다 부처님의 크게 가엾이 여기는 은혜를 입은 것이다. 그러므로 한량없는 목숨을 바치더라도 그 은혜의 만분의 일도 갚기 어려운 것이다.
이것은 새로 닦는 이치를 널리 들어 부처님과 조사의 깊은 은혜에 감사하여야 할 것이다.
〔송〕　임금님이 용상에 오르니
　　　　시골노인이 노래 하도다.

〔본문〕 억지로 여러 가지 이름을 붙여서 마음이다, 부처다, 중생이다 하였으나 이름에 얽매여 분별을 낼 것이 아니다. 다 그대로 옳은 것이다. 그러나 한 생각이라도 일으키게 되면 곧 어그러진다.

〔주해〕 한 물건에 억지로 세 가지 이름을 붙인 것은 부처님 말씀의 부득이한 일이요, 이름에 얽매여 알음알이를 내지 말라한 것은 선법의 부득이한 일이다. 한번 들어 보고 한번 눌러 놓으며 곧 세우고, 깨뜨리는 것이 모두 법왕이 내리는 법령의 자유자재인 것이다. 이것은 윗것을 맺고 아랫것을 일으켜 부처님과 조사의 방편이 각각 다른 것을 말한 것이다.

〔송〕 오랜 가뭄에 단비 내리고
　　　천리 타향에서 친구 만났도다.

〔본문〕 세존께서 세 곳에서 마음을 전하신 것은 선지요, 한 평생 말씀하신 것은 교문이다. 그러므로 선은 부처님의 마음이요, 교는 부처님의 말씀이다.

〔주해〕 세 곳이란 다자탑 앞에서 자리를 절반 나누어 앉으심이 첫째요, 영산회상에서 꽃을 들어 보이신 것이 둘째요, 사라쌍수 아래에서 관 속으로부터 두 발을 내어 보이심이 셋째이다. 이것이 가섭존자가 선(禪)의 등불을 따로 받았다는 것이 바로 이것이다.
　부처님 일생에 말씀하신 것이란 49년 동안 말씀하신 다섯

가지 교(敎)이니

　첫째는 인천교, 둘째는 소승교, 셋째는 대승교, 넷째는 돈교, 다섯째는 원교이다.
　이것은 아난존자가 교의 바다를 널리 흐르게 한 것이다.
　그러므로 선과 교의 근원은 부처님이시고, 선과 교의 갈래는 가섭존자와 아난존자이다.
　말 없음으로써 말 없는 데에 이르는 것은 선이고, 말로써 말 없는 데에 이르는 것은 교이다.
　또한 마음은 선법이고 말은 교법이다.
　법은 비록 한맛이라도, 뜻은 하늘과 땅만큼 아득히 멀어진 것이니, 이것은 선과 교의 두 길을 가려 놓은 것이다.

　　〔송〕　놓아 지내지 마라.
　　　　　풀 속에 거꾸러지리라.

　〔본문〕　그러므로 누구든지 말에서 잃어버리면 꽃을 드신 것이나 방긋 웃는 것이 모두 교의 자취만 될 것이요, 마음에서 얻으면 세상의 온갖 잡담이라도 모두 교 밖에 따로 전한 선지가 될 것이다.

　〔주해〕　법은 이름이 없는 것이므로 말로써 미치지 못하고 법은 모양이 없는 것이므로 마음으로 헤아릴 수도 없다. 무엇이나 말하여 보라고 한다면 벌써 본바탕 마음을 잃은 것이요, 본바탕 마음을 잃게 되면 부처님이 꽃을 드신 것이나 가섭존자가 웃은 일이 모두 묵어 썩어버린 이야기가 될 것이다. 마음에서 얻은 사람은 장꾼들의 잡담이라도 다 법사

의 설법이 될 뿐 아니라, 새소리와 짐승의 울음까지도 참 이치를 바로 말하는 것이 될 것이다.

그러므로 보적선사는 통곡하는 소리를 듣고 깨쳐 춤추고 뛰놀았으며, 보수선사는 거리에서 주먹을 휘두르며 싸우는 것을 보고 참 면목을 깨친 것이 이 까닭이다.

이는 선과 교의 깊고 옅은 것을 밝힌 것이다.

〔송〕 밝은 구슬 손에 들고
　　　이리 궁글 저리 궁글

〔본문〕 내가 한 마디 말을 할까 한다. 생각을 끊고 반연을 쉬고 일 없이 우두커니 앉아 있으니, 봄이 오매 풀이 절로 푸르구나.

〔주해〕 생각을 끊고 반연을 쉰다는 것은 마음에서 얻은 것을 가르킴이니 이른바 일 없는 도인이다. 아! 그 사람됨이 본래 얽힘 없고 본래 일 없어 배고프면 밥을 먹고 고단하면 잠을 자네. 녹수청산에 마음대로 오고 가며 어촌과 주막에 걸림없이 지내가리. 세월이 가나 오나 내 알바 아니건만 봄 오면 예대로 풀이 푸르구나. 이것은 특별히 한 생각 일어날 때에 돌이켜 살피게 함이다.

〔송〕 사람 없을까 했더니
　　　거기 하나 있구나.

〔본문〕 교문에는 오직 한 마음 법만을 전하고, 선문에는

오직 견성하는 법만을 전하였다.

　〔주해〕 마음은 거울의 바탕과 같고 성품은 거울의 빛과 같다.
　성품이란 저절로 청정한 것이므로 깨치면 곧 본마음을 얻는 것이다. 이것은 깨친 한 생각을 중요하게 보인 것이다.

　〔송〕 첩첩이 쌓인 산과 흐르는 물이여
　　　　맑고 깨끗한 옛 가풍이로다.

　〔평석〕 마음에 두 가지가 있는데, 하나는 본바탕 마음이요, 다른 하나는 무명의 형상만 취하려는 마음이다.
　성품에도 두 가지가 있으니
　하나는 근본 법 성품이요, 다른 하나는 성품과 모양이 마주 대한 성품이다.
　그러나 선을 닦는 이나 교를 배우는 이들이 다같이 어두워, 이름에만 집착하고 알음알이를 내게 되어 얕은 것도 깊다 하고 혹은 깊은 것도 얕다 하여 공부하는데 큰 병통이 되므로 여기에서 가려 말한 것이다.

　〔본문〕 그러나 부처님이 말씀하신 경전에는 먼저 모든 법을 가려 보이시고, 뒤에 공한 이치를 말씀하셨으며, 조사들의 가르침은 자취가 생각에서 끊어지고, 이치가 마음의 근원에서 드러났다.

　〔주해〕 부처님은 만대의 스승이 되시므로 어디까지나

자세히 가르치셨고, 조사들은 상대자로 하여금 그 자리에서 곧 해탈하게 하므로 깨치는 데에만 위주하는 것이다.
 자취란 조사의 말 자취요, 생각이란 공부하는 이의 생각이다.

〔송〕 함부로 허둥대더라도
　　　팔이 밖으로 굽지 않으리

〔본문〕 부처님은 활같이 말씀하시고 조사들은 활줄같이 말씀하셨다.
 부처님께서 말씀하신 걸림없는 법이란 바로 한 맛에 돌아감이라.
 이 한 맛의 자취마저 떨어 버려야 바야흐로 조사가 보인 한 마음으로 드러내게 된다.
 그러므로 '뜰 앞에 잣나무이니라'고 한 화두는 용궁의 장경에도 없다고 말한 것이다.

〔주해〕 활같이 말씀하셨다는 것은 굽다는 뜻이요, 활줄같이 말씀하셨다는 것은 곧다는 뜻이며, 용궁의 장경은 용궁에 모셔 둔 대장경이다. 어떤 스님이 조주스님에게 묻기를
 "조사가 서에서 온 뜻이 무엇입니까?"
하니 '뜰 앞에 잣나무이니라' 하였는데 이것이 이른바 격 밖의 선지이다.
 〔송〕 고기가 놀면 물이 흐리고
　　　새가 날면 깃이 떨어진다.

[본문] 그러므로 배우는 이는 먼저 부처님의 참다운 가르침으로써 변하지 않는 것과 인연 따르는 두 가지 뜻이 내 마음의 성품과 형상이며, 당장 깨치고 점점 닦는 그 두 가지 문은 공부의 시작과 끝임을 자세히 가려 안 뒤에, 교의 뜻을 버리고 오로지 그 마음이 뚜렷이 드러난 한 생각으로 참선 한다면 반드시 얻는 바가 있을 것이다. 그것에 뛰쳐나오면 살길이니라.

[주해] 높은 근기와 큰 지혜가 있는 이는 더 말할 것 없지마는, 중근기 하근기의 보통 사람은 함부로 건너뛰어서는 안된다.
    교의 뜻이란 변하지 않은 것과, 인연을 따르는 것, 당장 깨치는 것과 점점 닦는 것이 앞뒤가 있다는 말이요, 선법이란 한 생각 가운데 변하지 않는 것과, 인연을 따르는 것과, 성품과 형상과 체와 용이 본래 한때이므로 곧 그것도 아니며, 아닌 것까지도 아니나 곧 그것도 되며 아닌 것도 되는 것이다.
    그러므로 종사는 법에 의거하되 말을 여의고 바로 한 생각을 가리켜서 성품을 보고 부처가 되게 하는 것이니, 교의 뜻을 버린다는 것이 바로 이것이다.

[송] 환히 밝은 때에
      깊은 골에 구름 끼고,
      그윽하게 고요한 곳
      맑은 하늘 해가 떴네.

〔본문〕 대저 배우는 이들은 활구를 참구할 것이요, 사구를 참구하지 말아야 한다.

〔주해〕 활구에서 얻어내면 부처나 조사로 더불어 스승이 될만하고, 사구에서 얻는다면 제 자신도 구하지 못할 것이다.
 이 아래는 특히 활구를 들어 저절로 활구를 깨쳐 들어가도록 한 것이다.

〔송〕 임제를 친견하려면
    쇠뭉치로 된 놈이라야 한다.

〔평석〕 화두에 말과 뜻의 두 가지 문이 있으니, 말을 참구한다는 것은 지름길 문을 가르치는 활구니 마음 길이 끊어지고 말 길도 끊어져서 더듬고 만질 수가 없기 때문이고, 뜻을 참구한다는 것은 원돈문의 사구니, 이치의 길도 있고 말의 길도 있어서 들어서 알고 생각할 수 있기 때문이다.

〔본문〕 무릇 공안을 참구하되 간절한 마음으로 공부하기를 마치 암탉이 알을 품고 있는 것과 같이 하며, 고양이가 쥐를 잡을 때와 같이 하며, 주린 사람이 밥을 생각하듯 하며, 목마른 사람이 물을 생각하듯 하며, 어린애가 엄마를 생각하듯이 하면 반드시 꿰뚫어 사무칠 때가 있을 것이다.
 〔주해〕 조사들의 공안이 천 칠백 가지나 있는데 '개가 불성이 없다'라든지, '뜰 앞에 잣나무'라든지, '삼 서근', '마른 똥막대기' 같은 것들이다.

닭이 알을 품을 때에는 더운 기운이 늘 지속되고 있으며, 고양이가 쥐를 잡을 때에는 마음과 눈이 움직이지 않게 되고, 주린 때에 밥 생각하는 것, 목마를 때에 물 생각하는 것, 어린애가 엄마를 생각하는 것은 모두 진심에서 우러난 것이요, 억지로 지어서 내는 마음이 아니므로 간절하다고 하는 것이다.

참선하는데 이렇듯 간절한 마음이 없이 깨친다는 것은 있을 수 없는 일이다.

〔본문〕 참선하는데는 모름지기 세 가지 요건을 갖추어야 하나니 첫째는 큰 신심이요, 둘째는 큰 분심이요, 셋째는 큰 의심이니, 만약 그 중에서 하나라도 빠지면 다리 부러진 솥과 같이 소용없는 물건이 되고 말 것이다.

〔주해〕 부처님께서 말씀하시기를 "성불하는 데에는 믿음이 근본이 된다" 하셨고,
영가스님은 이르기를 "도를 닦는 이는 먼저 뜻을 세워야 한다" 하셨고,
몽산스님은 "참선하는 이가 화두를 의심하지 않는 것이 큰 병이다" 하셨으며, 또 이르기를 "크게 의심하는 데서 크게 깨친다"고 하였다.

〔본문〕 일상생활 속에서 무슨 일을 하면서도 오직 '어째서 개가 불성이 없다고 했을까?' 한 화두를 들어, 오나 가나 계속 생각하고 생각하여 이치의 길이 끊어지고 뜻 길이 사라져 아무 맛도 모르고 마음이 답답할 때가 바로 그 사람의

몸과 목숨을 내던질 곳이며, 또한 부처가 되고 조사가 되는 근본이다.

〔주해〕 어떤 스님이 조주스님께 물었다.
"개도 불성이 있습니까? 없습니까?"
"무(없다)."
이 한마디는 우리 종문의 한 관문이며, 온갖 못된 지견과 그릇된 알음알이를 꺾어 버리는 연장이며, 또한 부처님의 면목이요 조사들의 골수다.
이 관문을 뚫고 난 뒤라야 부처나 조사가 될 수 있는 것이다.

〔송〕 옛 어른이 송하기를
  '조주의 무서운 칼
  서릿발처럼 번쩍이네'
  무어라 물을텐가
  네 몸뚱이가 두 동강 나리.

〔본문〕 화두는 들어 일으키는 곳에서 알아 맞히려 하지도 말고, 생각으로 헤아리지도 말며, 또한 깨닫기를 기다리지도 말지니 더 생각할 수 없는 곳에까지 나아가 생각하면 마음이 더 갈 곳이 없어, 마치 늙은 쥐가 쇠뿔 속으로 들어가다가 잡히듯 할 것이다.
또 평소 이런가 저런가 따지고 맞혀보는 것이 식정이며, 생사를 따라 옮겨 다니는 것이 식정이며, 무서워하고 방황하는 것이 또한 식정이다.

요즘 사람들은 이 병통을 알지 못하고, 다만 이 속에서 빠졌다 솟았다 할 뿐이다.

〔주해〕 화두를 참구하는 데에 열 가지 병이 있다.
분별로써 헤아리는 것과, 눈썹을 오르내리고 눈을 끔적거리는 곳을 붙잡고 있는 것과, 말 길에서 살림살이를 짓는 것과, 글에서 끌어다가 증거를 삼으려는 것과, 들어 일으키는 곳에서 알아 맞히려는 것과, 모든 것을 다 날려 버리고 일 없는 곳에 들어앉아 있는 것과, 있다는 것이나 없다는 것으로 아는 것과, 참으로 없다는 것으로 아는 것과, 도리가 그렇거니 하는 알음알이를 짓는 것과, 조급하게 깨치기를 기다리는 것 들이다.
이 열 가지 병을 여의고 오직 화두를 들 때에 정신을 차려 '무슨 뜻일까' 하고 의심할 일이다.

〔본문〕 이 일은 마치 모기가 무쇠로 된 소에게 덤벼드는 것과 같아서, 함부로 주둥이를 댈 수 없는 곳에 목숨을 떼어 놓고 한번 뚫어 보면, 몸뚱이 째 들어갈 때가 있을 것이다.

〔주해〕 위에 말한 뜻을 거듭 다져 활구를 참구하는 이로 하여금 뒷걸음쳐 물러나지 않도록 하려는 것이다.
옛 어른이 이르기를, "참선을 하려면 조사의 관문을 뚫어야 하고, 오묘한 이치를 깨치려면 마음 길을 다 끊어야 한다"고 했다.

〔본문〕 공부는 거문고의 줄을 고르듯 팽팽하고 느슨함이 알맞아야 한다. 너무 애쓰면 집착하기 쉽고, 잊어버리면 무명에 떨어지게 된다. 오직 성성하고 역력하게 하면서도 차근차근 끊임없이 하여야 한다.

〔주해〕 거문고를 타는 자가 말하기를, '그 줄의 느슨하고 팽팽함이 알맞은 뒤라야 아름다운 소리가 잘 난다'고 한다. 공부하는 것도 이와 같이 조급히 하면 혈기를 올리게 될 것이고, 잊어버리면 흐리멍텅하여 귀신의 굴로 들어가게 된다.
 느리지도 않고 빠르지도 않게 되면 오묘한 이치가 바로 그 가운데 있을 것이다.

〔본문〕 공부가 걸어가면서도 걷는 줄 모르고, 앉아도 앉는 줄 모르게 되면, 이때 팔만 사천 마군의 무리가 육근 문 앞에 지키고 있다가 마음을 따라 온갖 생각이 들고 일어날 것이다. 그러나 마음이 움직이지 않는다면 무슨 상관이 있으랴.

〔주해〕 마군이란 생사를 즐기는 귀신의 이름이요, 팔만 사천 마군이란 중생의 팔만 사천 번뇌다.
 마가 본래 씨가 없지만, 수행하는 이가 바른 생각을 잃는 데서 그 근원이 파생되는 것이다.
 중생은 그 환경에 순종하므로 탈이 없고, 도인은 그 환경에 역행하므로 마가 대들게 된다. 그래서 "도가 높을수록 마가 성하다"고 하는 것이다.

선정 가운데서 효자를 보고 제 다리를 찍으며, 혹은 돼지를 보고 제 코를 쥐기도 하는 것이, 모두 자기 마음에서 망상을 일으켜 외부의 마를 보게 되는 것이다. 그러나 마음이 움직이지 않는다면 마의 온갖 재주가 도리어 물을 베려는 것이나 빛을 불어 버리려는 격이 되고 말 것이다.
옛말에 "벽에 틈이 생기면 바람이 들어오고, 마음에 틈이 생기면 마가 들어온다"고 하였다.

[본문] 일어나는 마음은 천마요, 일지 않는 마음은 음마요, 일기도 하고 일지 않기도 하는 것은 번뇌마이다.
그러나 바른 법 가운데에는 본래 그런 일이 없다.

[주해] 대체로 무심한 것이 불도요, 분별하는 것은 마의 일이다. 마의 일이란 꿈 가운데 일인데 더 길게 말할 것이 무엇이랴.

[본문] 공부가 만일 한 조각을 이룬다면 비록 금생에 깨치지 못하더라도 마지막 눈 감을 적에 악업에 끌리지 않을 것이다.

[주해] 업이란 무명이요, 선은 지혜다. 밝은 것과 어두운 것이 서로 맞설 수 없는 것은 당연한 이치이다.

[본문] 대저 참선하는 이는 네 가지의 은혜가 깊고 두터운 것을 알고 있는가? 네 가지 요소로 구성된 더러운 이 몸이 순간 순간 죽어가는 것을 알고 있는가? 사람의 목숨이

숨 한 번에 달린 것을 알고 있는가? 일찍이 부처님이나 조사 같은 이를 만나고서도 그대로 지나쳐 버리지 않았는가? 또 거룩한 무상 법문을 듣고 기쁜 생각을 잠시라도 잊어버리지 않았는가?

　공부하는 곳을 떠나지 않고 수도인다운 절개를 지키고 있는가? 곁에 있는 사람과 쓸데없는 잡담이나 하고 지내지 않는가? 분주하게 시비를 일삼고 있지나 않은가? 화두가 십이시중 어느 때나 똑똑히 들리고 있는가? 남과 이야기하고 있을 때에도 화두가 끊임없이 되는가? 보고 듣고 알아차릴 때에도 한 조각을 이루고 있는가? 자기가 공부를 돌아볼 때 부처와 조사를 붙잡을만한가? 금생에 기필코 부처님의 지혜를 이을 수 있을까? 앉고 눕고 편한 때에 지옥의 고통을 생각하는가?

　이 육신으로 윤회를 벗어날 수 있는가? 여덟 가지 바람이 불어올 때에도 마음이 움직이지 않는가?

　이것이 참선하는 이들의 일상생활 속에서 때때로 점검해야 할 도리이다.

　옛 어른이 말씀하시기를 "이 몸 이때 못 건지면 다시 어느 세상에서 건질 것인가!" 하였다.

　[주해] 네 가지 은혜란 부모와 나라와 스승과 시주의 은혜이고, 네 가지로 된 더러운 몸이란 아버지의 정기와 어머니의 피 한 방울이 물의 젖은 기운이요, 정수는 뼈가 되고 피와 가죽이 된 것은 땅의 단단한 기운이며, 정기와 피의 한 덩이가 썩지도 않고 녹아 버리지도 않는 것은 불의 더운 기운이요, 콧구멍이 먼저 뚫려 숨이 통하는 것은 바람의 움직

임이다.

아난존자가 말하기를

"정욕이 거칠고 흐려서 더럽고 비린 것이 어울려 뭉쳐진다."

한 데서 더러운 몸이라고 부르게 된 것이다.

순간순간 썩어 간다는 것은 세월이 잠시도 쉬지 않아 얼굴은 저절로 주름살이 잡히고 머리털은 어느새 희어가니, 옛말에 "지금은 이미 옛모습 아니네. 옛날에 어찌 지금 같았을까?" 한 바와 같이 과연 덧없는 몸이 아닌가. 덧없는 귀신이란 죽이는 것으로써 오락을 삼으므로 정말 순간순간이 무서울 뿐이다.

날숨은 불기운이요, 들숨은 바람 기운이므로, 사람의 목숨은 오로지 들이쉬고 내쉬는 숨에 달린 것이다.

여덟 가지 바람이란 대체로 마음에 맞는 것과 거슬리는 두 가지 경계이다. 지옥의 고통이란 인간의 육십 겁이 지옥의 하루가 되는데, 쇳물이 끓고 숯불이 튀고 칼산과 창숲에 끌려 다니는 고생은 이루 다 말할 수 없는 것이다. 사람의 몸으로 다시 태어나기란 마치 바다에 떨어진 바늘을 찾기보다도 어렵기 때문에 불쌍히 여기어 일깨운 것이다.

〔평석〕 위에 말한 법문은 마치 사람이 물을 마실 때 차고 더운 것을 제 스스로 알 뿐이므로, 총명이 능히 업의 힘을 막을 수 없고, 마른 지혜가 고의 윤회를 면할 수 없음을 가리킴이다.

각자 살피고 생각하여 스스로 속지 말아야 한다.

〔본문〕 말을 배우는 사람들은 말할 때에는 깨친 듯 하다가도 실지 경계에 당하게 되면 그만 아득하게 된다.
이른바 말과 행동이 서로 틀린다는 것이다.

〔주해〕 이것은 위에서 말한 스스로 속는다는 뜻을 맺는 말이다.
말과 행동이 같지 않고야 무슨 소용이 있으랴.

〔본문〕 만일 생사를 막아내려면 이 한 생각을 깨뜨려야만 비로소 나고 죽음에서 벗어나게 될 것이다.

〔주해〕 '탁!' 하는 것은 새까만 칠통을 깨뜨리는 소리이다. 칠통을 깨뜨려야 끊을 수 있다.
모든 부처님이 인지(因地)에서 닦아 가신 것이 오로지 이것 뿐이다.

〔본문〕 그러나 한 생각도 깨친 뒤에라도 반드시 밝은 스승을 찾아가 눈알이 바른가를 점검해 보아야 한다.

〔주해〕 이 일은 결코 쉽지 않으니 모름지기 부끄러운 생각을 내야 한다.
도(道)란 큰 바다와 같아서 들어갈수록 더욱 더 깊어가는 것이니, 작은 것을 얻어 가지고 만족하지 말라.
깨친 뒤에 밝은 스승을 만나지 못하면 제호와 같은 좋은 맛이 도리어 독약이 될지도 모른다.

〔본문〕 옛 어른이 말씀하시를
"다만 자네의 눈 바른 것만 귀하게 여길 따름이지, 자네의 행실을 보려고 하지 않네"라고 하였다.

〔주해〕 옛날 위산스님의 물음에 대해 앙산이 대답하기를
"열반경 40권이 모두 마군의 말입니다."
하였으니 이것이 앙산의 바른 눈이다.
이번에는 앙산이 행실에 대해 묻자 위산스님은
"자네의 눈 바른 것만 귀하게 여길 뿐이지, 자네의 행실은 보려고 하지 않네."
라고 했다. 바른 눈을 뜬 뒤에 행실을 말하게 되는 까닭이 여기에 있다. 그러므로 참된 수행을 하려면 먼저 모름지기 몸소 깨쳐야 한다.

〔본문〕 바라건대 공부하는 사람들은 자기 마음을 깊이 믿어, 스스로 굽히지도 말고 높이지도 말아야 한다.

〔주해〕 이 마음이 평등하여 본래 범부와 성인이 따로 없다.
이치는 그렇지만 사람에게는 어두운 이와 깨친 이가 있고 범부와 성인이 있다. 스승의 가르침을 받아 문득 참 내가 부처와 조금도 다름이 없음을 깨치는 것은 이른바 '단박 깨침'이다. 그러므로 스스로 굽히지 말 것이니 저 "본래 아무것도 없다"고 한 말이 그것이다.
깨친 뒤에 익힌 버릇을 끊어 가면서 범부를 고쳐 성인이

되는 것은 이른바 '점점 닦아 간다'고 하는 것이다. 그러므로 스스로 높이지도 말 것이니 저 "부지런히 털고 닦으라"고 한 말이 이것이다.

굽히는 것은 교를 배우는 이의 병통이고, 높이는 것은 참선하는 이의 병통이다.

교를 배우는 이들은 참선 문 안에 깨쳐 들어가는 비밀한 법이 있는 것을 믿지 않고, 방편으로 가르친 데에 깊이 걸려 참과 거짓을 따로 집착해 가지고 관행을 닦지 않고 남의 보배만 세게 되므로 스스로 뒷걸음치고 있는 것이다.

그리고 참선하는 이는 교문에 닦고 끊어가는 좋은 길이 있음을 믿지 않고, 물든 마음과 익힌 버릇이 일어날지라도 부끄러운 줄 모르며, 공부의 정도가 유치하면서도 법에 대한 거만한 생각이 많기 때문에 그 말하는 품이 무턱대고 교만한 것이다.

그러므로 옳게 배워 마음을 닦은 사람은 굽히지도 않고 높이지도 않는다.

〔평석〕 스스로 굽히지도 말고 높이지도 말라는 것은, 첫 마음 낼 때에 벌써 씨 안에 열매가 다 갖추어 있다는 점에서 본다면 부처의 자리, 한 자리뿐인 것을 믿어야 하겠지만, 차별문에 나아가서 보살의 열매가 씨의 근원에 사무친 것을 널리 들어, 말하자면 55위가 분명히 있는 것이다.

〔본문〕 미혹한 마음으로 도를 닦는 것은 오직 무명만을 도와줄 뿐이다.

〔주해〕 철저히 깨치지 못했다면 어찌 참되게 닦을 수 있으랴. 깨친 것과 닦는 것은 마치 기름과 불이 서로 따르고, 눈과 발이 서로 돕는 것과 같다.

〔본문〕 수행의 알맹이는 다만 범부의 생각을 떨어지게 할 뿐이지 따로 성인의 알음알이가 있을 수 없다.

〔주해〕 병이 없어져 약조차 쓰지 않는다면 앓기 전 그 사람이 아니겠는가.

〔본문〕 중생의 마음을 버릴 것 없이 다만 제 성품을 더럽히지 말라. 바른 법을 찾는 것이 곧 바르지 못한 일이다.

〔주해〕 버리고 찾음이 다 더럽히는 일이다.

〔본문〕 번뇌를 끊는 것은 이승(二乘)이고, 번뇌가 일어나지 않는 것이 큰 열반이다.

〔주해〕 끊는 것은 하는 것(能)과 되는 바(所)가 벌어지는데, 일어나지 않는 것은 함도 됨도 없다.

〔본문〕 모름지기 마음을 비우고 스스로 비추어 보아, 한 생각 인연따라 일어나는 것이 사실은 일어남이 없음을 믿어야 한다.

〔주해〕 이것은 단지 성품이 일어나는 것을 밝힌 것이다.

〔본문〕 죽이고 도둑질하고 음행하고 거짓말하는 것이 다 한 마음에서 일어나는 것임을 자세히 살펴보라.
그 일어나는 곳이 비어 없는데 무엇을 다시 끊을 것인가.

〔주해〕 여기에서는 성품과 형상을 함께 밝힌 것이다.

〔평석〕 경에 말씀하시기를
"한 생각 일어나지 않음을 무명을 영원히 끊는다고 이름한다" 하였고,
"생각이 일어나면 곧 깨달으라" 하였다.

〔본문〕 환상인 줄 알면 곧 여읜 것이라. 더 방편 지을 것이 없고, 환상을 여의면 곧 깨친 것이라 또한 닦아갈 것도 없다.

〔주해〕 마음은 환상을 만드는 요술쟁이(幻師)이다. 몸은 환상의 성(城)이고 세계는 환상의 옷이며, 이름과 형상은 환상의 밥이다.
그 뿐 아니라 마음을 내고 생각을 일으키는 것, 거짓이라 참이라 하는 것 하나 하나가 환상 아닌 것이 없다.
시작도 없는 아득한 환상 같은 무명이 다 본마음에서 나온 것이다.
환상은 실체가 없는 허공의 꽃과 같으므로 환상이 없어지면 그 자리가 곧 부동지이다.
그러므로 꿈에 병이 나서 의사를 찾던 사람이 잠을 깨면

근심 걱정이 사라지듯, 모든 것이 환상인 줄 아는 사람도 또한 그러리라.

〔본문〕 중생이 나는 것 없는 가운데서 망령되게 생사와 열반을 보는 것이 마치 허공에서 꽃이 머물거리는 것을 보는 것 같다.

〔주해〕 성품에는 본래 나는 것이 없으므로 생사와 열반이 없고, 허공에도 본래부터 아무것도 없으므로 머물거릴 것이 없다. 생사가 있는 줄로 아는 것은 허공에 꽃이 일어나는 것을 보는 것과 같고, 열반이 있는 줄로 아는 것은 허공에 꽃이 스러지는 것을 보는 것과 같다.
그러나 일어나도 일어남이 없고 스러져도 스러짐이 없는 것이므로 이 두 가지 견해에 대해서는 더 따질 것이 없다. 그러므로 ≪사익경≫에 말하기를
"부처님이 세상에 나오심은 중생을 건지기 위해서 아니라, 오로지 생사와 열반의 두 가지 견해를 건지기 위해서다"라고 하였다.

〔본문〕 보살이 중생을 건져 열반에 들게 했다 할지라도 사실은 열반을 얻은 중생이 없는 것이다.

〔주해〕 보살은 오로지 중생에 대한 생각뿐이다.
생각의 바탕이 빈 것임을 알아내는 것이 곧 중생을 건지는 것이다.
생각이 이미 비어버리고 그 마음이 고요하다면 사실 건질

중생이 따로 없다.
　이상은 믿음과 깨침을 말한 것이다.

　〔본문〕 이치는 단박 깨칠 수 있다 하더라도 버릇은 한꺼번에 가시어지지 않는다.

　〔주해〕 문수보살은 천진(天眞)에 이르렀고, 보현보살은 인연따라 일어나는 이치를 밝히었다. 알기는 번갯불 같아도 행동은 어린애 같은 것이다.
　위아래는 닦는 것과 깨치는 것을 말한다.

　〔본문〕 음란하면서 참선하는 것은 모래를 쪄서 밥을 지으려는 것 같고, 살생하면서 참선하는 것은 제 귀를 막고 소리를 지르는 것 같으며, 도둑질하면서 참선하는 것은 새는 그릇에 가득 차기를 바라는 것 같고, 거짓말하면서 참선하는 것은 똥으로 향을 만들려는 것과 같다. 이런 것들은 비록 많은 지혜가 있더라도 다 악마의 길을 이룰 뿐이다.

　〔주해〕 이것은 수행의 법칙인데 세 가지 무루학을 밝힌 것이다. 소승의 법을 받아 지키는 것으로 계율을 삼기 때문에 대충 그 끝을 다스리게 되고, 대승은 마음을 거두는 것으로써 계율을 삼기 때문에 자세히 그 뿌리를 끊는다. 그러므로 법으로 지키는 계율은 몸으로 범하는 일이 없을 것이고, 마음으로 지키는 계율은 생각으로 범하는 일까지도 없는 것이다. 음란한 것은 깨끗한 성품을 끊고, 살생하는 것은 자비스런 마음을 끊으며, 도둑질하는 것은 복과 덕을 끊고, 거짓

말하는 것은 진실을 끊는다. 지혜를 이루어 여섯 가지 신통을 얻었다할지라도 만약 살생과 도둑질과 음행과 거짓말하는 일을 끊지 않는다면, 반드시 악마의 길에 떨어져 영영 보리의 바른 길을 잃을 것이다. 이 네 가지 계율은 모든 계율의 근본이므로 따로 밝히어 생각으로라도 범함이 없도록 한 것이다. 생각하지 않는 것을 계율이라 하고, 생각이 없는 것을 선정(禪定)이라 하며, 어리석지 않는 것을 지혜라 한다.

다시 말하자면, 계율은 도둑을 잡는 것이고, 선정은 도둑을 묶어 놓는 것이며, 지혜는 도둑을 죽여버리는 것이다. 또한 계의 그릇이 온전하고 튼튼해야 선정의 물이 맑게 고이고, 따라서 거기에 지혜의 달이 나타나게 된다. 이 삼학(三學)은 참으로 만법의 근원이 되므로 특별히 밝히어 온갖 새어 흐르는 일이 없게 한 것이다. 영산회상에 어찌 함부로 지내는 부처가 있었으며 소림문하에 어찌 거짓말하는 조사가 있었으랴.

[본문] 덕이 없는 사람들은 부처님의 계율에 의지하지 않고 삼업(三業)을 지키지 않는다.
함부로 놀아 게을리 지내며, 남을 깔보아 따지고 시비하는 것을 일삼고 있다.

[주해] 한번 마음의 계율을 깨뜨리면 온갖 허물이 함께 일어난다.

[평석] 이와 같은 마군의 떼들이 말법에 불붙듯 일어나 바른 법을 어지럽게 하므로 공부하는 사람들은 잘 알아두어야 할 것이다.

〔본문〕 만약 계행이 없으면 비루먹은 여우의 몸도 받지 못한다는데, 하물며 청정한 지혜의 열매를 바랄 수 있겠는가.

〔주해〕 계율 존중하기를 부처님 모시듯 한다면 부처님이 항상 곁에 계시는 거나 다를 바 없다. 모름지기 풀에 매어 있고 거위를 살리던 옛일로써 본보기를 삼아야 할 것이다.

〔본문〕 생사에서 벗어나려면 먼저 탐욕을 끊고 애욕의 불꽃을 꺼버려야 한다.

〔주해〕 애정은 윤회의 기본이 되고 욕심은 몸을 받는 인연이 된다. 부처님이 이르시기를
"음탕한 마음을 끊지 못하면 티끌 속에서 나올 수 없다" 하셨고, 또한 "애정이 한번 얽히게 되면 사람을 끌어다가 죄악의 문에 쳐 넣는다"고 하셨다. 애욕의 불꽃이란 애정이 너무 간절하여 불붙듯 함을 말한 것이다.

〔본문〕 걸림없는 청정한 지혜란 다 선정에서 나온다.

〔주해〕 범부에서 뛰어나 성현의 지위에 들어가며, 앉아 벗고 서서 가는 것이 모두 선정의 힘이라.
그러므로 옛 어른이 이르기를 "거룩한 길을 찾으려면 이 길 밖에 없다"고 한 것이다.

[본문] 마음이 정에 들면 세간의 일어났다 사라졌다 하는 모든 일도 다 밝게 알 수 있다.

[주해] 햇살 쏘이는 문틈에 티끌 고물거리고, 맑고 고요한 물에 온갖 그림자가 또렷이 보인다.

[본문] 어떤 현실을 당해서도 마음이 흔들리지 않는 것을 나지 않음이라 하고, 나지 않는 것을 생각 없음이라 하며, 생각이 없는 것을 해탈이라 한다.

[주해] 계율이나 선정이나 지혜가, 하나를 들면 셋이 갖추어 있는 것이어서 하나로 된 것이 아니다.

[본문] 도를 닦아 열반을 얻는다면 이것은 참이 아니다. 마음이 본래 고요한 것임을 알아야 이것이 참 열반이다.
　그러므로 "모든 법이 본래부터 늘 그대로 열반이다"라고 하신 것이다.

[주해] 자기 눈은 자기가 볼 수 없는 것인데, 자기 눈을 본다면 그것은 거짓이다. 그러므로 문수보살은 생각으로 헤아리고 유마힐은 말이 없었다.
　이 아래는 세세한 행동을 낱낱이 들까 한다.
　[본문] 가난한 이가 와서 구걸하거든 분수대로 나누어 주라.
　한 몸처럼 가엾이 여기면 이것이 참 보시이다.

〔주해〕 나와 남이 둘 아닌 것이 한 몸이다.
빈손으로 왔다 빈손으로 가는 것이 우리들의 살림살이 아닌가.

〔본문〕 누가 와서 해롭게 하더라도 마음을 거두어 성내거나 원망하지 말아야 한다.
한 생각 성내는 데에 백만 가지 장애의 문이 열린다.

〔주해〕 번뇌가 한량없다 하지만 성내는 것이 더하다.
≪열반경≫에 이르기를 "창과 칼로 찌르거나 향수와 약을 발라 주더라도 두 가지에 다 무심하라" 하였다.
우리들이 성내는 것은 흰 구름 속에서 번갯불이 번쩍이는 것과 같다.

〔본문〕 참는 일이 없으면 보살의 육도만행도 이루어질 수 없을 것이다.

〔주해〕 닦아가는 길이 한량없지만 자비와 인욕이 근본이 된다. 고덕이 이르되 "참는 마음이 꼭두각시의 꿈이라면 욕보는 현실은 거북의 털 같으니라" 하시니라.

〔본문〕 본바탕 천진한 마음을 지키는 것이 첫째가는 정진이다.

〔주해〕 만약 정진할 생각을 일으킨다면 이것은 망상이지 정진이 아니다.

그러므로 이르기를 "망상하지 말라. 망상하지 말라!"한 것이다.
게으른 사람은 늘 뒤만 돌아보는데, 이런 사람은 스스로 자신을 포기하고 있는 것이다.

〔본문〕 진언을 외는 것은, 금생에 지은 업은 비교적 다스리기 쉬워 자기 힘으로도 고칠 수 있지만, 전생에 지은 업은 지워버리기 어려우므로 반드시 신비한 힘을 빌리려는 것이다.

〔주해〕 마등가가 법의 열매를 맺는 것은 거짓말이 아니다.
그러므로 신기로운 주문을 외지 않고 마군의 장애를 피하기란 어렵다.

〔본문〕 예배란 공경하는 것이며 굴복하는 것이다.
참된 성품을 공경하고 무명을 굴복시키는 일이다.

〔주해〕 몸과 말과 생각이 함께 청정하면 그것이 곧 부처님의 나타나심이다.

〔본문〕 염불이라 하지만 입으로 하면 송불(誦佛)이고 마음으로 할 때 비로소 염불(念佛)이 된다.
입으로만 부르고 마음으로 생각하지 않으면 도를 닦는 데에 무슨 소용이 될 것인가.

〔주해〕 '나무아미타불' 여섯 자 법문은 윤회를 벗어나는 지름길이다. 마음으로는 부처님의 세계를 생각하여 잊지 말고, 입으로는 부처님의 명호를 똑똑히 불러 헷갈리지 말아야 한다.

이와같이 마음과 입이 서로 합치되는 것이 염불이다.

〔평석〕 오조스님이 이르시길 "자신의 참마음을 지키는 것이 시방세계의 부처님들을 생각하는 것보다 낫다"고 하셨다.

육조스님은 "딴 부처님만 생각하면 생사를 면하지 못한다. 자기의 본심을 지켜야 곧 서쪽 기슭(彼岸)에 이른다" 하셨고,

또한 "부처는 자기 성품 속에서 이룰 것이지 자기 밖에서 구하지 말라"고도 하셨다.

"어리석은 사람은 염불하여 극락세계에 나고자 하지만, 깨친 사람은 그 마음을 스스로 깨끗이 할 뿐이다."

"중생이 마음을 깨쳐 스스로 건지는 것이지, 부처님이 중생을 건져 주는 것은 아니다"라고 하셨다.

위에 말씀한 여러 어른들은 본심(本心)을 바로 가르친 것이고 딴 방편은 없었다.

이치대로 말한다면 참으로 그렇지만, 현상으로는 극락세계가 확실히 있고, 아미타불의 48원이 분명히 있었다.

그러므로 누구나 열 번만 염불하는 이는 그 원의 힘으로 연꽃 탯속에 가서 나고 쉽사리 윤회에서 벗어난다는 것을, 삼세의 부처님들이 다같이 말씀하시고, 시방세계의 보살들도 모두 그곳에 태어나기를 원한 것이다. 더구나 옛날이나 지금이나 극락세계에 왕생한 사람들의 행적이 분명하게 전해 오

고 있으니 공부하는 이들은 아예 잘못 알지 말고 힘쓰고 힘써야 한다.

범어(梵語)의 아미타(阿彌陀, amita)는 우리말로 '끝없는 목숨(無量壽)' 또는 '끝없는 빛(無量光)'이란 뜻으로, 시방삼세에 첫째가는 부처님의 명호며, 그 수행시의 이름은 법장비구(法藏比丘)였다.

세자재왕(世自在王) 부처님 앞에서 48가지 원을 세우고 말하기를

"제가 성불할 때에는 시방세계의 무수한 하늘과 인간들은 더 말할 것도 없고, 작은 벌레까지도 제 이름을 열 번만 부르면 반드시 저의 세계에 와서 나게 하여지이다. 만약 이 원이 이루어지지 못한다면 저는 성불하지 않겠습니다……."라고 하였다.

옛 어른이 말씀하시기를 "염불 한 소리에 악마들은 간담이 서늘해지고, 그 이름이 저승의 문서에서 지워지며 연꽃이 금못에서 나온다" 하셨으며,

또한 ≪참법≫에 이르기를 "자기의 힘과 남의 힘이 하나는 더디고 하나는 빠르다. 바다를 건너가려는 사람이 나무를 심어 배를 만들려면 더딜 것이니 그것은 자기 힘에 비유한 것이고, 남의 배를 빌려 바다를 건넌다면 빠를 것이니 그것은 부처님의 힘에 비유한 것이다."

또한

"어린애가 물이나 불에 쫓기어 큰 소리로 부르짖게 되면 부모들이 듣고 급히 뛰어야 구원하는 것과 같이 사람이 임종할 때에 큰 소리로 염불하면, 부처님은 신통을 갖추었으므로 반드시 오셔서 맞아갈 것이다. 부처님의 자비는 부모보다

더 지극하고, 중생의 나고 죽는 고통은 물이나 불의 피해보다도 더 심하다"라고 하셨다.

어떤 사람이 말하기를 "자기 마음이 정토(淨土)인데 새삼스레 정토에 가서 날 것이 무엇이며, 자기 성품이 아미타불인데 따로 아미타불을 보려고 애쓸 것이 무엇인가?"라고 하였다.

이 말이 옳은 것 같지만 사실은 그렇지 않다. 저 부처님은 탐하거나 성내는 일이 없는데, 그럼 나도 탐하거나 성내지 않는가.

저 부처님은 지옥을 연화세계로 바꾸기를 손바닥 뒤집는 듯하는데 나는 죄업으로 지옥에 떨어질까 겁만 내면서도 그걸 바꾸어 연화세계가 되게 한단 말인가.

저 부처님은 한량없는 세계를 눈앞에 놓인 듯 보시는데, 우리는 담 바깥일도 모르면서 어떻게 시방세계를 눈앞에 본단 말인가. 그러므로 사람마다 성품은 비록 부처이지만 실제 행동은 중생인 것이다. 그 이치와 현실을 말한다면 하늘과 땅 사이처럼 아득한 것이다.

규봉선사가 말씀 하시기를 "가령 단박 깨쳤다 할지라도 결국은 점차로 닦아가야 한다"고 하였으니 참으로 옳은 말씀이다.

그러면, 자기 성품이 아미타불이라는 사람에게 말해보자. 어찌 천생으로 된 석가여래와 자연히 생긴 아미타불이 있을 것인가. 스스로 헤아려보면 저절로 알게 될 것이다.

임종을 당해 숨 끊어지는 마지막 큰 고통이 일어날 때에 꼭 자유자재하게 될 성싶은가.

만약 그렇지 못하다면 한대에 배짱을 부리다가 영원히 악도에 떨어지지 말아야 할 것이다.

또한 마명보살이나 용수보살이 다 조사(祖師)이지만 분명히 말씀하여 왕생의 길을 간절히 권했거늘, 나는 어떤 사람이기에 왕생을 부정하는가.

부처님께서 친히 말씀하시기를

"서방정토가 여기에서 멀어 십만(십악) 팔천(팔사) 국토를 지나가야 한다"고 하신 것은 둔한 사람들을 위해 현실만을 말씀하신 것이고,

어떤 때에는 "정토가 여기에서 멀지 않다."

"마음(중생)이 곧 부처(아미타불)다"라고도 하신 것은 총명한 사람들을 위해 성품을 가르치신 것이다.

교문에는 권도(權道 ; 방편)와 실상이 있고, 말씀에는 드러남과 비밀이 있다. 아는 것과 행하는 것이 일치된 이는 멀고 가까움이 두루 통하게 될 것이다.

그러므로 조사의 문하에도 혜원처럼 아미타불을 부른 이가 있고, 서암처럼 주인공을 부른 이도 있었다.

[본문] 경을 들으면 귀를 거치는 인연도 있게 되고, 따라 기뻐하는 복도 짓게 된다.

물거품 같은 이 몸은 다할 날이 있지만 진실한 행동은 헛되지 않는다.

[주해] 이것은 슬기롭게 배우는 것을 밝힌 것이니, 마치 금강석을 먹는 것과 같으며 칠보를 받아 가진 것보다도 더 낫다.

영명 연수선사가 말하기를 "듣고 믿지 않더라도 부처의

종자가 심어진 것이고, 배워서 이루지 못하더라도 인간이나 천상의 복을 능가할 것이다"라고 하였다.

〔본문〕 경을 보되 자기 마음 속으로 돌이켜봄이 없다면 비록 팔만대장경을 다 보았다 할지라도 소용이 없을 것이다.

〔주해〕 이것은 어리석게 공부함을 깨우친 말이니, 마치 봄날에 새가 지저귀고 가을밤에 벌레가 우는 것처럼 아무 뜻도 없는 것이다. 종밀선사가 이르기를 "글자나 알고 경을 보는 것으로는 원래 깨칠 수 없는 것이며, 글귀나 새기고 말뜻이나 풀어보는 것은 탐욕이나 부리고 성을 내며 못된 소견만 더 일으키게 한다"고 하였다.

〔본문〕 공부가 도를 이루기 전에 남에게 자랑하려고, 한갓 말재주만 부려 서로 이기려고 한다면 변소에 단청하는 격이 되고 말 것이다.

〔주해〕 말세에 어리석게 고부하는 것을 특별히 일깨우는 말이다. 공부란 본래 제 성품을 닦는 것인데, 어떤 사람은 남에게 보이기 위해 하고 있으니 이 무슨 생각일까.

〔본문〕 출가한 사람이 외전을 공부하는 것은 마치 칼로 흙을 베는 것 같아서, 흙은 아무 소용도 없는데 칼만 망가지게 된다.

〔주해〕 문 밖에 나와 놀던 장자네 아이들이 불붙는 집

안으로 다시 들어가는구나.

〔본문〕 출가하여 스님 되는 것이 어찌 작은 일이랴! 편하고 한가함을 구해서가 아니며, 따뜻이 입고 배불리 먹으려고 한 것도 아니며, 명예와 재물을 구하려는 것도 아니다. 나고 죽음을 면하려는 것이며, 번뇌를 끊으려는 것이고, 부처님의 지혜를 이으려는 것이며, 삼계에서 뛰어나 중생을 건지기 위해서인 것이다.

〔주해〕 하늘을 찌를 대장부라 이를 만하다.

〔본문〕 부처님께서 말씀하시기를 "덧없는 불꽃이 온 세상을 살라 버린다"고 하셨고,
또 "중생들의 고뇌의 불이 사방에서 함께 불타고 있다"고 하셨고,
"모든 번뇌의 도둑이 항상 너희들을 죽이려고 엿보고 있다"고도 하셨다.
그러므로 수도인은 마땅히 스스로 깨우쳐 머리에 붙은 불을 끄듯 해야 할 것이다.

〔주해〕 몸에는 생·노·병·사가 있고, 세계에는 이루어지고 지속되고 파괴되고 없어져 버리는 것이 있으며, 마음에는 일어나고 머물고 변해가고 사라져 버리는 것이 있다. 바로 이것이 덧없는 고뇌의 불이 사방에서 함께 불타고 있다는 것이다. 진리를 찾는 사람들이여, 부디 세월을 헛되이 보내지 말라.

〔본문〕 세상의 뜬 이름을 탐하는 것은 쓸데없이 몸만 괴롭게 하는 것이요, 세상 잇속을 따라 허대는 것은 업의 불에 섶을 더 보태는 격이다.

〔주해〕 세상의 뜬 이름에 탐한다는 것은 어떤 사람의 시에 이렇게 말하고 있다.
 "기러기 하늘 멀리 날아갔는데 발자취는 모래 위에 지워지지 않고, 사람들은 저승으로 갔다는데 그 이름 아직도 집에 남아 있네."
 또 세상 잇속을 따라 헤맨다는 것은, 어떤 사람의 시에 이렇게 적혀 있다.
 "꽃마다 찾으면서 애써 꿀을 모았는데 가만 앉아 입 다신 이는 그 누구일까."
 쓸데없이 몸만 괴롭게 한다는 것은, 마치 얼음을 조각하여 예술품을 만들려는 것과 같이 소용없는 짓이다. 그리고 업의 불에 섶을 더 보탠다는 것은, 거칠고 더러운 빛깔이나 향기에 싸인 온갖 물건들이 실은 욕심의 불을 일으키는 재료 밖에 아무것도 아니라는 말이다.

〔본문〕 이름과 재물을 따르는 납자는 풀 속에 묻힌 시골 사람만도 못하다.

〔주해〕 제왕의 자리도 침 뱉고 설산에 들어가신 것은 부처님이 천분 나실지라도 바뀌지 않을 법칙인데, 말세에 양의 바탕에 범의 껍질을 쓴 무리들이 염치도 없이 바람을 타고 세력에 휩쓸려 아첨하고 잘 보이려고만 애쓰니, 아! 그

버릇을 언제 고칠까. 마음이 세상 명리에 물든 사람은 권세의 문에 아부하다가 풍진에 부대끼어 도리어 세속 사람들의 웃음거리만 되고 만다. 이런 남자를 양의 바탕에 비유한 것은 그럴만한 여러 가지 행동이 있기 때문이다.

[본문] 부처님께서 이르시기를 "어찌하여 도둑들이 내 옷을 꾸며 입고, 부처를 팔아 온갖 나쁜 업을 짓고 있느냐!"라고 통탄하셨다.

[주해] 말세의 비구에게 여러 가지 이름이 있는데, '박쥐승'이라고도 하고, 또는 '벙어리 염소승'이라고도 하며, '머리깎은 거사'·'지옥 찌꺼기'·'가사 입은 도둑'이라고도 하는 것은 바로 이런 까닭이다.
부처님을 판다는 것은, 인과를 믿지 않고 죄와 복도 없다 하며, 원래대로 물 끓듯 업을 짓고, 사랑과 미움을 쉴새 없이 일으키는 것이니, 참으로 가엾은 일이다.
승도 아닌 체 속인도 아닌 체하는 자를 '박쥐승'이라 하고, 혀를 가지고도 설법하지 못하는 자를 '벙어리 염소승'이라 하며, 승의 모양에 속인의 마음을 쓰는 자를 '머리깎은 거사'라 하고, 지은 죄가 하도 무거워 옴짝할 수 없는 자를 '지옥 찌꺼기'라 하며, 부처님을 팔아 살아가는 자를 '가사 입은 도둑'이라 한다.
가사를 입은 도둑이기 때문에 이와 같은 여러 가지 이름을 얻게 된 것이다.

[본문] 아, 불자여! 그대의 한 그릇 밥과 한 벌 옷이 곧

농부들의 피요 직녀들의 땀이거늘, 도의 눈이 밝지 못하고야 어떻게 삭여낼 것인가.

〔주해〕 《전등록》에 써 있기를 "옛날 어떤 수도인은 도의 눈이 밝지 못한 탓으로 죽어서 버섯이 되어 시주의 은혜를 갚았다"고 하였다.

〔본문〕 그러므로 말하기를 "털을 쓰고 뿔을 이고 있는 것이 무엇인 줄 아는가? 그것은 오늘날 신도들이 주는 것을 공부하지 않으면서 거저먹는 그런 부류들의 미래상이다"라고 했다.
그런데 어떤 사람들은 배고프지 않아도 먹고 춥지 않아도 더 입으니 무슨 심사일가. 참으로 딱한 일이다.
눈앞의 쾌락이 후생에 괴로움인 줄을 도무지 생각지 않는구나.

〔주해〕 《지도론》에 이르기를 "한 수도인은 다섯 낱알 좁쌀 때문에 소가 되어, 살아서는 뼈가 휘도록 일해 주고 죽어서는 가죽과 살로 빚을 갚았다"고 했다.
한 번 남의 신세를 져 놓으면 이렇듯 갚지 않을 수가 없는 것이다.

〔본문〕 그래서
"차라리 뜨거운 철판을 몸에 두를지언정 신심 있는 이가 주는 옷을 입지 말며, 쇳물을 마실지언정 신심 있는 이가 주는 음식을 먹지 말고, 끓는 가마 속으로 뛰어들지언정 신심 있는 이가 지어 주는 집에 거처하지 말라"고 한 것이다.

〔주해〕 ≪범망경≫에 말하기를 "파계한 몸으로 신심있는 이가 베푸는 온갖 공양과 물건을 받지 않겠다고 마음먹어라. 보살이 만약 이와 같은 원을 세우지 않으면 경구죄(輕垢罪)를 범하게 된다"라고 하였다.

〔본문〕 그러므로 말하기를 "수도인은 음식을 먹을 때에 독약을 먹는 것같이 하고, 시주의 보시를 받을 때에는 화살을 받는 것과 같이 하라"고 한 것이다.
두터운 대접과 달콤한 말을 수도인으로서는 두려워해야 한다.

〔주해〕 음식 먹기를 독약 먹듯 하라는 말은 도의 눈을 잃을까 두려워해서이고, 보시 받기를 화살 받듯 하라는 말은 도의 열매를 잃을까 두려워해서인 것이다.

〔본문〕 그러므로 말하기를
"도를 닦는 이는 한 개의 숫돌과 같아서, 장 서방이 와서 갈고 이 서방이 갈아 가면, 남의 칼은 잘 들겠지만 나의 돌은 점점 닳아 없어지게 될 것이다. 그러나 어떤 사람들은 도리어 남들이 와서 나의 돌에 칼을 갈지 않는다고 걱정하고 있으니 참으로 딱한 일이다."
라고 하였다.

〔주해〕 이와 같은 수도인은 평생 소원이 오로지 배불리 먹고 따뜻이 입는 데만 있는 것일까.

〔본문〕 그러므로 옛말에 또한 이르기를 "삼악도의 고통이 아니라, 가사를 입었다가 사람 몸 잃는 것이 돌이킬 수 없는 고통이다"라고 하였다.

〔주해〕 옛 어른이 이르기를 "금생에 마음을 밝히지 못하면 한 방울 물도 소화시키기 어려우니라"고 했는데, 이것이 이른바 가사를 입었다가 사람의 몸을 잃는다는 것이다.
불자여, 불자여! 분발하고 분발하거라.

〔본문〕 우습다, 이 몸이여. 아홉 구멍에서는 항상 더러운 것이 흘러나오고, 백천 가지 부스럼 덩어리를 한 조각 엷은 가죽으로 싸 놓았구나.
또한 가죽 주머니에는 똥이 가득 담기고 피고름 뭉치라, 냄새나고 더러워 조금도 탐하거나 아까워 할 것이 없다.
더구나 백년을 잘 길러준대도 숨 한 번에 은혜를 등지고 마는 것을.

〔주해〕 위에 말한 모든 업이 다 이 몸 때문에 생긴 것이니, 소리쳐 꾸짖고 크게 깨우침이 있어야 할 것이다.
이 몸은 모든 애욕의 근본이므로 그것이 허망한 줄 알게 되면 온갖 애욕도 저절로 사라질 것이다.
이를 탐착하는 데서 한량 없는 허물과 근심 걱정이 일어나게 되는 것이므로 여기 특별히 밝혀 수도인의 눈을 띄워주려는 것이다.

〔평석〕 네 가지 요소로 이루어진 이 몸에는 주인 될 것

이 없으므로 네 가지 원수가 모였다고도 하고, 네 가지는 은혜를 등지는 것들이므로 네 마리의 뱀을 기른다고도 한다. 내가 허망함을 깨닫지 못하므로 남의 일로 화도 내고 깔보기도 하며, 다른 사람도 또한 허망함을 깨닫지 못한 까닭에 나로 인해 성내고 깔보는 것이다.

이것은 마치 두 귀신이 한 송장을 가지고 싸우는 것이나 다를 바 없다. 그 송장을 가리켜 '물거품 뭉치'라 하고, '꿈덩어리' 혹은 '고생 주머니'·'거름 무더기'라고도 하는 것이니, 그것은 빨리 썩어버릴 뿐 아니라 더럽기 짝이 없기 때문이다.

위에 있는 일곱 구멍에서는 항상 눈물과 콧물이 흐르고, 아래 두 구멍에서는 대소변이 흘러나온다.

그러므로 대중과 섞이려면 밤낮으로 그 몸을 깨끗이 해야 한다.

몸가짐이 부정한 사람은 선한 신장들이 반드시 등져버린다고 한다.

≪인과경≫에 이르기를 "더러운 손으로 경을 만지거나 부처님 앞에서 침을 뱉은 사람은 내세에 뒷간 벌레가 될 것이다" 하였고,

≪문수경≫에는 "대소변을 볼 때에는 나무나 돌처럼 말하거나 소리 내지 말고, 벽에 낙서도 말며 함부로 침 뱉지도 말라"고 했다.

그리고 "변소에 다녀와서 깨끗이 씻지 않고는 좌선하는 자리에 앉지 말며 법당에 들어가지도 말라"고 하였다.

[본문] 허물이 있거든 곧 참회하고 잘못된 일이 있으면

부끄러워 할 줄 아는 데에 장부의 기상이 있다.
　그리고 허물을 고쳐 스스로 새롭게 하면 그 죄업도 마음을 따라 없어질 것이다.

　〔주해〕 참회란 먼저 지은 허물을 뉘우치고, 다시는 짓지 않겠다고 맹세하는 일이다. 부끄러워한다는 것은 안으로 자신을 꾸짖고 밖으로는 자기의 허물을 드러내는 일이다. 마음이 본래 비어 고요한 것이므로 죄업도 붙어 있을 곳이 없다.

　〔본문〕 수도인은 마땅히 마음을 단정히 하여 검소하고 진실한 것으로써 근본을 삼아야 한다.
　표주박 한 개와 누더기 한 벌이면 어디를 가나 걸릴 것이 없다.

　〔주해〕 부처님께서 말씀하시기를 "마음이 똑바른 거문고 줄(絃) 같아야 한다"고 하셨다. 또 말씀하시기를 "바른 마음이 곧 도량이다"고 하셨다. 이 몸에 탐착함이 없다면 어디를 가나 거리낌이 없을 것이다.

　〔본문〕 범부들은 눈앞의 현실에만 따르고, 수도인은 마음만을 붙잡으려 한다. 그러나 마음과 바깥 현실 두 가지를 다 내버리는 이것이 참된 법이다.

　〔주해〕 현실만 따르는 것은 마치 목마른 사슴이 아지랑이를 물인 줄 알고 찾아가는 것 같고, 마음을 붙잡으려는 것은 원숭이가 물에 비친 달을 잡으려는 것과 같다. 바깥 현실

과 마음이 비록 다르지만 병통이기는 마찬가지다.
　이것은 범부와 이승을 합쳐서 말한 것이다.
　〔송〕　천지에는 진나라 해와 달이 없고,
　　　　강산에는 한나라 군신이 보이지 않네.

　〔본문〕　성문은 숲속에 가만히 앉아서도 악마에게 붙잡히고, 보살은 세간에 노닐어도 외도들과 마군이 보지 못한다.

　〔주해〕　성문은 고요한데 머무는 것으로써 수행을 삼기 때문에 마음이 움직이고, 마음이 움직이니 귀신이 보게 된다. 그러나 보살은 성품이 본래 빈 것임을 깨달아 그 마음이 스스로 고요하므로 자취가 없고, 자취가 없으니 외도와 마군들이 보지 못한다.
　이것은 이승과 보살을 합쳐서 말한 것이다.

　〔송〕　봄바람 꽃길에서 오락가락 노니는데,
　　　　한 집이 우중충 빗 속에 잠겨 있네.

　〔본문〕　누구든지 임종할 때에는 이렇게 관찰해야 한다. 즉 오온이 다 빈 것이어서 이 몸에는 '나'라고 할 것이 없고, 참 마음은 모양이 없어 오고 가는 것도 아니다.
　날 때에도 성품은 난 바가 없고 죽을 때에도 성품은 가는 것이 아니다.
　지극히 밝고 고요해 마음과 환경은 하나인 것이다.
　오직 이와같이 관찰하여 단박 깨치면 삼세와 인과에 얽매이거나 이끌리지 않게 될 것이니, 이런 사람이야말로 세상에서 뛰어난 자유인이다.
　부처님을 만난다 할지라도 따라갈 마음이 없고, 지옥을 보더라도 무서운 생각이 없어야 한다.
　다만 무심하게 되면 법계와 같이 될 것이니 이 점이 바로 요긴한 것이다.
　그러므로 평상시는 씨(因)이고 임종할 때는 그 열매(果)다.
　수도인은 이곳에 주의해야 한다.

　〔주해〕 죽기 싫은 늙음에 이르러 부처님께 나가는가.

　〔송〕 이런 때에 제 마음을 애써 밝히라.
　　　　백년 긴 세월도 순식간에 그르치니.

　〔본문〕 사람이 임종할 때에 만약 털끝만큼이라도 성인이다 범부다 하는 생각이 남아 있게 되면 나귀나 말의 뱃속에 끌려들기 쉽고, 지옥의 끓는 가마속에 처박히게 되며, 혹은 개미나 모기 같은 것이 되기도 할 것이다.

　〔주해〕 백운선사가 이르기를
　"범부라거나 성인이라거니 하는 생각이 깨끗이 없어져 털끝만치라도 남은 바가 없다 할지라도, 또한 나귀나 말의 뱃속에 들어가는 것을 면치 못하리라."
　고 하였다.
　두 소견이 번득이면 여러 길에 들어갈 것이다.

〔송〕 모진 불이 활활 붙고
　　　 보배 칼이 번쩍인다.

〔평석〕 이 두 구절은 특별히 종사가 무심하여 도에 합하는 문을 열고, 염불하여 극락세계에 나기를 원하는 문은 한 때 방편으로 막아 놓은 것이다.
　그러나 사람마다 바탕과 그릇이 같지 않고, 뜻과 원이 또한 다르므로, 이와 같은 두 가지가 서로 방해되지 않는다.
　바라건대 공부하는 사람들은 평소에 분수대로 각자 노력하여 마지막 찰나에 의심하거나 뉘우치지 말아야 할 것이다.

〔본문〕 참선하는 이가 본래 면목을 밝혀 보지 못한다면 높고 아득한 진리의 문을 어떻게 꿰뚫을 것인가.
　더러는 아주 끊어져 없어진 빈 것으로써 참선을 삼기도 하고, 무엇이라 말할 수 없이 빈 것으로써 도를 삼기도 하며, 모든 것이 없는 것으로써 높은 소견을 삼기도 하니, 이런 것들은 컴컴하게 비어 있어 병든 바가 깊다.
　지금 천하에 참선을 말하는 사람치고 이와 같은 병에 안 걸린 사람이 얼마나 될까?

〔주해〕 아득하게 올라가는 한 관문을 발 붙일 곳이 없다. 운문선사가 이르기를
　"빛을 꿰뚫지 못하는 데 두 가지 병이 있고, 법신을 꿰뚫은 뒤에도 또한 두 가지 병이 있으니, 모름지기 하나하나 꿰뚫어야 한다."
　고 하였다.

〔송〕　우거진 풀밭 길을 거치지 않고
　　　　　꽃이 지는 마을에 가기 어려워.

　　〔본문〕　종사에게도 또한 병이 많다.
　병이 귀와 눈에 있는 이는 눈을 부릅뜨고 귀를 기울이며 머리를 끄덕이는 것으로써 선을 삼고, 병이 입과 혀에 있는 이는 횡설수설 되지 않는 말과 함부로 '할'하는 것으로써 선을 삼는다.
　또 이 병이 손발에 있는 이는 나아갔다 물러갔다 함과 이쪽 저쪽 가리키는 것으로써 선을 삼으며, 병이 마음 가운데에 있는 이는 진리를 찾아내고 오묘한 것을 뚫어내며 인정에 뛰어나고 자기의 소견을 여의는 것으로써 선을 삼는다.
　사실대로 말하자면 어느 것이고 병 아닌 것이 없다.

　　〔주해〕　부모를 죽인 사람은 부처님 앞에 참회하지만 반야를 비방한 사람은 참회할 길이 없다.

　　〔송〕　허공에서 그림자 붙잡아도 우스운데
　　　　　세상 밖에 뛰는 것 무어 그리 장할까.

　　〔본문〕　본분 종사는 법을 온전히 들어 보인다.
　마치 장승이 노래하고 불붙는 화로에 눈 떨어지는 듯하며, 또한 번갯불이 번쩍이듯 하여 공부하는 이가 어떻다고 헤아려 보거나 더듬을 수가 전혀 없다. 그러므로 옛 어른이 그 스승의 은혜를 알고 말하기를
　"스님의 도덕을 장하게 여김이 아니라 오직 스님이 내게

해설해 주지 않은 것에 감격한다."
라고 했다.

〔주해〕 말하지 말아라. 말하지 말아라. 붓 끝에 오를라!

〔송〕 화살이 강물에 뜬 달그림자를 꿰뚫으니
그가 바로 독수리를 잡는 이로구나.

〔본문〕 공부하는 사람들은 먼저 선종의 갈래부터 자세히 가리어 알아야 한다.
옛날에 마조스님이 한 번 '할'하는데 백장스님은 귀가 먹고 황벽스님은 혀가 빠졌다.
이 한 '할'이야말로 곧 부처님께서 꽃을 드신 소식이며, 또한 달마대사의 처음 오신 면목이다.
이것이 임제종의 근원이 된 것이다.
〔주해〕 법을 아는 이가 무섭다.
소리를 따라 갈겨 주리라.

〔송〕 주장자 한 가지 마디라곤 없는데
슬며시 내어 주네 밤길의 나그네께.

〔평석〕 옛날 마조스님의 한 번 외치는 '할'에 백장스님은 대기(大機)를 얻었고, 황벽스님은 대용(大用)을 얻었다.
대기란 원만해서 두루 맞는 것이고, 대용이란 바로 끊는 것이다.
그 사연이 ≪전등록≫에 실려 있다.

[본문] 조사들의 종파에 다섯 갈래가 있는데, 그것은 임제종·조동종·운문종·위앙종·법안종 등이다.

<임제종> 우리 스승 석가모니 부처님으로부터 33세 되는 육조 혜능대사의 밑에서 곧게 전해 내려가기를, 남악 회양·마조 도일·백장 회해·황벽 희운·임제 의현·홍화 존장·남원 도옹·풍혈 연소·수산 성념·분양 선소·자명 초원·양기 방회·백운 수단·오조 법연·원오 극근·경산 종교 같은 이들이다.
 <조동종> 육조의 아래에서 곁갈래의 청원 행사·석두 희천·약산 유엄·운암 담성·동산 양개·조산 탐장·운거 도응 같은 이들이다.
 <운문종> 마조의 곁갈래로 천황 도오·용담 숭신·덕산 선감·설봉 의존·운문 문언·설두 중현·천의 의회 같은 이들이다.
 <위앙종> 백장의 곁갈래로 위산 영우·앙산 혜적·향엄 지한·남탑 광용·파초 혜청·곽산 경통·무착 문희 같은 이들이다.
 <법안종> 설봉의 곁갈래로 현사 사비·지장 계침·법안 문익·천태 덕소·영명 연수·용제 소수·남대 수안 같은 이들이다.

<임제가풍> 맨손에 한 자루의 칼을 들고 부처님도 용서 없고 조사도 죽이노라.
 예와 이제 할 것 없이 삼현(三玄)이나 삼요(三要)로써 판단

하고, 용과 뱀을 빈주구(賓主句)로 알아낸다.

  금강의 보배 칼로 도깨비를 쓸어 내고, 사자의 위엄을 떨치어서 여우와 너구리의 넋을 찢네.

  임제종을 알려는가? 푸른 하늘에 벼락치고 평지에서 파도가 인다.

  <조동가풍> 권도로써 다섯 자리를 열어 놓아 세 가지 근기를 잘 다룬다.

  보배 칼을 빼어 들고 삿된 소견이 많은 숲을 말끔하게 베어 내고, 널리 고루 통하는 길을 묘하게도 맞추어서 천만 갈래 모든 생각 끊어 내어 버리누나.

  위음왕불 나시기 전 까마득한 그 빛이요, 하늘과 땅 생기기 전 신선세계 경치로다.

  조동종을 알려는가? 부처님과 조사도 안 나시고 아무것도 없던 그 전, 똑바른 것, 치우친 것, 있는 거나 없는 것에 떨어지지 않느니라.

  <운문가풍> 칼날에는 길이 있고 철벽에는 문이 없다. 온 천하의 말썽거리 둘러엎고, 온갖 못된 소견들을 잘라 내어 버리노라.

  빠른 번개같이 되어 미처 생각할 수 없고, 활활 타는 불꽃 속에 어찌 머무를 수 있으리오.

  운문종을 알려는가? 주장자가 날뛰어서 하늘 높이 올라가고 잔 속에서 모든 부처님들이 설법하시네.

  <위앙가풍> 스승과 제자가 부르면 화답하고, 아버지와

아들이 한 집에서 살고 있네. 옆구리에 글자 쓰고 머리 위엔 뿔이 뾰족 솟았구나. 방 안에서 사람들을 시험하니 사자 허리 부러진다. 네 가지 말 다 여의고 백 가지 아닌 것도 모두 함께 끊어버려 한 망치로 부수었네. 입은 둘이 있으나 혀는 하나도 없는 것이 아홉 구비 굽은 구슬 환하게도 꿰뚫었다.

위앙종을 알려는가? 부러진 비석 옛 길 위에 쓰러져 있고 무쇠 소는 작은 집에 잠을 자네.

<법안가풍>은 말끝마다 메아리가 울려오고 글 속에 날랜 칼날 숨었구나. 해골이 온 세계를 지배하고 콧구멍은 어느 때나 그 가풍을 불어내네.

바람 부는 나무 숲과 달 비치는 물가에는 참 마음이 드러나고, 푸른 대와 누른 국화 묘한 법을 보여 주네.

법안종을 알려는가? 맑은 구름 밀어 산마루로 올라가고, 밝은 달은 물에 떠서 다리 지나 흘러오네.

<따로 임제종의 종지를 밝힘> 일구(一句) 가운데 삼현(三玄)이 갖추어 있고, 일현(一玄) 가운데 삼요(三要)가 갖추어 있는데, 일구는 글발이 없는 인(印)이고 삼현과 삼요는 글발이 있는 인이다. 권도와 실상은 현(玄)이며, 비침과 씀은 요(要)가 된다.

<삼구> 첫째 구는 몸이 죽고 숨이 끊어지는 것이며, 둘째 구는 입을 열기 전에 그르쳤고, 셋째 구는 똥삼태기와 비이니라.

<삼요> 첫째 요는 비침이 곧 큰 기틀이고, 둘째 요는 비침이 곧 큰 씀이며, 셋째 요는 비침과 씀이 한 때가 된다.

<삼현> 체 가운데 현은 삼세가 한 생각이라는 따위들이고, 구 가운데 현은 지름길 말들이며, 현 가운데 현은 양구와 방망이와 할 같은 것들이다.
　　<사료간> 사람을 빼앗고 경계를 빼앗지 않는 것은 하등 근기들을 다루는 법이고, 경계를 빼앗고 사람을 빼앗지 않는 것은 중등 근기를 다루는 법이며, 사람과 경계를 함께 빼앗는 것은 상등 근기를 다루는 법이고, 사람과 경계를 함께 빼앗지 않는 것은 격 밖의 사람을 다루는 법이다.
　　<사빈주> 손 가운데 손은 배우는 이가 콧구멍이 없는 것이니, 물음이 있고 대답이 있는 것이고, 손 가운데 주인은 배우는 이가 콧구멍이 있는 것이니, 주인도 있고 법도 있는 것이며, 주인 가운데 손은 소승의 콧구멍이 없는 것이 묻는 것만 있고, 주인 가운데 주인은 스승의 콧구멍이 있는 것이니 기특한 것도 해롭지 않다.
　　<사조용> 먼저 비치고 뒤에 씀은 사람이 있는 것이고, 먼저 쓰고 뒤에 비침은 법이 있는 것이며, 비침과 씀이 한 때로 되는 것은 밭을 가는 농부의 소를 빼앗고 주린 사람의 밥을 빼앗는 것이고, 비침과 씀이 한 때가 아닌 것은 물음이 있고 대답이 있는 것이다.
　　<사대식> 정리(正利)란 것은 소림굴에서 돌아 앉아 있는 따위이고, 평상 도리란 것은 화산의 '북을 친다'는 따위며, 본분이란 것은 '산승은 모르노라'한 따위고 거짓을 꾸민다는 것은 달마대사가 '아지 못하노라'한 따위들이다.
　　<사할> 금강왕 보배칼의 할이란 것은 한 칼에 온갖 생각과 알음알이를 끊어버리는 것이고, 땅에 버티고 앉은 사자의 할이란 것은 말을 하거나 입김만 내쏘아도 모든 마군의 머

리가 터지는 것이며, 탐지하는 댓가지와 그림자 보이는 풀 묶음 할이란 것은 그 상대자의 콧구멍이 있는가 없는가를 탐지하는 것이며, 또 한 가지 할은 한 할로만 쓰이지 않고, 위에 말한 삼현과 사빈주 같은 것들을 다 갖추고 있는 것이다.

<팔방> 영을 내려서 이치에 돌아가게 하는 것과, 닥치는 대로 쓸어 버려서 바르게 하는 것과, 이치도 내버리고 바른 것까지도 쳐 버리는 것과, 몹시 책망하는 것들을 벌을 주는 방망이고, 종지에 맞도록 하는 것은 상을 주는 방망이며, 비게도 하고 차게도 하는 것은 가리어 보는 방망이고, 함부로 쓰는 것은 눈 먼 방망이며, 범부와 성인을 함께 쓸어버리는 것은 바른 방망이다. 이와 같은 법들을 하필 임제종의 가풍만이 될 뿐 아니라 위로 모든 부처님으로부터 아래로는 중생들에 이르기까지 다 제대로 갖추어 있는 당연한 일이다.

만약 이것을 여의고 설법한다는 것은 모두 거짓말이다.

〔본문〕 임제의 '할'과 덕산의 '방망이'가 다 나는 것 없는 도리를 철저하게 증득하여 꼭대기에서 바닥까지 꿰뚫은 것이다.

큰 기틀과 큰 작용이 자유자재 해서 어디에나 걸림없고, 전신으로 출몰하여 온 힘으로 짐을 져 문수와 보현의 성인 경계를 지키고 있다 할지라도, 사실대로 말한다면 이 두 분(임제와 덕산)도 또한 도깨비가 됨을 면치 못할 것이다.

〔주해〕 시퍼런 칼날 다치지 말라.

[송] 번쩍 번쩍 서릿발
물에 튀는 구슬인가.
구름 흩어진 고요한 하늘에
흘러가는 저 달이여.

[본문] 대장부는 부처님이나 조사 보기를 원수같이 해야 한다.

만약 부처님에게 매달려 구하는 것이 있다면 그는 부처님에게 얽매인 것이고, 조사에게 매달려 구하는 것이 있다면 또한 조사에게 얽매여 있는 것이다. 무엇이든지 구하는 것이 있으면 모두 고통이므로 아무일 없는 것만 같지 못하다.

[주해] 부처님과 조사도 원수와 같이 보라는 것은 첫머리의 "바람도 없는데 물결을 일으킨다"는 말을 맺음이고, 구하는 것이 있으면 다 고통이라고 한 것은 "딴 것이 없다 다 그대로 옳다"는 말을 맺은 것이며, 일 없는 것만 같지 못하다는 것은 "한 생각 내면 곧 어기어 버린다"는 말을 맺은 것이다.

이렇게 되면 온 천하 사람의 혀끝을 앉아서 끊게 되며, 생사의 빠른 바퀴가 저절로 멈추게 될 것이다.

난리를 평정하고 나라를 태평하게 하는데 단하선사가 목불을 살라 버린 것과, 운문선사가 개법이나 주겠다던 것과, 노파가 부처님을 안보려고 한 것과 같은 일들이다.

모두 요사한 것을 꺾고 바른 것을 드러내는 수단이다. 그러나 마침내는 어떻게 할 것인가.

〔송〕 저 강남 삼월이 언제나 그립네.
   　　자고새 노래하고 온갖 꽃 향기롭구나.

〔본문〕 거룩한 빛 어둡지 않아 천만고에 환하여라. 이 문 안에 들어오려면 알음알이 두지 말라!

〔주해〕 거룩한 빛이 어둡지 않다는 것은 첫머리의 "밝고 신령하다"는 것을 맺음이고, 천만고에 환하다 함은 "본래부터 나지도 죽지도 않는다"는 것을 맺음이며, 알음알이 두지 말라 함은 "이름에 얽매여서 알음알이 내지 말라"는 것을 맺는 말이다.

'문'이란 범부와 성인이 드나든다는 뜻이 있는데, 하택 신회선사가 이른바 '안다'는 한마디 말이 온갖 깊은 이치의 문이라고 했다.

"이름 지을 수도 모양 그릴 수도 없다"는 데서 시작하여 "알음알이 두지 말라"는 것으로 맺으니, 한데 얽힌 넝쿨을 한마디 말로 끊어버렸다.

한 알음알이로써 시작과 끝을 삼고 중간에는 온갖 행동을 들어 보였으니 마치 세간 경전의 삼의와 같다.

더구나 알음알이는 불법에 큰 해독이므로 특별히 들어 마친 것이다.

하택 신회선사가 조계의 맏아들이 못된 것이 이 때문이다.

〔송〕 따라서 송하기를
이같이 들어 보여 종지를 밝힌다면
눈 푸른 달마스님 한바탕 웃었으리.

그러나 마침내 어떻게 할까. 아, 애닯다!
휘영청 달은 밝고 강산은 고요한데
터지는 웃음소리 천지가 놀라겠네.

소문(疏文)

1. 보현사 경찬소(普賢寺 慶讚疏)

　모든 부처가 이미 깨달은 한 심주(心珠)의 원광(圓光)은 안과 밖이 없건만 중생들이 오랫동안 지혜의 달을 밝히지 못하여 오음(五陰)의 뜬구름만이 헛되이 가고 올 뿐이옵니다. 본래 두 길이 없고 미혹과 깨달음을 일격(一隔)이옵니다. 시작이 없는 과거를 슬퍼하고 끝이 없는 미래를 애통해하였습니다. 엎드려 생각하오면 이 제자는 다행히 전생의 인연으로 인간의 세계에 태어났으나 이 말세의 운(運)을 당하오니 성인이 떠나신 지 이미 오래인지라 물에 살고 산에 살면서 세월만 헛되이 보낸 지 이미 오래입니다. 혹은 남으로, 혹은 북으로 선지식을 찾은 지 이제 여러 해가 되었습니다. 삼가 듣건대 선과 악은 오직 마음이며, 죄와 복은 바탕이 없는지라 앞의 생각을 깨닫지 못하면 이것이 곧 중생으로서 세상의 업(三業)을 지어 생사에 빠지고, 뒤의 생각이 그릇됨을 알면 이것이 곧 부처로서 한 마음이 깨끗하면 본래의 자리로 돌아간다 합니다. 따라서 마음이 생기고 사라지는 실마리가 바로 범부와 성인이 되는 원인인 것입니다.
　그러므로 세상의 인연을 가탁하여 삼보께 귀의하오니 신

의 이름은 태백이며 절 이름은 보현입니다. 만가의 재물을 모아 일곱 간의 누각을 세웠고, 몇 해 사이에 붉은 대마루와 푸른 기와를 하였고, 한 여름 동안에 흰 벽과 푸른 창문을 하였습니다. 때는 대황락(大荒落)의 해요, 계절은 청명의 달입니다. 삼가 육팔(六八)의 원을 세워 정성을 다하여 열세 층의 단을 설치하였습니다. 고동과 방울은 시끄러운 소리를 내고 용상은 힘차게 뛰어오릅니다. 밝은 등불은 반야 지혜의 광명을 이루고, 푸르고 붉은 빛은 비로(毘盧)의 면목을 지었습니다.

  그러하오나 생사의 길이 어두우매 부처님의 등불을 의지하여야 밝힐 수 있고, 괴로운 바다의 물결이 깊으매 법의 배를 타야 건널 수 있습니다. 팔난과 삼도에서 마음대로 행하는 것은 누에가 고치 속에 있는 것과 같고, 사생과 육도(六道)에서 진리에 어두우면 그것은 개미가 바퀴를 도는 것과 같습니다. 열어 보이는 방편은 많으나 통틀어서 말하면 한 가지뿐입니다. 만약 지옥을 들어서 말한다면 구리의 녹인 물을 입안에 쏟으니 열화(烈火)가 가슴을 태우며, 쇠못을 몸에 박나니 몸은 모두가 헐고, 맷돌로 몸을 갈으니 온몸은 가루가 되는, 이 같은 억겁이 움직이지 않고 변하지 않으니 하루에도 만 번을 죽었다 살았다 합니다.

  만약 아귀일 것 같으면 불을 먹고 수레를 끌어야 하고 바늘과 같이 좁은 목구멍으로는 항아리와 같은 배를 채워야 하며, 몸은 불이 꺼진 재와 같아서 빛(色)이 없으며 몰골은 마른 나무와 같아서 봄이 오지 않습니다. 잘못하여도 더욱 재앙을 만나는데 그 벌을 보면서 일부러 짓겠습니까.

  만약 병진(兵陣)일 것 같으면, 굳센 창이 함부로 찌르고 화

살과 돌이 섞여서 치고, 봄바람에 푸른 덩굴풀로 겨우 마른 뼈를 감추고 가을 달은 하얀 찬 모래에 놀란 혼을 홀로 비추니 오직 아득하여 돌아갈 곳이 없어 다만 밤에 구슬피 울 뿐입니다.

만약 요정일 것 같으면, 산에 사는 도깨비와 물에 사는 귀신과 견신(犬神)과 여우의 정(精)으로서 낡은 비와 깨어진 솥과 묵은 항아리와 부러진 절구공이가, 혹은 사내로 변하여 처녀와 간통(姦通)하게 하고, 혹은 아름다운 여자로 변하여 소년을 현혹하게 합니다.

만약 범에게 물리면, 목숨은 바람 앞의 등불처럼 꺼지고 혼은 번개의 그림자처럼 날아가나니 혹은 짐을 지고 길을 가다가 갑자기 만나고, 혹은 나무를 지고 재를 넘다가도 갑자기 앞에 나타나는데 그 독치(毒齒)를 한 번 겪으면 평소의 바른 소견을 갑자기 잃어버립니다.

만약 범부가 모여드는 파리가 술그릇에 몸을 던지게 하고, 불나비가 날아와 등불에 몸을 부딪치게 하며, 꿀을 뜨기 위해 벌을 죽이고 진주를 얻고자 조개를 깨뜨리고, 탄환을 숨겨 숲 사이에 사는 새를 떨어뜨리며, 활을 당겨 구름밖의 독수리를 떨어뜨린다면 이는 다만 물건의 목숨이 적은 것만을 알고 마침내 원수의 갚음을 생각하지 않는 것이니, 부처님의 위신력이 아니면 도탈의 문을 얻기 어려울 것입니다. 관음을 한 번 쳐서 열면 죄지은 무리들이 떼를 지어 나갈 것이니 귀천은 말할 것 없고, 원친도 물을 것 없이 그 모두가 도량에 이르러 법공양을 한껏 받게 하소서.

삼가 엎드려 원하오니 주상전하는 우레와 같은 호령을 내리어 왜진(倭塵)을 쓸어 하해(河海)를 맑게 하고, 성두(星斗)와 같은 문장을 빛내어 어진 신하를 모아 사직을 튼튼히 하게 하며 하늘과 같은 수명을 누리고 근심없는 세상을 살면서 유교와 불교를 함께 숭상하여 삼대의 풍월을 이루게 하고, 문무(文武)를 병용(並用)하여 한 나라의 가요를 일으키게 하소서.

왕비전하는 수의 산이 더욱 높고 복의 바다가 더욱 넓어지며, 금지(金枝)가 성하고, 옥엽(玉葉)이 무성하게 하소서. 대비전하는 현세에서 마야의 거룩한 태를 얻어 장차 무구의 교주를 이루며, 세자저하는 동포(銅鋪)의 행운을 누리고, 학금(鶴禁)에는 상서로운 일이 쌓이고, 사해가 한마음이 되어 만군(萬郡)을 모두 교화하게 하소서.

여러 시주는 봄에 얼음이 녹듯이 천 가지 재앙이 녹고 온갖 복이 여름의 구름 일 듯이 일고, 목숨은 소나무와 참죽나무와 같이 보존되며 몸은 쇠와 돌처럼 튼튼하며 여러 생을 거친 부모와 누대의 종친은 보리수 밑에서 도사가 되어 사자좌에 올라 금설(金舌)을 움직이고, 그 나머지 물결이 미치는 곳의 샘(泉) 등에서 미혹한 중생들이 목욕하게 하소서.

이 제자는 간절하고 지극한 정성을 맡길 바 없어 금상(金相)을 우러러 삼가 이 소(疏)를 올립니다.

2. 보현사 보광전의 기와를 바꾸는 경찬소

삼가 들자오니 부처의 제망(帝網)은 겹겹이 서로 비쳐서 하나가 아니요 많은 것도 아니며, 법(法)의 개병(芥瓶)은 역력하고 분명하여 앞도 아니고 뒤도 아니어서 범부와 성인이 서로 사무치고, 이치와 사실이 두루 망라되어 있으니 혹은 하나의 방을 비추는 천 개의 등불과 같고, 혹은 가을의 강을 비추는 만 가지 그림자와 같다 합니다. 그러나 한 생각이 처음으로 일어나면 선과 악이 갑자기 생깁니다. 구슬은 빛을 발하고 무쇠는 때(垢)를 간직합니다. 〔무쇠의〕 때는 구리솥에 넣어 삶아 진귀한 것(珍服)이 되고 빛은 백의(白衣)로서 용상(龍床)에 앉습니다. 혹은 법공(法空)의 빈 소리를 듣고, 혹은 감도는 사나운 불길을 배사(盃蛇)로 착각하여 병을 얻은 자가 무수하거니와 현사(懸沙)로 굶주림을 면하는 자도 또한 그러합니다.

엎드려 생각하오면 제자들은 어두운 음구(陰區)의 꽃을 메고 돌아다니면서 아득한 겁해(劫海)에서 갈 길을 몰라 아버지를 버렸사오매 시작이 없는 과거를 슬퍼하고 끝이 없는 미래를 애통해하다가 집을 나와 스승님에게 몸을 던지오니 그 형세는 마치 날으는 난조(鸞鳥)의 꼬리에 등애(虻)가 붙은 것 같고, 벗을 얻어 법(法)을 들으매 그 다행함은 마치 바람이 화각(畫角) 속에 든 것과 같습니다. 그러하오나 어찌할 수 없는 재질이 티끌을 뒤집어썼으니 실로 하늘이 그 거울을 빼앗았다 하겠습니다. 그리하여 제자는 팔을 태워 막대한 부처님의 은혜를 갚은 약왕을 본받고 머리를 베어 생각하기 어려운 법의 힘을 구한 보명(普明)을 배워 귀의하려 하였사오나 그 길이 없었습니다. 이에 세상의 인연을 가탁(假託)하여 보현사를 갔다가 낡은 전각과 부서진 기와를 보고 개탄한 끝에 서원을 세워 그것을 새로 고치려 하였습니다. 이에 천 사람의 옷을 벗기고 만 집의 좁쌀을 모아 지난해에 불전(佛殿)의 기와를 새로 덮고 오늘은 박산(博山)에 향을 사르매,

첫째는 해탈의 총림을 위해서요, 다음은 보리의 굴택을 위해서입니다. 보탁(寶鐸)을 세 번 치니 하늘과 땅이 뒤집히고 두어 소리의 범음으로 바다가 마르고 산이 무너지며, 하늘에서는 헤아릴 수 없는 진수가 비오듯 하고, 그릇에서는 끝이 없는 가찬(嘉饌)이 솟으며 법의 음악은 그윽이 엎드린 사생을 흔들어 일깨우고, 지혜의 등불을 겹겹이 막힌 삼계를 비추옵니다. 그러하오니 그 공은 비록 죽간(竹竿)에 견줄 수는 없으나 그 정성은 노립(蘆笠)에 못지 않습니다.

　엎드려 원하오니 이 공덕으로 주상은 만세를 누리고 성비는 천추를 누리시되 백액(白額 ; 늙은 즈름)과 적미(赤眉 ; 늙음)의 자취를 감추게 하소서. 시주들은 허무의 밖으로 생사를 몰아내고, 열반을 적막한 물가에서 부수고, 대승의 옷을 입고 정각의 평상에 앉아 보리의 물을 마시며, 선열의 밥을 먹어 복해는 넓고 깊어 온갖 물결을 뜻대로 삼키며, 목숨의 산은 높이 빼어나 뭇 봉우리 가운데 우뚝 솟게 하소서. 또 이 법계의 모든 중생들은 어두운 거리에서 지혜가 밝아지고, 오랜 밤의 꿈에서 깨어나 십군(十軍 ; 慾・愁・飢・渴・睡・畏・疑・含毒・利養・自高)과　삼혹(三惑 ; 見思・塵沙・無明惑)의 영향이 환상의 마당에서 녹아 없어지고, 지혜의 칼날은 현실에서 날카롭게 하소서. 제자는 간절하고 지극한 정성을 어찌할 수 없습니다.

3. 원각경 경찬소

　박가범(薄伽梵)은 고요한 광명으로 교를 일으켜 진리의 본체를 비추매 꿈같은 현상이 사라졌고, 함허당은 뜻을 분석하고 말을 해설하여 허공의 한 조각을 끊었으나 뱀의 다리를 그리고 말았습니다. 그러나 이 문자의 지식이 아니면 마침내 무엇으로써 밀의(密議)와 종강(宗綱)을 궁구할 수 있겠습니까.
　엎드려 생각하면 겉으로는 본래 일어난 인연을 물었고, 안으로는 구경의 결과를 제시하였는데 다만 두 가지 문으로 들어가는 길을 반연하였고, 각기 내닫는 십계의 길을 갈라 놓았습니다. 청정한 법행은 모든 부처님이 실제에 두루 존재한 것이요, 원만히 성취한 묘성은 중생들이 진원(眞源)에서 갖춘 것입니다. 갖가지 허망은 깨닫는 마음에서 생기고 온갖 꽃은 허공으로 사라집니다. 뒤바뀐 생각이 굴러 마치 구름이 가면 달이 옮기고 배가 나아가면 언덕이 옮아간다는 설명과 같아 행과 상이 서로 얽히는 것은 애욕의 강과 금광(金鑛)의 곡변(曲辯)이라, 혹은 사병(四病)과 사상(四相)이 쥐고 흔드는 것이며, 혹은 삼관(三觀)과 삼기(三期)의 책근(策勤)이라 하겠습니다.
　만장(萬藏)의 원음(圓音)을 간직하고 대승의 돈설을 나타내니 그 힘을 입지 않은 근기가 없고 지니지 않은 법이 없습니다. 다섯 가지 이름만 들어도 티끌과 같은 세상의 보시보다 뛰어나고 반게(半偈)의 뜻만을 설명하여도 항하의 모래와 같이 많은 소승 보다 훌륭합니다.
　그 때문에 입으로 외고 마음으로 지니려 하는 것입니다. 또 이것을 나무에 새겨 세상에 전하려 하매 구본은 권수가 많고 글자의 획이 굵어 그것을 한탄했더니 지금의 이 경책은 글자가 조밀하고 글줄이 성기니 이를 기뻐합니다. 이에 조각을 명하여 몇 달 동안에 일이 끝났습니다. 그러나 법은 문자를 떠난 것이니 이것은 얼음에 새기는 문장이며, 도는 언어를 끊은 것이니 이것은 모래를 쪄서 밥을 짓는 것이지만, 문자를 의지해야 한다면 이 한 권의 책이 비록 간략하나 한 번 눈을 스치면 세 가지 깨달음(三覺)의 이치가 밝아질 것입니다. 그러므로 지금 훌륭한 스님네를 모아 적토(寂土)의 진실한 법을 펴는 것입니다.

엎드려 원하옵나니 나라는 태평하고 백성은 왕성하며, 비는 순하고 바람은 온화하여 거리마다 당우(唐虞)의 세월을 노래하게 하며, 시주(施主)들은 목숨의 산이 더욱 높고 복의 바다가 더욱 깊어 소원이 성취되기가 여름의 흰 구름이 일어나는 것과 같고, 재앙이 소멸되기는 봄에 얼음이 녹듯이 하게 하소서. 또 원하옵나니 세상을 떠난 조상들은 업의 풍랑 속에서 빨리 반야(般若)의 자비스러운 배를 타고, 겁의 불구덩이 곁에서 빨리 맑고 시원한 법의 비에 젖게 하소서. 제자는…….

4. 명적암(明寂庵) 경찬소

봉래의 신선골에서 옛터 하나를 얻으니, 범이 사려 앉고 용이 서리었으며, 물은 맑고 돌은 흰데 산이 울면 골짜기가 응답합니다. 월부(月斧)와 풍근(風斤)으로 십리의 장송을 베어 하나의 찰간(刹竿)을 세우니 절의 종요로움이 어렴풋이 옛과 방불(彷佛)하되 그 새로움에 놀랐습니다. 이에 기석도인(騎錫道人)을 부르고, 예산상사(曳山上士)를 모아 삼단(三壇)의 향찬(香饌)을 설(設)할 일곱 축(軸)의 금문을 외우니, 종과 북은 산 속에 울리고 풍번(風幡)은 구름 밖에 나부껴 영산회상이 눈앞에 벌려졌는가 의심스럽고, 도솔궁이 인간에 옮겨졌는가 고 놀랐고 또한 성감(誠鑑)이 허명(虛明)하니 유로(幽路)가 지척(咫尺)입니다. 저희들 제자들은 각각 이 동방의 시주를 의지하여 저 서토의 성현에게 나아가고자 하나니 경하로움과 다행함을 금하기 어려워 슬픔과 기쁨이 뒤섞입니다. 비록 여러 생을 지내면서 선과 종자를 심더라도 오늘 심원(心願)을 발함만은 못할 것입니다. 원하옵나니 이 공덕을 일체 중생에게 두루 미치게 하여 저희들과 중생들이 모두 함께 부처의 도를 이루게 하소서.

성감(聖鑑)을 엎드려 바라나이다.

5. 쌍계사 중창 경찬소

산이 푸르고 물이 푸르매 모두 옛 부처의 도량이요, 달이 밝고 바람이 맑으니 어찌 본분의 소식이 아니겠습니까. 생각 생각에 석가가 출생하고 걸음 걸음에 미륵이 하생합니다.

삼가 생각하오면 이 제자는 보물을 버리고 거지로 돌아다니며 정신을 잃고 광분하면서 삼계화택에서 불에 타기를 거듭하였고, 수많은 사생의 업의 물결에 잠기기를 거듭하였습니다. 진실로 마음밭에 종자를 심었다면 그 정신은 반드시 복해에 놀았을 것입니다.

사람의 몸을 얻기는 어렵습니다. 어찌 외로운 눈먼 거북이 나무를 만나는 것과 비기며, 불법을 만나기 어려운 것을 날린 겨자씨에 바늘을 던져 맞추는 것과 비기겠습니까.

그러하거늘 지금 그 얻기 어려운 몸을 얻었고 다시 만나기 어려운 법을 만났습니다. 비록 자기를 돌이켜 비추어 본다 하나 이 또한 여러 부처님의 위엄과 신력이옵니다. 아직 뼈를 팔아 은혜를 갚지 못하나 감히 눈물을 흘려 슬피 울지 못하리까. 귀의하려 하나 그 길이 없어 세상 인연을 가탁하여 지극히 정성들이고 간절히 참회하옵니다.

산 이름은 지리산이요, 절 이름은 쌍계사입니다. 신라의 진감(眞鑑)이 이 절을 세웠고 많은 풍운을 거치면서 기와의 이음새가 허물어졌고 광계(光啓 ; 唐年號, 885~888)에 고운(孤雲 ; 최치원)이 비를 세웠으며 많은 세월이 지나매 글자의 획은 이끼에 묻혔습니다. 뜻을 세우고 마음을 움직여 낡은 물건을 새롭게 하고자 하여 만 집의 좁쌀을 모으고 천 사람의 재물을 널리 빌어, 두 해 만에 기와 굽는 공이 일이 이루어지고 한 여름 동안에 단청이 끝났습니다. 이에 불전의 광명은 다시 밝아 빛나고, 비석의 그림자는 사바에 더욱 새롭습니다. 꽃이 떨어지는 봄철을 맞이하여 물이 흐르는 곳에 단을 세우고, 모든 부처님을 공양하니 삼현과 십성이 함께 임하고 중생을 널리 청하니 구류와 사생이 모두 달려왔습니다. 용상(龍象)이 운집하고 나발(螺鈸)이 시끄러이 울리니, 마치 화장(華藏 ; 비로자나)의 도량과 비슷하고 영취의 법회와 방불합니다.

엎드려 원하옵건대 요임금의 바람이 길이 불고 순 임금의 해가 길이 빛나서 나라가 태평하고 백성이 편안하며 시절이

고르고 해는 풍년 들게 하소서. 제자들과 시주들은 함께 백 가지 복이 여름의 구름처럼 일고 천 가지 재앙은 봄의 얼음처럼 녹으며 남은 물결이 이르는 곳에는 헤매는 무리들이 모두 젖게 하시기를 기원합니다.

모연문(募緣文)

 마음은 거울이요, 업(業)은 그림자입니다. 탐욕의 악은 지옥에 들어가고 보시의 선은 천당에 오름을 의심할 것이 없습니다. 지금 저희가 삼가 원하노니, 여러 시주님들은 한 말, 한 자의 재물을 아끼지 말고 명귀(冥龜)의 과보를 받지 않기를 바랍니다.

1. 두류산 내은적암(內隱寂庵) 중창 모연문

 이 암자는 신라 말엽에 거설간(居屑干)이 초창하였고, 삼한 중엽에 정변지(正遍知)가 중창하였으나 천년의 세월을 지내는 동안에 암자는 늙고 사람은 갔으니 일천 봉우리는 높이 솟았고 일만 물은 차게 흐를 뿐입니다.
 그런데 빈도가 지금 경신년(1580) 여름에 지팡이와 짚신으로 여기 와서 머물렀더니, 기와와 서까래가 모두 다 허물어져 사는 스님은 근심을 하고 있었습니다. 이에 이를 수리하고자 하여 손수 이 글을 지어 인연을 구하는 것입니다. 여러 시주님들은 각기 재물이나 곡식을 내어 훌륭한 복전을 이룩하시기 삼가 바랍니다.

아아, 옥 같은 쌀밥과 비단 도포로 사는 이가 있는가 하면 명아주잎과 콩잎의 음식으로 사는 이가 있고, 오막살이와 주문(朱門)이 있고, 하나의 표주박과 천 마리의 말을 가지고 삼생(三牲)을 도모하는 이가 있는데 여기에 어찌 그 원인이 없겠습니까. 거울 같은 마음은 본래부터 신령스럽고 밝으므로 그림자 같은 몸이나마 헛된 갚음이 아닙니다. 유가에서 "선을 쌓으면 경사가 있고 악을 쌓으면 재앙이 있다"한 말이나 "네게서 나온 것이 네게로 돌아간다"는 말이 다 그런 것입니다.

덕승(德勝)은 한 줌의 흙을 보시함으로써 전륜왕의 지위에 올랐고, 아간(阿干)은 반푼의 돈을 보시하였다가 뒤에 염부주의 왕이 되었으며, 베짜는 사람은 먹는 밥을 줄임으로써 하늘에서 곡식이 내려왔고, 어떤 거지는 바늘을 보시함으로써 나무 밑에 수레가 모이었으며, 어떤 어리석은 남자는 보시를 방해하였다가 마침내 아귀의 몸을 받았고, 어떤 가난한 여자는 돈을 보냄으로써 갑자기 유리 궁전에 올랐으며, 나아가서는 노끈을 잡으매 하늘이 놀랐고, 나무를 치매 땅이 흔들렸으며, 혹은 고기의 뱃속에서도 말을 하였고 범의 뼈가 되었어도 빛을 내었으니, 이런 것은 다 한결같은 마음거울의 갚음입니다.

그러니 뜻을 같이하는 군자들은 이 글에 이름을 적으십시오.

2. 태백산 본적암(本寂庵) 수장 모연문

이 암자는 고려의 왕사 나옹의 제자인 달공(達空)스님이 창건했습니다. 산은 깊고 물은 아름다우며 경계가 고요하고 사람이 드물어 옛날부터 도를 지닌 이가 여기 살기를 좋아했습니다. 그러나 세월이 오래 되어 매우 허물어졌으매 한 도인이 창건한 것을 수리하기에는 힘이 미치지 못하여, 마치 비를 피하는 정자처럼 되었습니다. 이에 팔방의 뜻이 높은 사람이 아무리 목을 빼어 바람처럼 달려왔지마는, 거기 살지 못하고 물러났으니, 진실로 도인으로서는 마땅히 마음이 움직여야 할 곳입니다.

이에 지금 제가 널리 시주님들의 문을 두드려 곡식 한 말, 한 자의 천을 도와주도록 우러러 바라는 것이니, 선남선녀께서는 마음을 내어 보시하시면 다행이겠습니다.

옛날에 보시한 이들로서 금전(金殿)에 오른 이도 있고 연태(蓮胎)에 든 이도 있으며, 전륜왕이 되기도 하고 하늘 궁전에서 복을 누리기도 하였으니, 그것은 다 자기 마음속의 맑은 그림자였던 것입니다. 그러므로 오늘 한 번 말하고 한 번 들으면 나의 마음거울이 밝아지는 것입니다. 거울이 비록 한 번 밝으나 맑고 흐린 두 그림자가 분명하기 이 같으니 천당에 가시겠습니까, 지옥에 드시렵니까. 시주님은 깊이 생각하여 가리시기를 바랍니다.

3. 만덕산 백련사(白蓮寺) 중창 모연문

산은 궁벽하고 깊으면서도 평탄하고 넓으며, 물은 근원이 멀고 또 길게 흐르니 진실로 국가의 보배로운 곳이요, 선림(禪林)의 불굴(佛窟)입니다. 그러나 과거가 있고 현재가 있음은 이치의 분수요, 이룸이 있고 무너짐이 있음은 물건의 분수입니다. 이 절은 오랜 세월을 지내는 동안 어느새 폐옥이 되었으매, 여기 사는 스님네가 모두 괴로움을 받고 있습니다. 나는 지금 이것을 다시 수리하고자 널리 많은 사람들 집을 다니며 구하는 것입니다.

그러나 뜻은 있지마는 힘이 없으니 마치 산을 끼고 바다를 뛰어넘으려는 사람과 같고, 또 월(越)나라 닭이 고니(鵠)의 알을 품은 것 같으니 어찌 눈물을 흘리며 크게 탄식하지 않겠습니까. 삼가 바라노니 여러 시주님들께서 무루(無漏)의 복을 지으십시오. 그 윤회와 응보의 이치는 제가 불자이니 다시 누가 말할 수 있겠습니까. 부디 인생의 무상을 보고 다시 깊이 생각하시기 바랍니다.

4. 내은적암(內隱寂庵)의 개와 모연문

이 암자는 신라왕이 지으신 것입니다. 천 년의 세월을 지내는 동안 이루고 무너짐이 무상하여 동량(棟樑)이 못쓰게 되었을 뿐 아니라 기와의 이음도 모두 부서지고, 탑 위 네 분 부처님의 얼굴에도 한결같이 이끼뿐입니다. 이처럼 허물어졌으매 모든 하늘이 의지할 곳을 잃었고 귀신들도 또한 근심하여, 용상(龍象)의 울음이 들리는 듯하매 신사(信士)들을 슬프게 할 만합니다.

나는 지금 상장군탄(上章涒灘 ; 庚申)의 해에 주명(朱明 ; 夏)의 여름을 보내고 소호(少皞 ; 秋七月)를 맞이하는 날, 누더기를 입고 즐률(지팡이)을 끌고 낡은 전각에 올라 먼지 앉은 불상을 쓸다가 갑자기 마음속으로 "나도 부처님의 제자다. 이 상계(像界 ; 말세)를 당하여 한갓 모양과 옷만을 꾸미고 여래를 섬기지 않으면 이름과 실제를 다 잃는 것이니, 가위 대천세계에 몸을 용납할 수 없는 사람이다. 더구나 고행하는 도사나 세상을 벗어난 높은 선비가 이 경계의 한적함을 사랑하여 여기 고요히 앉았을 때 굳은 얼음이 무릎에 차고 언 비가 머리를 친다면 그것은 부처님 제자로서는 차마 더욱 볼 수 없는 일이 아니겠는가" 생각하였습니다.

옛날, 부처님을 믿는 어느 사람은 갈대 삿갓으로 부처님을 덮어 드린 인연으로 50년 동안 천자의 지위를 누리었고, 부처님을 믿지 않은 사람은 기오와 법당 벽의 그림을 부슨 갚음으로 백 생 동안 아귀의 몸을 받았다 하였으니, 이른바 탐욕하는 사람은 지옥에 떨어지고 보시한 사람은 천당의 복을 누린다는 것이 바로 이것입니다. 그러므로 지금 이 중이 하는 한 마디 말과 한번 듣는 시주의 귀에는 반드시 재화(災禍)의 태(胎)와 행복의 근본이 있어 그 갈림길에 놓였나니 삼가 바라건대 깊이 생각하십시오.

아아, 마음이란 모든 법의 거울이요 선악은 그 거울의 그림자입니다. 탐욕의 악은 반드시 지옥의 화를 받고, 보시의 선은 반드시 천당의 복을 누린다는 것은 의심할 바 없습니다. 연이나 부처님의 최상승은 계급에 떨어지지 않으나 그 한 글귀는 그 사람이 아니면 더불어 말할 수 없는 것이므로 미처 말하지 않습니다. 무릇 여러 신도님들은 이 글에 이름을 적으십시오.

5. 원각경 중간 모연게(圓覺經重刊募緣偈)

　　文殊達天眞　　普賢明緣起
　　문 수 달 천 진　　보 현 명 연 기

　　普眼問觀行　　金剛辨三惑
　　보 안 문 관 행　　금 강 변 삼 혹

문수는 천진을 통달하였고
보현은 연기를 밝혔으며
보안은 관행을 물었고
금강은 삼혹을 분별하였다.

　　彌勒斷輪廻　　淨慧分證位
　　미 륵 단 윤 회　　정 혜 분 증 위

　　威德起三觀　　辨音修單複
　　위 덕 기 삼 관　　변 음 수 단 복

미륵은 윤회를 끊어 버렸고
정혜는 깨달음의 계위를 분별했으며
위덕은 삼관을 일으켰고
변음은 단복을 닦았다.

　　淨業除四相　　普覺離四病
　　정 업 제 사 상　　보 각 리 사 병

圓覺三期懺　　賢首請流通
　　　원 각 삼 기 참　　현 수 청 유 통

정업은 사상(四相)을 버렸고
보각은 사병(四病)을 떠났고
원각은 삼기(三期)로 참회하였고
현수는 유통(流通)을 청하였다.

　　　此經號密王　　恒沙諸佛說
　　　차 경 호 밀 왕　　항 사 제 불 설

　　　千聖同一路　　萬部淸淨眼
　　　천 성 동 일 로　　만 부 청 정 안

이 경전 이름은 밀왕(密王)으로서
항사의 모든 부처 말씀이시니
천성이 이 길을 함께 하였고
모든 부파가 그 눈을 깨끗이 하였다.

　　　寶滿三千界　　持用布施福
　　　보 만 삼 천 계　　지 용 보 시 복

　　　不如聞此經　　一字一句義
　　　불 여 문 차 경　　일 자 일 구 의

삼천대천세계에 보물을 가득 채워
그것으로써 보시한 복도

이 경전의 한 자 한 구절의
그 이치 듣는 것만 못하느니라.

   化衆得四果 不如宣半偈
   화 중 득 사 과 불 여 선 반 게

   功德妙難思 眞理越常情
   공 덕 묘 난 사 진 리 월 상 정

중생을 교화하여 사과를 얻게 해도
반 구절의 게송을 펴는 것만 못하나니
그 묘한 공덕은 생각하기 어렵고
그 참된 이치는 상정(常情)을 뛰어났다.

   而況諸天衆 金剛恒守護
   이 황 제 천 중 금 강 항 수 호

   除災增福慧 財寶常充足
   제 재 증 복 혜 재 보 상 충 족

하물며 여러 하늘 무리와
금강신이 항상 지켜 보호하고
재앙을 없애고 복과 지혜 더하며
재보가 언제나 풍족함이겠는가.

   我今鍫舊本 欲廣圓覺海
   아 금 침 구 본 욕 광 원 각 해

願諸同志士　　捨財共結緣
원 제 동 지 사　　사 재 공 결 연

나는 지금 이 옛 책을 새기어
원각의 바다를 펴고자 하나니
원컨대 뜻을 같이하는 이여
재물을 내어 함께 인연 맺으시라.

기문(記文)

1. 두류산 신흥사 능파각기(凌波閣記)

　세상에서 말하기를 "바다 가운데 삼산이 있는데 두류산이 그 하나다"라고 하였다. 두류산은 우리 동국의 호남과 영남의 두 남방 사이에 있다. 그 산에 절이 있는데 이름을 신흥사라 하고, 절이 있는 골짜기는 이름을 화개동이라 한다. 골짜기는 협착해서 마치 사람이 병 속을 드나드는 것과 같다.
　동으로 바라보면 창망(蒼茫)한 골짜기가 있으니 청학동이라 푸른 학이 살고, 남으로 바라보면 강 위에 있는 두어 봉우리는 백운산이니 흰구름이 난다.
　골짜기 가운데 한 마을이 있어서 네댓 집이 사는데 꽃과 대나무가 어지러이 비치고 닭 울음과 개짖는 소리 서로 들린다. 거기 사는 사람들은 의관이 순박하고 모발도 예스러우며 생계는 다만 밭갈기와 우물 파는 것뿐이요, 서로 찾고 만나는 사람은 다만 늙은 스님뿐이다.
　골짜기에서 절의 문으로 가려면 남으로 수십 걸음쯤 되며 동·서의 두 시내가 합해 한 골짜기의 물이 되었다. 맑은 물은 돌에 부딪쳐 굽이치면서 소리를 내는데 놀란 물결이 한 번 뒤치면 설화(雪花)가 어지러이 날리니 참으로 기관(奇觀)

이다.

시내의 양쪽 언덕에 수천의 돌소(石牛)와 돌염소(石羊)가 누웠으니 이 물건은 처음 하늘이 험한 곳을 만들면서 반드시 그 영부(靈府)를 숨기려 한 것이다. 겨울에 얼음이 얼고 여름에 비가 오면 양쪽 사람이 서로 왕래하지 못하므로 깊이 걱정이 되었다.

그런데 가정(嘉靖) 신유년 여름에 그 산의 덕사 옥륜(玉崙)이 도우 조연(祖演)에게 부탁하여 시냇가에 누워 있는 돌소와 돌염소를 채찍질하여 기둥을 만들고 한 층의 긴 다리를 놓았다. 다리 위에는 다섯 간의 높은 누각을 짓고 붉은 빛으로 곱게 단청을 한 뒤에 그 다리 이름을 홍류(紅流)라 하고 그 누각 이름을 능파(凌波)라 하였다. 그 형상 됨이 밑으로는 황룡이 물결에 누워 있고 위로는 붉은 봉이 하늘로 날으니, 형세는 단례(端禮 ; 누각 이름)와 원각(黿閣 ; 다리 이름)과 같으나 장의(張儀ㆍ누각 이름)와 구교(龜橋 ; 다리 이름)와는 아주 다르다. 산승이 이곳에 이르면 선정에 살고, 소객(騷客)이 이르면 시에 고민하고, 도사가 이르면 뼈를 바꾸지 않고 바로 가벼운 바람을 탄다. 그리하여 윤ㆍ연(崙演)의 두 사람은 마음을 먼 하늘에 붙이고 몸을 뜬구름에 맡기어, 때로는 지팡이를 짚고 나와서 그 사이에서 한가히 읊조리기도 하고, 혹은 차를 마시기고 하며, 혹은 기대어 눕기도 하면서 장차 늙음이 오는 줄을 모른다.

또 누각 됨은 높아서 백 척 위에 올라서 별을 따는 정취(情趣)가 있고 눈이 천리에 트여 하늘에 오르는 정취가 있고 외로운 따오기와 떨어지는 노을은 등왕각(藤王閣 ; 당 왕발의 시)의 정취가 있으며, 하늘 밖의 삼산은 봉황루(鳳凰樓 ; 이백의 시)의 정취가 있으며, 맑은 내(川)와 꽃다운 물은 황학루의 정취가 있으며, 떨어진 꽃이 물에 흐름은 도원(桃源 ; 진 도연명의 시)의 정취가 있고, 가을은 비단에 수놓은 듯한 단풍으로 적벽(赤壁 ; 송 소동파의 적벽부)의 정취가 있으며, 좋은 손님을 맞고 보냄은 호계(虎溪 ; 도연명과 육수정과 혜원이 이별할 때 웃음)의 정취가 있다. 또 짐을 진 사람이나 짐을 인 사람이나 밭가는 사람, 고기 낚는 사람, 빨래하는 사람, 목욕하는 사람, 바람 쏘이는 사람, 시를 읊는 사람……, 그리고 나아가서는 고기를 구경하는 사람이나 달을 감상하는 사람, 누구나 이 누각에 오르면 모두 그 즐거움을 즐기게 되니 이 누각이 사람의 흥취를 돕는 것이 또한 적지 않다.

그뿐이 아니라 바람이 불고 비가 올 때나 얼음이 얼고 눈이 올 때에도 물을 건너는 사람의 옷을 걷어올리는 수고가 없으니 내를 건너게 하는 그 공도 또한 크다 할 것이다. 그렇다면 누각 하나가 이루어짐으로써 온갖 즐거움이 갖추어져 있으니 어찌 반드시 현자(賢者)라야만 이것을 즐긴다 할 수 있겠는가.

그런데 옛날 하늘이 영부(靈府)를 숨겼던 것을 한탄하였더니 지금 이 두 사람이 구름을 꾸짖고 그것을 열어 내어 드디어 산과 절과 골짜기와 시내로 하여금 이 세상에서 이름을 숨기지 못하게 하였다. 그러나 어떻게 하면 유마힐의 수단을 얻어 이 누각을 넓히어 천칸 만칸, 심지어 끝이 없는 칸 수의 큰 집을 만들어 널리 천하 사람들을 두루 수용하게 할 수 있을 건가.

가정 갑자년 봄에 적는다.

2. 지리산 쌍계사 중창기

　유석(儒釋)을 밝게 알고 안팎을 두루 통달한 옛 사람들은 공명(功名)을 헌신짝처럼 벗어 버리고 한 개의 표주박으로 가난을 잊고 천지와 더불어 나란히 서고, 신명(神明)과 더불어 같이 가고, 혹은 무위진인(無位眞人 ; 해탈인)과 놀고, 혹은 시종이 없는 자와 더불어 벗하며 부득이 응할 때에는 만물을 기르고 천하를 고르게 해서 한 손으로 능히 그 임금을 요순의 위에 이르게 함을 마치 손바닥을 뒤집는 것같이 보고 그 걱정을 스스로 걱정하고 그 즐거움을 스스로 즐기니, 어느 겨를에 유교가 그르다 불교가 그르다 하고, 불교가 그르다 유교가 그르다 하여 서로 다투며 서로 그르다 하겠는가. 우리나라의 최고운과 진감(眞鑑 ; 쌍계사 스님)이 그런 사람이다.

　고운은 유교요, 진감은 불교이다. 진감이 절을 세워 처음으로 인천의 눈을 열고 고운이 비를 세워 널리 유석의 골수에 나왔나니 아아, 두 사람의 마음은 일종의 줄이 없는 고문고로서 그 곡조는 봄바람에 제비가 춤추는 것 같고 그 가락은 푸른 버들에 꾀꼬리가 노래하는 것 같아서 한 사람이 날(經)이면 한 사람은 씨(緯)요, 한 사람이 겉이면 한 사람은 속으로서 서로 도왔다. 한・당・송으로부터 이어오면서 유석의 빈 이름을 부수고 천지의 대전(大全)을 즐기면서 크고 씩씩하여 홀로 뛰어나 돌아보지 않는 이는 오직 이 두 대인이었다.

　그러나 시대는 멀고 사람은 없어졌으며 이름은 남았으나 일은 가버렸으니 빛나던 별은 탱자가지 숲 속에 쓸쓸히 쇠

잔해 있고 구비(龜碑)는 나무하는 사람들의 손길에 벗기고 허물어져서, 고개의 원숭이가 민망스레 읊조리고 골짜기의 새가 구슬프게 울 뿐이다.

가정 경자년 봄에 그 산이— 도사 중섬(仲暹)이 그 사이를 거닐다가 옛 비석을 어루만지면서 크게 한숨 쉬고 말하기를 "옛날의 우임금의 구정(九鼎 ; 禹때 九州의 金을 모아 만든 솥)과 주(周)나라의 석고(石鼓 ; 周 宣王의 사냥기념)와 한(漢)나라 뜰의 선인(仙人)과 진(晋)나라 동타(銅駝)가 다 같은 물건으로서 혹 한때의 보배가 되고 안되는 것은 반드시 물건이 때를 만나고 만나지 못하는 데 있었다. 지금 고운의 비(碑)가 비록 지극한 보배라 하지마는 도리어 보배가 아닌 물건이 되어버린 것은 때를 만나지 못했기 때문이다" 하고 그 중수할 일을 조정에 아뢰었더니, 조정의 대신들은 모두 옳다 하였다.

그 뒤에 예조(禮曹)가 달려가 사방 오리에 금표(禁標)를 세워 그 안에서 불을 놓거나 나무 치는 것을 금하였더니, 3년이 지나지 아니하여 거기 사는 백성들은 저절로 교화되고 나쁜 새들도 우는 소리를 그쳤으니, 떨어지는 꽃과 흐르는 물이 완전히 옛날과 같아졌다. 이에 팔영루(八詠樓) 삼간의 지붕을 다시 이고 비석 앞뒤에는 돌을 쌓아 대를 만들고 물을 끌어 못을 만들고, 달뜨는 저녁과 바람 이는 아침에 연꽃과 대나무를 구경하면서 혼자 소요하였다.

그 산의 운수승 혜수(慧修)는 또한 바른 법을 깊이 믿고 삼보(三寶)를 받드는 것으로 자기 임무를 삼았다. 계묘년 여름에 진감의 옛 절을 보고 개탄하여 중창할 뜻을 세우고, 널리 시주를 모은 지 몇 해가 안되어, 먼저 대전을 세우고 다음에 금당과 동서의 방장을 짓고는 낙성의 모임을 열었다. 이듬해에 또 양당의 모임을 베풀었으니, 아아, 우뚝한 전각은 그 모양이 마치 천궁과 같았다. 이에 팔영루(八詠樓)의 맑은 바람은 고운의 선골(仙骨)을 다시 깨우치고 쌍계수(雙溪水)의 밝은달은 진감의 선등(禪燈)을 다시 밝혔다. 그리하여 혹 마음을 쉬는 사람들은 만리 밖에서 바람처럼 달려왔고 기운을 기르는 선비들은 육합에서 구름처럼 돌아왔다. 떨어지는 놀이 창망(蒼茫)한 밖에는 호수 위의 외로운 봉우리가 반은 드러나고 반은 가리웠으며 흰구름과 붉은 나무 가에는 한 쌍의 푸른 학이 한가히 가고 한가히 오니 이 또한 쌍계사의 훌륭한 경치이다.

　슬프다, 이미 숨은 달을 한 손으로 받든 이는 중섬(仲遲)이요, 이미 장님 된 눈을 금빗살(金篦)로 긁는 사람은 혜수다. 왜 그런가. 부처를 배우는 사람으로 하여금 진감과 같이 된 뒤에라야 유(儒)의 유(儒)인 까닭을 알게 하고, 유학을 배우는 사람으로 하여금 고운과 같이 된 뒤에라야 부처의 부처인 까닭을 알게 하기 때문이다. 그러므로 진감을 아는 이로는 고운 같은 이가 없고, 고운을 아는 이로는 진감과 같은 이가 없다고 말하는 것이다. 세상에서 고운이 없다 하지마는 중섬이 바로 그 사람이요, 진감이 없다 하지마는 혜수가 바로 그 사람이다. 그렇다면 위의 두 선비는 앞에서 이름을 낸 사람이요, 아래 두 사람은 뒤에서 전한 사람이다. 너무도 앞뒤가 서로 응하고 멀고 가까움이 서로 비추니 이는 천년이 지난 뒤에 양자운(楊子雲 ; 中漢文人)을 아침 저녁으로 만났다 할 것이다.

　그러나 이름이란 실상의 손(賓)이라 고운이나 진감이 취하는 바가 아니다. 유(儒)를 잘 말하는 사람도 그르고 석(釋)을 잘 말하는 사람도 그르며, 유와 석을 잘 말함이 그렇다고 하는 것도 또한 그르니, 왜 그런가 하면 그 실상을 구할 뿐이기 때문이다.

가정 기유년 봄에 적는다.

3. 봉은사기(奉恩寺記)

한 나그네가 있어 바람과 구름으로 기운을 삼고 강과 바다로 도량(度量)을 삼으며 해와 달로 눈을 삼고 봄과 가을로 호흡을 삼아 태고의 정수리를 디디고 서서 무궁한 경계를 둘러보다가, 이 절에 일러 그 사실을 적는다.

전각에 오르면 시원한 기운을 맛볼 수 있고 푸른 못에 다다르면 더위를 잊는다. 연꽃을 구경하면 향기가 코에 닿고 매화를 바라보면 달이 창에 든다.

한수(漢水)는 왼쪽에 있어서 동서를 꿰었고 큰 길은 오른쪽에 있어서 장안으로 통한다. 그러므로 배를 매고 말도 매어서 손들의 시끄러움은 날마다 끝이 없고, 주인의 맞고 보냄도 또한 끝이 없다. 남쪽 별실에서 겨우 자리를 걷는가 하면 동쪽 별실에서 또 자리를 편다. 음식상을 미처 거두기 전에 찻상이 이미 벌어지나니 아침에 만(萬) 솥의 밥을 짓고 열흘 동안 백 섬의 벼를 찧는다. 그 손들은 공손하기도 하고 검소하기도 하고 취했다 깨기도 하며, 성내었다 기뻐하기도 하여 무릇 그 태도는 형용할 수가 없다. 그러나 그 주인의 눈에는 형상에 집착하지 않는 공부가 있고 귀에는 소리에 집착하지 않는 공부가 있다. 그러므로 말씨와 행동에는 어떤 법다운 태도가 반드시 있다.

아아, 부귀란 사람들이 다같이 좋아하는 것이면서 또한 다같이 싫어하는 것이요, 빈천이란 사람들이 다같이 싫어하는 것이면서 또한 다같이 좋아하는 것이다. 이제 주인이 빈천한 몸으로서 부귀하다는 이름을 얻는 것은 이 봉은(奉恩) 때문이요, 시비가 없는 몸이면서 좋아하고 미워한다는 이름을 얻는 것도 또한 봉은 때문이다.

옛날 사람의 말에 "문채 있는 표범의 재앙은 가죽에 있다"고 하였는데, 지금 이 봉은도 주인의 한 가죽이다. 그러나 부귀니 빈천이니 시비니 호오(好惡)니 하는 따위는 주인의 몸에 있어서는 마치 뜬구름이 허공에 있는 것과 같다. 아아, 주인의 이름을 들은 사람은 한갓 주인의 소리와 형상의 즐거움만 알고, 주인의 소리와 형상을 떠난 즐거움은 알지 못한다. 또 주인의 몸을 본 사람은 한갓 주인의 소리와 형상을 떠난 즐거움만 알고 주인의 소리와 형상의 즐거움을 알지 못한다. 그 주인은 누구인가. 조계 벽운대사 소요자이다.

때는 황명 가정(皇明嘉靖) 삼십 사년 을묘년의 여름이다.

4. 묘향산 원효암기

이 암자는 신라의 도인 원효가 세웠다. 뜰에 한 쌍의 반석이 있어 10여 명이 앉을 만한데, 세상에서는 원효·의상 두 도인이 바둑 두던 터라 하니 하나의 기승(奇勝)이라 할 수 있다. 그러나 시대는 멀어지고 사람은 없어졌는데, 그 터는 아직 남아 있어 노니는 사람과 지나가는 손들의 애달픔을 더한다.

융경 원년에 이 산의 스님 옥천(玉泉)과 천운(天雲)이 함께 절을 창건하려고 각기 주머니를 모두 털고 또 신도들이 시주를 모았다. 그리하여 도끼를 가진 사람은 도끼질을 하고 톱을 가진 사람은 톱질을 하고, 또 흙을 발라서 이내 낙성을 보았으니 아아, 그 두 분의 공덕은 기록할 만하다.

또 그 두 분은 일생을 푸른 산에서 늙고 행지(行止)를 구름과 함께 하고자 기약하였다고 한다. 아아, 세상에서 푸른 산을 좋아하고 흰구름을 사랑하는 자는 그것을 그림으로 묘사하여 병풍으로 장막을 만들어 한갓 상상할 뿐이지마는, 이제 두 분은 푸른 산에 앉고 흰구름에 누워 항상 산 그림 속에 놀지만 그 가슴 속에 간직한 것 또한 기록할 만한 것이다. 융경 경오년 가을에 적음.

5. 금강산 도솔암기

금강산은 동국의 한 명산이요, 도솔암은 금강산의 이름난 한 암자이다. 그 암자는 남쪽에 유점사가 있고 불정대가 동쪽에 있다. 소나무와 삼나무는 해를 가리고 벌려선 봉우리는 하늘을 이었으니, 인간 세상의 정토라 할 수 있고 구름과 물이 살아 있는 그림이라 할 수 있다. 그러므로 옛사람들은 여기서 도를 얻었고 여기서 이를 즐겼다. 그런데 천년 백년의 세상이 지나는 동안에 사람은 죽고 불사를 황폐하여 항상 도를 지닌 사람들이 애달파하던 바였다.
　가정 을미년 가을에 이 산의 스님인 성희(性熙)가 나무를 베고 돌을 깎아 먼저 중료(衆寮) 삼간과 판두(板頭 ; 부목이나 俗客들이 지내는 큰 방) 이간을 세우고 단청을 마치고는 이내 낙성하였다. 이듬해 무신년 봄 3월에 요사의 서쪽에 극락전 삼간을 높다랗게 세우고 금불상 일곱 구를 지어 극락전 안에 모시었다. 극락전 벽에는 순금으로 미타회(彌陀會)의 탱화 하나와 서방의 구품회 탱화 하나를 걸었으니 붉고 푸른 장엄한 광채는 사람을 황홀하게 하였다. 벽 서쪽에 지지(持地)・천장(天藏)・지장(地藏) 등 세 보살의 진영과 하늘・신선・귀신의 이십 사부중의 탱화 하나를 그려 걸었다. 또 어람보살 ; 관음)의 수묵(水墨) 영정 하나가 있었는데, 그 기풍과 형세는 더욱 정묘하여 고금에 비할 데가 없었다. 누가 그렸느냐고 물었더니, 당나라 화사 오도자(吳道子)가 그렸다 한다. 그리고 그것은 특히 문과 창 사이에 걸어 두었다. 문과 들창과 지게문 사이가 모두 모란과 복숭아꽃이라 햇볕이 바야흐로 비칠 때도 먼지가 일지 않고 창의 좌우에는 종과 북과 징과 쇠를 달아 두었는데 새벽과 저녁으로 주인이 친다.
　부처님의 앞 탁자에는 세 발의 구리 향로가 놓여 있는데 향이 구름처럼 피어오르며 향로 곁에는 구리병이 하나 있고 푸른 버들 한 가지가 꽂혀 있다. 주인은 그것을 가리키면서 "이것은 일본 제품이라" 한다. 무늬를 수놓은 자리 두 장을 펴 놓았는데 채색 봉황은 다섯 빛깔의 구름 속에 춤추고 황룡은 푸른 물결 사이에서 뛰논다. 그러나 누가 수놓은 것인지는 모른다 한다.

창을 열고 산을 바라보면 층층한 봉우리는 겹치고 겹쳐 울창한데 우뚝 솟은 앞의 진산은 바로 오십 삼 부처님이 주장자를 두는 곳이요, 산 서쪽 골짜기의 소리나는 샘물은 멀리서 잔잔히 흘러오다가 쏟아지는 까닭으로 곧 구룡연이며, 천길 반석 위에서 무지개를 뻗고 구름을 뿌리는 것은 바로 쌍분폭포이다.

 또 계절 따라 나는 물건을 살펴보면 붉은 살구와 푸른 복숭아는 다투어 열리고, 흰 구름과 푸른 학이 한가로이 난다. 눈을 뜨고 한 번 웃으면 쾌하기 마치 꿈을 깨는 것 같다. 그러므로 눈에 부딪치는 것이 모두 활발발(活潑潑)한 소식이 아닌 것이 없으니 선풍도골(仙風道骨)이 아닌 사람으로서 그 누가 능히 이 산과 이 암자에서 놀 수 있겠는가. 청허자가 한 번 놀고 가상(嘉常)히 여겨 이 글을 적는다.

❷

 산의 동쪽 유점사의 북쪽 5리쯤에 한 터가 있다. 옛날부터 전하기를 도솔암 터라 한다. 높지도 않고 낮지도 않으며 깊지도 않고 얕지도 않아 노덕들이 살기에 편하고 법려들이 오가기에 알맞다. 소나무 전나무가 숲을 이루어 멀고 가까움이 한결같아 사람의 발자취는 거의 없다.

 산의 도인 행사(行思)와 성희(性熙)는 성품이 본래 소야(疎野)하여 한가하고 고요한 것을 좋아하는 사람이다.

 가정 을묘년 가을에 그들은 이 땅을 두루 살펴보고 신기한 곳이라고 재삼 찬탄한 끝에, 나무를 베고 돌을 깎아 먼저 극락전 삼간을 짓고 단청을 마치고는 이내 낙성하였다.

그러나 절이 이미 섰으니 곧 불상을 모시지 않을 수 없고 불상을 이미 모신즉 법보가 없을 수 없고 법보를 이미 갖춘즉 승요(僧寮)가 없을 수 없으므로 넓히어 더하고 붙이어 경영해서 몇 해가 못되어 온갖 것이 갖추어졌다.

두 분은 본래 바람이나 비를 피하면서 일생을 마치려 하였던 것인데, 드디어 큰 절을 이루게 되었으니 이것은 두 분의 본뜻이 아니요, 사람들의 바라는 바이다.

일을 처음 시작할 때, 공자(公子) 몇 사람이 이곳의 산수를 구경하고 서울로 돌아가 이곳 산수의 맑고 기이한 것과 이 암자의 경영하는 일을 임금께 아뢰었다. 성렬대비 전하(聖烈大妃殿下)께서 이 말을 들으시고 매우 가상(嘉常)히 여겨 경현공주(敬顯公主)에게 이르사 원찰로 삼으라고 하셨다. 이에 공주도 또한 기뻐하여 땅을 들여 놓고 장경을 보시하여 복리의 인을 짓고, 다시 향과 등불을 계속하여 영구히 끊이지 않게 하였다.

아아, 불상을 만들고 경책을 만들며 절을 짓고 탑을 세우는 것을 우리의 조사 달마대사는 유루(有漏)라고 나무라셨다. 그러나 그 나무람은 하나에만 집착하는 자에게 대한 나무람이다. 유루(有漏)와 무루(無漏)는 본래 두 법이 아니니 만일 무루에 집착하여 유루를 나무란다면, 또한 달마의 꾸중을 듣는 바가 될 것이다. 경전에 말씀하시기를 "항상 정적을 즐기는 것이 여래의 행이요, 복혜를 아울러 닦는 것이 바로 여래의 법이다"고 하였다. 지금 이 두 분은 여래의 행을 행하고 여래의 법을 본받았으니 지극하고 극진하다. 공주가 그 뜻을 따라 기뻐한 것도 이 두 분의 마음을 삼아 한 것이리라. 아아, 여래의 넓고 크고 부사의한 법이 이 한 암자에 모두 다 갖추어졌으니 부처를 배우는 사람은 자세히 살펴야 할 것이다.

청허는 적는다.

6. 풍악산 돈도암기

사방을 유력(遊歷)하는 사람들은 반듯이 먼저 말하기를 "이 천하에 동국이 있고 동국에는 금강산이 있다. 금강산을 본 뒤에라야 천하 산수의 아름답고 추한 것을 이야기할 수 있고, 동국을 본 뒤에라야 천하 인물의 품질을 알 수 있다"고 하였다. 그러나 인물의 호걸됨이 어찌 산수의 영기를 필요로 하겠는가.

돈도암은 금강산 만폭동 위의 2,3리 쯤에 있다. 첩첩한 산봉우리들은 파랗게 우거지고 뽀족한 것은 빼어난 붓과 같아서 따로이 한 천연의 구역을 이루었다. 곡식을 끊고 먹지 않는 중에게는 설산의 모습이 있고 선정에 들어 말이 없는 중에게는 비야(毗耶 ; 베살리성)의 모습이 있으며, 조용히 앉아 벽을 보는 중에게는 소림(少林)의 모습이 있어서 다시 별다른 기승(奇勝)이 있다.

그러나 물건에는 이루어지고 무너지는 이치가 있는지라 그 암자도 어느새 황폐하게 되어 사는 중이 모두 괴로워하였다. 그 산에 사는 승운(承雲)이란 사람이 자비스러운 원심을 내어 천 사람의 희사하는 재물을 모아 경자년에 일을 시작하여 그 다음 임인년(壬寅年)에 마치고 이내 큰 모임을 베풀어 낙성하였다. 전부터 살면서 괴로워하던 사람들도 다시 마음으로 기뻐하고 가사를 어깨에 걸치고 붉은 다리를 드러내고 동·서 양쪽의 난간과 남북의 창에 밝은 달을 맞이하며 맑은 바람을 이끌어 행선(行禪)과 좌선이 부처와 조사의 방편에 맞지 않는 것이 하나도 없으니 이것은 곧 상인이 이 암자를 세운 간절한 마음이 부처와 조사의 뜻을 빛낸 것이다.

아아, 지극하여라. 위에서 말한 바 천하 산수의 아름다움을 아는 사람은 상인이 아니고 그 누구이겠는가. 상인은 가위 인걸(人傑)이라 할 수 있다.

가정(嘉靖) 계축년 여름에 적는다.

7. 용두산 용수사(龍壽寺) 극락전기

산은 도산(陶山)의 뿌리요, 물은 퇴계(退溪)의 근원이다. 아름다운 기운이 우거졌으니 천지가 그 정기를 쌓아 두었다가 수많은 영재(英才)를 쏟아 내는 것은 이 때문이다. 연기 속의 경치가 천태만상인 것은 고인의 눈이요, 하늘이 높아 머리를 세우고 땅이 넓어 발을 뻗을 수 있는 것은 고인의 즐거움이다.

이제 도인 현원(玄元)과 학준(學峻)들은 그 곁을 보면 둥근 머리에 단정한 가사요, 그 속을 엿보면 무위(無爲)의 진인(眞人)으로서 다같이 고인의 눈을 떴고 다같이 고인의 즐거움을 얻어 한번 팽상(彭殤)의 꿈을 깨닫고 백련(白蓮)의 태(胎)에 정신이 깃들었다.

때는 만력 무인년 봄이라 가슴 속에 간직했던 생각을 시험삼아 세상을 향해 한번 외쳤더니, 사람들은 그 외침에 감동되어 다투어 보시하였다. 이에 삼간의 황금 전각을 세우고 한 구(軀)의 연화주(蓮花主 ; 아미타)를 모시게 되니 해가 한 번 돌고 달이 세 번 차서 공사가 끝났던 것이다. 아아, 기와는 비를 막고 난간은 바람을 이끌어 오며, 산이 흰구름을 띠면 비단 홑옷을 입은 것 같고 강에 떨어지는 해를 보면 가벼운 비단을 새로 다림질한 것 같으니, 한 기승(奇勝)이다. 그러나 공사에 귀신을 부리지 않았고 물건이 하늘에서 오지 않았으니, 빚을 갚을 주인이 있을 것이다. 여기 사는 사람들이 마땅히 살필 것이니 부디 깨닫고 힘써 빚을 돌이켜 스스로를 보아야 할 것이다.

경진년 삼월 상한(上澣 ; 상순)에 지나는 손이 하룻밤 자고 아릅답게 여겨 이 글을 적는다.

8. 지리산 황령암기(黃嶺庵記)

산은 혼돈(混沌)의 뼈요, 바다는 혼돈의 피다. 동해에 한 산이 있으니 이름은 지리산이라 하고, 그 산의 북쪽 기슭에 한 봉우리가 있으니 이름은 반야봉(般若峯)이라 하며 그 봉우리 좌우에 두 재(嶺)가 있으니 이름은 황령(黃嶺)과 정령(鄭嶺)이라 한다.

옛날 한나라 소재가 즉위한 지 3년에, 마한의 왕이 진한과 변한의 난리를 피하여 이곳에 도성을 쌓을 때 황·정(黃鄭)의 두 장군을 시켜 공사를 감독하였으므로 두 사람의 성을 따서 재를 이름하고, 도성을 72년 동안 보호하였다.

그 뒤 신라 진지왕 원년에 운집대사(雲集大師)가 중국에서 나와 황령 남쪽에 절을 세우고 그 이름을 따라 황령암이라 하였다.

그 암자의 규모는 가운데 황금전이 있고 동쪽에는 청련각이 있으며 서쪽에는 백옥교가 있어 꽃과 대나무가 서로 비추어 그 그림자가 금지(金池)에 떨어지면 마치 안양세계와 비슷하였다.

그 스님은 부처의 심인(心印)을 전한 사람이라, 지극한 가르침을 붙들어 인문(人文)을 모아 빛내되, 도에 마음을 쏟고 그 몸을 잊으면서 출가 50세에 이르러 세상을 떠났다.

사람들이 전하기를 "스승의 응신(應身)이 표연(飄然)히 서방으로 간 것은 마치 달마가 남긴 자취와 같다"고 하였다. 스님이 손수 심은 백모란 두 그루는 지금도 있다.

이 암자는 신라를 지나 많은 세월을 겪는 동안에 신승과 고사들이 중창하면서 대대로 살아왔더니 우리 중묘(中廟)에 이르러 무술의 난리(동국여지승람에 없는 것을 모두 없앰)에 모두 없어지고 다만 물소리와 산빛이 남아 있을 뿐이었다.

성희(性熙)법사 또한 운수(雲水)의 도인으로서 가정 갑진년 봄에 그 터를 지나다가 개연(慨然)히 절을 다시 일으킬 마음을 갖고 신사 강연(姜然)의 무리들과 더불어 큰 원을 세우고 시주를 널리 교화하니 물건은 마치 하늘에서 오는 것 같았고 공사는 귀신을 부리는 것 같아서 을사년 가을에 낙성을 보았다. 아아, 황폐한 산과 험준한 재에 몇 해가 못되어, 어느새 단청을 한 보배전각들이 높이 솟았으니, 그것은 하늘이 도움이요, 사람의 힘이 아니었다.

그리하여 스승은 참선하는 중을 뼈로 삼고, 경전을 보는 중을 살로 삼고, 죽반승을 가죽으로 삼고 행과 지혜를 두루 갖춘 스님을 눈과 손발로 삼으니, 한 암자에 거처하는 스님이 의젓이 한 법왕의 몸을 이루었다. 그 법왕의 몸됨은 지극히 비고 지극히 밝으며 지극히 고요하고 지극히 묘하여, 고금에 걸쳐 하나가 되고 만 가지의 차별에 들어가도 변하지 않으며 가깝기는 눈썹의 거리도 없고 멀어도 상선(像先 ; 우주만물의 시초)을 떠나지 않으며 방촌의 사이에서 흘러나와 일용(日用)의 구석구석까지 작용하였다.

옛날 성인들은 이 법왕의 몸을 안고 혹은 서역(인도)을 울리고, 혹은 동하를 울리니, 그 소리는 천하에 떨쳐 고금의 큰 꿈을 깨우쳤던 것이다. 이른바 그 한 법 안에서 공자는 뿌리를 심었고 노자는 뿌리를 북돋았으며 석가는 뿌리를 뽑았으니 그가 바로 그것이다.

그 뒤에 백가와 중기(衆技)의 무리들은 혹은 그 자취를 붙잡고 근본을 버리고, 혹은 물 갈래만을 보고 근원을 알지 못하면서 제각기 그 그릇의 대소를 따라 한·당·송 사이에 어지러이 지껄임이 백천 마리의 모기와 등에가 한 항아리 속에 날개를 치는 것과 다름이 없었고, 말을 가리켜 비유하는 등 자기의 것은 옳다 하고 남의 것은 그르다 함이 마치 허공을 나누어 작은 병에 넣고 큰 바닷물을 끌어 작은 못에 대는 것과 같았다.

아아, 희사(熙師)는 옛 성인이 남긴 메아리를 수천 년 뒤에 이어 받아, 지금 법왕의 외침으로 인간을 향해 시험하여 외쳐 보았다. 즉 "사람은 고해의 고기다"라고. 고해의 물결 속에 있던 미혹한 이와 어지러운 이, 떠 있는 이와 잠겨 있는 이들은 갑자기 그 소리를 듣고 모두 기뻐하였다. 스님이 한 손으로 큰 자비의 그물을 높이 치고 그들을 건져 안락한 언덕에 올려놓았으니 또한 법왕의 공덕의 몸이라 할 수 있다. 유식한 사람들은 그분을 가리켜 운집(雲集)의 후신이라 한다. 이에 기록한다.

9. 묘향산 법왕대와 금선대 두 암자기

신라의 고기(古記)에 이르되 당 정관 초에 한 신승이 백두산으로부터 와 묘향산의 대비로봉의 북쪽으로 들어가 부용봉(芙蓉峰)을 발견하였다. 봉에는 네 개의 대(臺)가 있고, 그 중 두 대에 높은 암자를 짓고 살아 여기서 도를 얻었고 여기서 도를 즐기었다.

동쪽 암자를 법왕대(法王臺)라 하여 석가의 존상을 모시었고 서쪽 암자를 금선대(金仙臺)라 하여 미타의 존상을 모시었다. 동으로 향하여 석가의 존상에 예배하고, 서쪽을 향하여서는 미타의 존상에 예배하되, 아침 저녁으로 하였다.

법왕대 동쪽에 한 대가 있어 이름을 산화대(散花臺)라 하는데 석제환인이 항상 꽃을 뿌리고 있으며, 금선대 서쪽에 한대가 있어 이름을 극락대라 하는데 건달바왕이 항상 음악을 연주한다. 산화대 북쪽에 샘물이 있는데 이름을 감로수라 하고 극락대 북쪽에 샘물이 있는데 이름을 우동수(芋筒水)라 하여, 마시는 사람은 반드시 열뇌를 씻고 청량을 얻는다. 그 암자는 "뛰어난 근기와 큰 지혜를 가진 사람이 아니면 살 수 없다"고 한다.

그러나 그 암자도 바람과 비를 많이 겪으면서 무상을 면하지 못했더니 가정 초에 산인 학훈(學訓)이 법왕대를 중창하고 설봉(雪峯)이 금선대를 중창하였다. 융경 초에 이르러 도인 행진(行眞)이 다시 법왕대를 중창하고 만력 초에 도인 계원(戒圓)이 금선대를 중창하였다. 두 암자는 우뚝 솟아 금벽(金碧)이 구름 속에 빛난다. 아아, 암자와 사람의 이름이 계속 전하여 반드시 끝이 없을 것이다.

또 동쪽을 바라보면 하늘을 떠받고 우뚝 솟은 것은 바로 묘향산이요, 서쪽을 바라보면 한 쌍의 구부러진 바위는 바로 문신봉(問訊峰)이니 더욱 볼 만하다.

풍악산의 도인이 지나다가 구경하고 아름답게 여겨 이 글을 적으니, 때는 전몽(旃蒙 ; 乙) 대연헌(大淵獻 ; 亥)의 3월22일이다.

10. 태백산(太白山) 상선암기(上禪庵記)

태백은 관서의 한 명산이요, 선사는 해동의 한 명승이다.

가정 말에 산승 의웅(義雄)이 상선암(上禪庵)의 앞뒤 다섯 간을 세웠으니 무오년 가을에 시작하여 기미년 봄에 마쳤다. 암자 동편 언덕에 높다랗게 경성당(慶聖堂) 삼간을 일으키니 난간과 들창과 지게문과 사립문에는 모두 모란과 복숭아꽃이다. 기미년 봄에 시작하여 경신년 여름에 마치고 이내 단청하고 낙성하였다.

또 종민(宗敏)이란 스님이 금상의 석가·미타·약사·관음·지장의 다섯 구를 주조하고 순금의 영산회·순금의 미타회·순금의 약사회 등 세 탱화를 만들었는데, 임술년 가을에 시작하여 계해년 여름에 마치고 이내 점안하고 안치하였다.

또 성준(性俊)이란 스님은 기와구이를 계속해 맡았는데 갑자년 봄에 시작해서 을축년 여름에 마치고, 기와를 덮고 낙성하였다.

위의 세 사람이 한 것은 다 선사(先師)의 명이었다. 아아, 귀신을 부리지 않았고 물건이 하늘에서 오지 않았어도 잠깐 사이에 황폐하던 모든 것이 함께 일어났으니 이것도 다 선사의 덕이었다.

선사는 무진년 이월에 세상을 떠나시고, 그해 겨울에 내원암에서 사리를 빌어 다섯 개를 얻었다. 그 정근회(精勤會)의 한 자리에는 선등(禪燈)스님, 설암(雪岩)스님 외 백여 인이었다.

또 그 산의 지인(知仁)이란 스님은 기사년에 보현암(普賢庵)의 남쪽 기슭에 종을 달기도 하여 이내 낙성하고 큰 모임을 열었으니, 스님들과 속인으로서 모두 따라 기뻐하고 찬탄하는 이가 그 수를 헤아릴 수 없었다. 그때에 그 산중에 있는 큰스님으로는 장로(長老) 휘정(暉晶), 대선사(大禪師) 의변(義卞), 대선자 영준(靈峻), 대선사 영지(靈之)와 보현암 주지 항규(亢珪)스님 등 수백 명이었다.

선사의 휘(諱)는 일선(一禪)이요, 수는 81세이며, 경상도 울산 사람이다. 무릇 집을 나온 행적과 도를 본 인연과 사람들에게 보인 기봉(機鋒)은 모두 ≪본행록(本行錄)≫에 있다. 스님과 인연을 맺은 시주들도 모두 뒤에 적어 영원히 전하려 한다.

때는 융경 4년 경우 7월이다.

11. 내은적암의 청허당 상량문(淸虛堂上樑文)

암자가 이루어졌으매 좋은 날을 받아 상량한다.

소나무 뼈를 쪼개어 들보를 만들고 푸른 구름을 베어 지붕을 만들고 맑은 바람을 끌어 벽을 만들고 밝은 달을 걸어 등(燈)을 삼았다. 천지가 열리기 전에 이 암자는 이미 이루어졌고 천지가 이미 무너졌어도 이 암자는 무너지지 않을 것이다. 천성(千聖)이 났다 죽었다 하더라도 이 암자는 길이 고요할 것이다. 진묵겁전에 경영하였으니 얼마나 풍운의 변태를 보았던가.

본래 이름이나 글자가 없지만 지금 이 청허당 주인이 방편으로 이름 지어 내은적(內隱寂)이라 한다. 마왕을 몰아 법을 보호하는 선신으로 만들고, 대지를 바꾸어 진실한 불국토로 만드는 것은 오직 이 암자에 있고 이 날에 있다. 그러므로 다음의 글을 지어 이것을 찬탄한다.

抛樑東　　朝日最先紅
포 량 동　　조 일 최 선 홍

金鷄初叫處　　瑞氣忽盤空
금 계 초 규 처　　서 기 홀 반 공

들보를 동쪽으로 드니
아침 해가 맨 먼저 붉고
금계(金鷄)가 처음 우는 곳에
상서로운 기운이 홀연 하늘에 서린다.

拋樑南　　非鶴隔烟嵐
　　　포 량 남　　비 학 격 연 람

　　　百鳥呈何物　　花精百味甘
　　　백 조 정 하 물　　화 정 백 미 감

들보를 남쪽으로 드니
연기와 안개 너머 학이 날고
온갖 새들은 무슨 물건 바치는가
꽃의 정기는 온갖 단맛을 지녔다.

　　　拋樑西　　迢遆玉岑低
　　　포 량 서　　초 체 옥 잠 저

　　　玉岑擎落日　　千佛放光時
　　　옥 잠 경 락 일　　천 불 방 광 시

들보를 서쪽으로 드니
저 멀리 옥잠이 나직하고
옥잠은 떨어지는 해를 받드니
천불의 빛을 놓는다.

　　　拋樑北　　山河眞佛國
　　　포 량 북　　산 하 진 불 국

　　　摩訶大法王　　能白又能綠
　　　마 하 대 법 왕　　능 백 우 능 록

들보를 북쪽으로 드니
산하가 다 참 부처의 나라이고
마하 대법왕이여,
희기도 하고 또 푸르기도 하다.

    拋樑上   心天同一樣
    포 량 상   심 천 동 일 양

    明月興淸風   古今無盡藏
    명 월 흥 청 풍   고 금 무 진 장

들보를 위로 드니
마음과 하늘이 한 모양이고
밝은 달과 맑은 바람은
예나 지금이나 다함이 없다.

    拋樑下   龍潭光照夜
    포 량 하   용 담 광 조 야

    源頭活水長   鏡面無塵也
    원 두 활 수 장   경 면 무 진 야

들보를 밑으로 드니
용담의 빛이 밤을 비추고
같은 근원에서 솟는 물 길이 흘러
거울같아 티끌이 없다.

엎드려 원하옵나니 상량한 뒤에 스님들의 수명은 더욱 길고 부처님의 등불은 높이 비치시며 임금과 백성은 함께 천추와 만세를 누리소서.

종명(鍾銘)

1. 금강산 장안사 새로 지은 종명(鍾銘)
   - 서문(序文)을 겸하여 -

 산의 뿌리는 동쪽으로 일본에 이어졌고 물의 근원은 서쪽으로 천축에 닿았다. 우리 동방 산수의 아름다움으로는 금강산만한 것이 없고 절의 정묘하고 깨끗하기로는 장안사만한 것이 없다. 절은 산 서쪽에 있는데 시원하고 맑음이 제일이고 건물들은 웅장하고 화려하여 청수(淸修)와 고절(苦節)의 무리가 마치 팔방의 구름이 용을 따르는 것과 같아서, 항상 머무르는 무리의 수는 이백을 밑돌지 않았다.
 신라 때부터 산의 본사(本社)가 되었고 우리 세종대왕께서 친히 이 산에 오셔서 법기(法起) 보살의 진신에 예배하시게 되자, 노향(爐香)과 종범(鍾梵)이 극히 융성하였다.
 불행히 정유년(1597) 전화(戰火)로 말미암아 소실되고 울창하던 총림이 갑자기 잿더미로 화하였으니 그 뒤로 산수는 슬픈 빛을 띠었고 원숭이와 새들은 슬피 울었다.
 을사년 봄에 비구 일청(一淸)이 중창할 원을 세우고, 이내 무차회를 베풀어 공사를 마치었다. 그러나 가람은 중창하였지마는 법기를 복구하지 못하였으니, 총림으로서의 큰 결점이요, 그 공의 완전하지 못함이다.

이에 산의 도인 의능(義能)이 또 큰 원을 세우고 강호에 지팡이를 날리매 모든 사람이 그 덕을 흠양하여 잇달아 보시하매 큰 종 하나를 만들었으니 무게는 8천근이었으며 무신년 봄에 시작하여 신해년 여름에 마치었다.

아아, 큰 가람을 지어 바른 법을 다시 일으키고 이 법기를 이루어 인천을 두루 이롭게 하였으니, 여래의 바른 법이 총림에 있지 아니하고 바로 사람에게 있는 것이다.

이루어졌다가 무너지는 것은 물질의 분수요, 과거와 현재는 때의 분수이지마는 그분들의 마음은 허공과 같다. 허공의 본체는 비고 밝으며 묘하고 깊어서, 항상 유동(流動)하면서도 변하지 않는다. 형상이 있으되 무형(無形)으로 나타나고 분수를 초월하여 무수(無數)의 이전에서 역려(逆旅)에 잠깐 머무르면서 나고 죽는 것을 봄·가을처럼 보거늘, 하물며 물질의 이루어지고 무너짐이겠는가. 그분들의 경지에서는 법계가 한 절이요 천지가 한 종(鍾)이며 고금의 한 꿈이다. 마땅히 그 덕을 새기어 무궁한 세상에 전하려는 것이다.

명(銘)

이 산의 영기(靈氣)는 천지의 뿌리요, 이 물의 아름다움은 고금의 근원이다. 집이 크고 사람이 많으며 바른 법이 언제나 머무른다. 때에는 반드시 변함이 있고 물질에는 반드시 분수가 있거니 하루아침의 불길로 10년 동안 재가 되었으나 큰 스님들의 경영이라 잠깐 사이에 이루어졌다. 총림이 허물어져 황폐했을 때에는 샘물의 흐름도 울음 같더니, 총림이 다시 이루어지니 꽃과 나무들까지도 영화롭다. 장하다 우리

대사님, 그 자비의 원은 하늘이 내었나니, 걸림이 없는 한 가지 지팡이는 새가 날 듯, 구름이 가는 듯하다. 이 법기를 만드니 속은 비었고 겉은 둥글다. 크게 치면 크게 울리고 작게 치면 작게 울리나니 그 소리는 철위에 울리고 오음의 구름이 맑게 개인다. 장하다, 그 공덕의 바다는 넓고 아득하며 멀고 깊구나. 처음에 믿음을 낼 그 때에 곧 깨달음의 자리를 밟았나니, 아아, 아름다워라. 법의 수명은 금강 같으리. 금강산이여, 금강산이여, 물은 멀고 산은 깊다.

2. 묘향산 보현사 새로 만든 종명(鍾銘)

융경 4년 경오(1570) 여름에 그 산의 도인 학현(學玄)이란 사람이 큰 종 하나를 만드니 무게는 2천근인데 한 번의 용광로와 망치질로 이법기를 이루었다. 아아, 그 그릇됨은 마음을 비우고 대상에 응함이 선지식의 도량이요 공덕이 한이 없기에 청허자는 게송으로 찬탄하고 아름답게 여긴다.

直質虛心雄且壯
직 질 허 심 웅 차 장

一聲能歇累生狂
일 성 능 헐 누 생 광

初從佛膝開王面
초 종 불 슬 개 왕 면

又向魚頭折劒鋩
우 향 어 두 절 검 망

곧고 질박한 빈 마음은 또 웅장하여
한 소리로 여러 생(生)의 미친 증세 쉬게 하네.

처음에는 부처의 무릎에서 왕면(王面)을 열더니
또 물고기의 머리를 향해 칼날을 꺾는다.

世界無邊塵擾擾　　衆生不盡業茫茫
세 계 무 변 진 요 요　　중 생 불 진 업 망 망

猗歟善應眞調御　　留與香山大道場
의 여 선 응 진 조 어　　유 여 향 산 대 도 량

끝없는 세계에는 번뇌(塵)가 요요(擾擾)한데
한없는 중생은 그 업(業)이 망망(茫茫)하다.
아름다워라, 참으로 부처를 잘 따라
향산의 큰 도량에 머물게 하였도다.

3. 금강산 장안사 새로 지은 종명(鍾銘)
- 서문을 겸하다-

이 산은 해동 신선의 구역이요, 이 절은 산중 부처의 나라다. 그러므로 선림(禪林)의 고사들이 이 소문을 듣고 몰려와 마치 온갖 냇물이 바다로 돌아가는 것과 같았다. 불행하게도 가정 정유년에 화재로 다 타버린 지 거의 10년이 되었으니, 그 동안에 원숭이와 새들만이 슬퍼하였을 뿐이다.

을사년 봄에 이 산의 스님 일청(一淸)이란 사람이 중창하려고 발원한 바 많은 시일이 걸리지 않아 우뚝한 대전이 섰음은 마치 하늘이 만든 것 같았으니 과연 훌륭한 일이라 하겠다.

　그러나 법당은 중창되었지만 아직 법기를 갖추지 못하였음을 스님들은 모두 한탄하였다. 그러자 이 산의 스님 지현(志玄)이란 사람이 종 만드는 데 뜻을 두어, 야공(冶工)에게 명령하고 구리 8천근을 내었다. 신해년(1611)에 시작하여 계해년에 마칠 때가지 무릇 13년 동안 일곱 번이나 용광로에 넣었으나 공을 이루지 못하였으니 애석한 일이었다.

　정묘년(1627) 가을에 이 산의 스님 수한(守閑)이란 사람이 2천2백 근을 녹여 한 번 본떠서 만들었으니 신기한 일이라 할 수 있다. 무릇 물건이 무너지고 이루어지는 데에는 반드시 때가 있고 또 사람이 있는 법이다.

　이에 중첩(重疊)한 다락 위 높은 종대(鐘臺)에 달고 큰 대마루가 흔들리면 달밝은 밤 맑은 소리는 멀리 유명(幽明)에 사무치니 장하다 할 만하다.

　또 그 그릇됨이 법왕의 호령이요, 온갖 음악의 추유(樞紐)이며 그 신령스러움은 와관(瓦棺)의 부처 무릎을 쪼개고 물고기의 머리를 자르는 칼바퀴이며 그 영험은 천마의 쓸개를 서늘하게 하고 지옥의 고통을 멈추게 한다. 아아, 한 절의 한 종에 온갖 공덕이 갖추어져 있으니 마땅히 그 덕을 새기어 끝없는 세상에 전해야 하리라.

　명(銘).

　봉래 풍악(蓬萊楓岳)은 그 이름이 제도(帝都)에 드날렸고, 일만 이천 봉우리는 바다 한쪽에 들어서 있다. 그 가운데 큰 사찰이 산과 함께 우뚝 솟아 있으니 저 일청(一淸)의 신기한 공에 팔방 사람들이 모였다. 그러나 종이 울지 않으니 스님들이 서로 한탄하였다. 지현은 10년 동안을 헛되이 일곱 번 풀무질했지만, 수한의 한 번 불길에 정묘한 그릇이 모형에서 나왔다. 아아, 진실로 신기하나니, 귀신이 돕고 하늘이 돌보았다. 그 그릇은 속이 비었지만 소리는 허공에 떨치나니 혼침한 넋을 고함쳐 깨우고 악마의 무리를 무서워 떨게 한다. 사자가 한 번 큰소리치매 모든 짐승이 혼을 잃도다. 총림이 다시 무성해지매 그 법미는 제호와 같으니 이런 경계가 여기 있었고 이런 사람이 여기 있었네. 산인가 바다인가, 천지가 하나의 병이요, 신선인가 부처인가, 일을 다 마친 범부일러라.

행적(行蹟)

1. 벽송당(碧松堂) 행적

　대사의 법휘는 지엄(智嚴)이요, 호는 야로(野老)이니 그 사는 집을 벽송(碧松)이라 하였다. 속성은 송씨요, 아버지의 이름은 복생(福生)이니 부안사람이다. 어머니의 성은 왕씨이다.
　꿈에 어떤 스님이 예배하고 기숙하였는데, 이에 태기가 있어 천순 8년 갑신(1464) 3월15일에 낳았다.
　사람됨이 골상이 기수(奇秀)하고 웅무(雄武)가 사람을 지나며 어려서부터 글과 칼을 좋아하였고 더욱 장감(將鑑 ; 兵書)에 능하였다.
　홍치 4년 신해(1491) 5월에 야인이 북방을 침노하여 진장(鎭將 ; 국경을 지키는 장군)을 죽였다. 성종대왕이 허종(許琮)에게 명하여 군사 2만을 거느리고 치게 하였다. 대사도 칼을 짚고 따라가 채찍을 들고 한 번 휘둘러 크게 전공을 세웠다. 싸움을 끝내고 위연(喟然)히 탄식해 말하기를
　"대장부, 이 세상에 나서 심지를 지키지 않고 허덕이고 달리면 비록 한마(汗馬)의 공을 얻는다 하더라도 이름만을 숭상할 뿐이다."
　하고, 곧 옷을 떨치고 일어나 계룡산 상초암(上草庵)에 들

어가 조징(祖澄)대사에게 참례하고 갓을 벗어던져 버리고 머리를 깎았으니, 그때 나이 28세였다. 그로부터 뜻과 행을 높이고 가다듬어 선정을 즐겼으니, 마치 수(隋)의 낭장(朗將) 지엄(智嚴 ; 우두 법융의 제2세)과 같은 무리이다.

하루는 생각하기를 "멀리 사방으로 다니면서 스승을 찾아 교훈을 받으리라" 하고 먼저 연희교사(衍熙敎師)를 찾아 원돈교(圓頓敎)의 뜻을 묻고, 다음에는 정심선사(正心禪師)를 찾아 서래(西來)의 비밀한 뜻을 물으니, 그들이 모두 현묘한 이치를 밝혀 주었으므로 깨달은 바가 많았다.

정덕 무진년(1508) 가을에 금강산 묘길상암에 들어가 ≪대혜어록≫을 보다가 구자무불성의 화두에 의심을 갖고 오래지 않은 시일에 칠통을 깨뜨렸다. 또 ≪고봉어록≫을 보다가 양재타방(颺在他方)이란 말에 이르러서 지금까지 알던 것을 모두 떨어 버렸다. 그러므로 대사의 평생에 발휘한 것은 다 고봉과 대혜의 가풍이었다. 대혜화상은 육조의 17대 적손이요, 고봉화상은 임제의 18대 적손이다.

아아, 대사는 동방 사람으로서 5백년 전 종파를 비밀히 이었으니, 마치 정주자(程朱子)가 천년 뒤에 나서 멀리 공맹(孔孟)의 실마리를 이어받은 것과 같으니 유(儒)·석(釋)이 도를 전하는 데 있어서는 다 같다.

대사는 신미년 봄에 용문산에 들어가 여름을 지내고, 계유년 봄에는 오대산에 들어가 한 여름을 지내고, 그 뒤로 혹은 백운산으로, 혹은 능가산 등 여러 산에 놀면서 일정한 곳이 없었으니, 천지에 소요하는 한가한 도인이었다.

경진년 3월에 이르러 지리산에 들어가 초암에 몸을 붙였으니 성품과 도량은 더욱 넓어지고 풍채와 지혜는 더욱 밝아졌으며 몸에는 두 벌의 옷이 없고 하루에 두 번 먹지 않으면서 문을 닫고 고요히 앉아 인사를 닦지 않았다.

인사를 닦지 않았으므로 세상에 아첨하지 않았고 세상에 아첨하지 않았으므로 불법을 천하에 팔지 않았으며, 불법을 천하에 팔지 않았으므로 무릇 선학(禪學)에 참여하는 자들은 언덕을 바라보고 물러서면서 거만하다고 비방하는 사람이 많았으니, 옛사람이 말하기를 "고기가 아니면 어찌 고기를 알겠느냐"고 함이 바로 이것을 이름이다. 대사는 어느 날 일선(一禪)장로를 돌아보고 말하기를

"이미 그 하나이니, 진망(眞妄)을 떠나고 명상(名相)을 끊고 굳세고 깨끗하며 산뜻하고 걸림이 없다면 무엇을 일러 참선한다 하며, 또 만일 삼라만상이 다 여래의 실상(實相)이라 한다면, 보고 들으며 깨닫고 아는 것이 모두 반야의 신령스러운 광명일 것이다. 그렇다면 천마의 종족이나 외도와 사종(邪宗)에게도 그 한 맛의 선정이 생길 것이다."

하고 불자를 들어 한 번 탁 치면서 시자를 불러 차를 달여오라 하였다. 그리고 한참 있다가

　　　萬片落花隨水去　　一聲長笛出雲來
　　　만 편 낙 화 수 수 거　　일 성 장 적 출 운 래

만 조각의 낙화는 물을 따라 흘러가고
한 소리 긴 피리 소리는 구름 속에서 나온다.

라 읊고 또 법준(法峻) 선사에게 게송을 지어 주었다.

```
逢君贈與莫鎁劍    勿使鋒鋩生緣苔
봉 군 증 여 막 야 검    물 사 봉 망 생 연 태

五蘊山前如見賊    一揮能斬箇箇來
오 온 산 전 여 견 적    일 휘 능 참 개 개 래
```

그대를 만나 막야검(莫鎁劍)을 주노니
그 칼날에 푸른 이끼가 끼이게 하지 말라.
오온산(五蘊山) 앞에서 만일 도적을 보거든
한 번 휘둘러 낱낱이 베어 가져오라.

또 대사는 때로는 교(敎)의 혀로 큰 바다의 물결을 뒤치고 때로는 선정의 칼로 여우들의 정령(精靈)을 베었으니, 그 교화의 문을 열고 닫는 것은 참으로 불가사의하였다.

가정 갑오년(1534) 겨울에 여러 제자들을 수국암(壽國庵)에 모아 ≪법화경≫을 강의하다가 방편품에 이르러 갑자기 크게 탄식하고 말하기를

"중생들이 스스로 광명을 가리고 윤회를 달게 받은 지 오래여서 수고롭게도 세존으로 하여금 큰 광명으로 동쪽을 비치게 하였나니, 입을 괴롭혀 열어 보이신 것은 다 중생을 위해 방편을 베풀었을 뿐이요, 실법(實法)이 아니었다. 대개 모든 법의 적멸상은 말로써 표현할 수 없는 것이다. 지금 그대들 모두가 부처님의 무언(無言)을 믿고 직하(直下)에 깨달아 들어간다면 그 자가(自家)의 심지는 보장(寶藏)을 열고 부처의 은혜를 갚는다 할 것이다. 오늘 이 노승도 또한 여러분을 위해 적멸상을 보이고 가리니 여러분은 밖을 향해 찾지 말

고 힘쓰고 진중하라."

하고 시자를 불러 차를 달여오라 하여 마신 뒤에 문을 닫고 단정히 앉아 한참동안 잠잠하였다. 제자들이 문을 열고 보았을 때는 이미 입적 하셨으니 때는 11월 초하루 진시였다. 얼굴빛도 변하지 않고 굽히고 펴기는 생시와 같았으며 다비하는 날 밤에는 상서로운 빛이 하늘에 사무쳤고 재(齋)를 드리는 새벽에는 상서로운 구름이 하늘에 서리었다. 정골(頂骨) 한 조각에는 점점한 사리가 진주처럼 빛났었다. 제자인 숭인장로(崇仁長老)・설은법사(雪㠃法師)・원오법사(圓悟法師)・일진선덕(一眞禪德)의 무리들이 석종(石鍾)을 만들어 의신동(義神洞) 남쪽 기슭에 봉안하였다.

또 대사의 읊은 노래와 게송이 몇 편 있었으나 일찍 흩어져 없어지고 이제 겨우 50수(首)를 간행하였다. 그러나 문장이란 도인의 나머지 일이라 혹 누구의 청이 있으면 마음으로 애쓰지 않고 붓이 가는 대로 휘둘렀으니 마치 형산(荊山) 사람이 옥을 까치에게 던져주는 것과 같았다. 대사의 수는 71세였고 법랍은 44년이었다.

아아, 섶의 불은 다함이 없고 의식의 성품은 멈추지 않아 겁(劫)의 바다는 망망(茫茫)하고 묵은 자취는 아득하니 어느 세월에 다 기록할 수 있겠는가. 모두가 이미 지나간 환화일진대 어찌 장차 오는 것이 환화가 아니겠는가. 삼세의 모든 부처님도 다 환하로 장엄하여 환화인 중생을 깨우쳤은 즉, 부처와 중생이 다 하나의 환화일 뿐이니 어찌 우리 대사만이 환화이겠는가. 그러나 환(幻)의 성품은 환(幻)이 아니니 보는 이는 소홀히 하지 말라.

초상(肖像)을 찬(贊)함.

震旦之皮　　天竺之骨
진단지피　　천축지골

華月夷風　　如動生髮
화월이풍　　여동생발

진단(震旦)의 가죽이요
천축(天竺)의 뼈일러라.
중화(中華)의 달과 동이(東夷)의 바람은
살아 있는 머리털을 휘날리는 듯하다.

昏衢一燭　　法海孤舟
혼구일촉　　법해고주

嗚呼不泯　　萬歲千秋
명호불민　　만세천추

어두운 거리에 하나의 촛불이요
법해(法海)에 외로운 배일세.
슬프다, 사라지지 않으리니
만년이요, 또 천추(千秋)이어라.

가정 39년 5월 어느 날, 두류산인 휴정은 삼가 짓다.

2. 부용당(芙蓉堂) 행적

선사는 영남 진주 사람이다. 휘(諱)는 영관(靈觀)이요, 호는 은암선자(隱庵禪子)이며, 또 연선도인(蓮船道人)이라고도 하였다. 몸은 세상을 의지하고 있으나 생각은 서방에 있었으므로 부용당이라 일컬었으며 집안은 대대로 범천(犯賤 ; 천민)이요 아주 예절이 없었다.

　스님은 성화 을사년(1485) 7월7일에 나셨다. 나이 겨우 여덟에 아버지가 데리고 나가 고기를 낚고는 고기 망태를 들고 가게 하였더니 스님은 산 고기를 가려 모두 놓아 주었다. 아버지는 크게 성내어 때렸다. 스님은 절하고 울면서

　"사람이나 고기나 받은 목숨은 같고 아픈 것을 참는 것도 또한 같습니다. 용서하시기 바랍니다."

　고 하였다. 아버지는 이 말을 듣고 성을 풀었다.

　집 근처에 신룡(神龍)의 굴이 있어서 난간 밖에는 구름이 찌는 듯하고 음악 소리는 빈 집에서 나왔다. 부로(父老)들은 서로 전하기를

　"이것은 엎드려 있는 용의 음악 소리이다."

　하였다. 스님이 지팡이로 책상을 치면 음악 소리가 곧 그치었다. 또 때로는 용이 물 밖으로 나와 비늘과 갈기가 햇볕에 번쩍이면 사람들이 감히 가까이 가지 못하였다. 스님이 머리를 들고 한 번 꾸짖으면 용은 이내 사라졌다. 그래서 마을 사람들은 모두 기이한 아이라 일컬었다.

　어떤 이상한 스님이 와서 그 아버지에게 말하였다.

　"이 아이는 세상에 뛰어난 보배요, 세속의 인물이 아니오."

　하고 출가하기를 청하고 홀연히 사라졌다.

　스님은 어릴 때부터 돌을 세워 놓고 부처라 하고 모래를 올리면서 공양이라 하며 솥을 비스듬히 눕혀 암자라 하고는 눈을 감고 꿇어앉아 해가 지는 줄을 몰랐다. 날로 세상에 얽

매이는 것을 싫어하고 공(空)의 문을 깊이 생각하였다.

　나이 13세가 되던 정사년 가을에 밤은 깊고 사방은 고요한 때에 몸을 빼내어 문을 나가니 마치 어떤 사람이 끌고 가는 듯하여 모르는 사이에 십여리를 갔다. 사천(沙川)을 건너게 되었을 때, 집에 기르던 개가 따라왔다. 스님은 개를 돌아보고

　"존당을 잘 보호하고 나를 따라오지 말라. 나는 지금 길이 운수의 사람이 되어 맹세코 돌아오지 않을 것이다. 너는 빨리 돌아가 잘 있으라."

　고 하였다. 개는 머리를 숙이고 그 말을 듣고는 마치 이별을 슬퍼하는 듯 몇 번 끙끙거리다가 돌아갔다. 스님이 외로운 그림자를 날리면서 강을 건너 돌아보니 떨어지는 달은 바로 서쪽 봉우리 위에 있었다.

　새벽이 되어 바로 덕이산으로 들어가 고행선자를 찾아 3년 동안 머무르면서 그 법을 배우고 머리를 깎았다.

　나이 17세가 되는 신유년 초에 신총법사(信聰法師)에게 나아가 교망(敎網)을 더듬고 다시 위봉(威鳳)대사에게 절하고 선정의 요제에 들어갔다. 인하여 곧 구천동(九泉洞)에 들어가 손수 초암을 얽고 9년을 지낼 때는 언제나 앉고 눕지를 않았으니 어찌 자리에 누워 편안히 잠을 잤겠으며, 지팡이가 산을 나간 일이 없었으니 어찌 술집의 문(門)인들 지났었겠는가. 교리의 뜻을 논할 때에는 만 이랑의 물결이 멀고 넓었으며, 선정의 뜻을 굴릴 때에는 천길의 벼랑이 높고 험하였다.

　기사년에는 멀리 용문산에 들어가 조우(祖愚)대사를 찾아 참선을 공부하는 여가에 장자·노자를 다 읽었고 갑술년에

는 또 청평산으로 가서 학매(學梅)선자에게 머무르면서 미묘한 이치를 연구했으나 법에는 다른 맛이 없었다. 기묘년에는 금강산 대존암(大尊庵)으로 가서 조운(祖雲)대사와 함께 두 여름을 지내고 다시 표주박과 가사를 떨쳐 미륵봉 내원암으로 깊숙이 들어가 시 한 수를 읊고는 붓을 들어 그 문에 크게 써 붙였다.

空費悠悠憶少林　　因循衰鬢到如今
공 비 유 유 억 소 림　　인 순 쇠 병 도 여 금

毘耶昔日無聲臭　　摩竭當年絶響音
비 야 석 일 무 성 취　　마 갈 당 년 절 향 음

유유한 세월 헛되이 보내면서 소림을 생각했으나
떠도는 사이에 이처럼 머리털만 세어졌네.
옛날 비야리의 소리와 냄새도 없고
마갈타의 그때의 메아리 소리도 없도다.

似杭能防分別意　　如痴必禦是非心
사 항 능 방 분 별 의　　여 치 필 어 시 비 심

故將妄計飛山外　　終日忘機對碧岑
고 장 망 계 비 산 외　　종 일 망 기 대 벽 잠

말뚝 같으매 능히 분별하는 뜻을 막고
어리석음 같아 반드시 시비하는 마음을 막는다.
짐짓 망령된 헤아림으로 산 밖을 날으나니

온종일 속세를 잊고 푸른 산을 마주한다.

그리고는 붓과 벼루를 불살라 버린 뒤에 문을 닫고 잠자코 앉아 9년을 지냈다. 그동안에 혹 지나는 손이 문앞에 오면 이 시(詩)를 가리킬 뿐이었다.

경인년 가을에 갑자기 돌이켜 부모의 망극한 은혜를 갚을 것을 생각하게 되어 고향을 바라보며 멀리 생각하고 흰구름을 바라보면서 크게 한숨을 쉬었다. 이에 남쪽으로 출발하여 차츰 고향을 향하며 고향 산천이 가까워지니 언덕과 숲은 모두 옛날과 같았다. 해지는 강마을에 창연히 섰을 때 갑자기 소를 끌고 나오는 어떤 노인을 보았다.

스님은 절하고 물었다.

"여기가 진촌(晋村)입니까."

"왜 묻소."

"이곳은 내가 난 땅입니다. 우리 부모님이 살아 계신지 몰라 묻는 것입니다."

"그대 부모의 성명은 무엇이오. 또 그대 아이 때의 이름은 무엇이오."

"저의 아버지 성명은 원연(袁演)이며 저의 아이때 이름은 구언(九彦)입니다."

노인은 소를 놓고 스님의 손을 잡으면서

"오늘 부자가 만났구나. 네 이름은 내 아들이요, 내 이름은 네 아버지다. 네가 나를 버리고 달아난 지 30여 년 동안에 아무리 찾았으나 찾지 못하고 근심과 걱정으로 세월을 보냈더니 지금 갑자기 스스로 오니 내 소원이 꼭 들어맞았다."

부자임을 서로 확실히 알고는 각각 슬픔과 기쁨을 견디지

못해 한바탕 통곡을 하였다. 한참 뒤에 노인은 눈물을 닦으면서

"네 어미는 10년 전에 세상을 떠났고, 네 주인은 8년 전에 상처하였다. 그러나 네 논밭과 집만은 아직 그대로 있다."

고 하였다. 스님은 물었다.

"지금 원씨(袁氏)는 어디 있습니까."

"네 누이는 네가 집을 나간 저녁부터 문을 닫고 누웠고 너의 개도 해만 바라보고 앉았다가 이레만에 모두 죽어 저 덕산 서쪽 기슭에 묻었다."

스님은 그 말을 듣고 무상을 절실히 생각하면서 더욱 눈물을 흘렸다.

황혼이 되어 집에 돌아가니 옛날의 아이들은 모두 노인과 노파가 되었다. 그들과 책상을 이어 밤새 이야기를 하는 동안에 어느새 닭이 울고 새벽이 되었다. 이튿날 아침 아버지와 함께 늙은 주인을 뵈었다.

"네가 구언이냐."

하고 눈물을 흘렸다. 조금 있다가 주인은 자리를 밀면서 앉기를 청하였다. 스님은 머뭇거리면서 사양하였다.

"소천(小賤)은 주인을 등지고 어버이를 저버렸으니 그 죄는 하늘도 용납하지 못합니다. 그래서 지금 전택(田宅)을 모두 바쳐 속죄하고 몸은 출가하여 도를 닦음으로써 은혜를 갚으려 합니다."

주인이 말하기를

"집을 떠나서 어떻게 은혜를 갚겠는가."

하였다. 스님은 옛말을 인용해서 대답하였다.

"출가한 사람은 세상에서 숨음으로써 그 뜻을 구하고 세

속을 바꾸므로써 그 도를 이루는 것입니다. 세속을 바꾸면 세상 법과 더불어 예를 같이하지 않고 세상에서 숨으면 마땅히 그 자리를 고상하게 하여야 합니다. 삼승을 통달하면 사람과 하늘의 눈을 열어 주고 오족(五族)과 육친(六親)을 구제하는 것은 손바닥을 뒤집는 것과 같습니다. 그러므로 안으로는 천륜의 무거움에 이그러지더라도 그 효도에는 어긋나지 않고 밖으로는 주인을 받드는 예를 빠뜨리지마는 그 공경은 잃지 않습니다.”

주인은 유학을 숭상하는 사람이라 그 말을 듣고 아름다이 여겨 곧 일어나 스님의 손을 잡고 마루로 오르면서 말하기를

“사문은 세상 밖의 사람이라 마땅히 세상의 예의는 버려야 한다.”

하고, 베개를 나란히 하여 같이 자면서 그대로 머물기를 권하였다. 그러나 스님은 끝내 그 말을 듣지 않고 이튿날 문권(文券)을 드리고 전택(田宅)을 바친 뒤에 두 번 절하고 물러나왔다. 그리고 또 늙은 아버지를 하직하고 바로 두류산을 향하여 지엄대사 벽송의 문을 두드리면서 말하였다.

“영관이 바람처럼 멀리서 달려왔습니다. 원컨대 받아들여 주소서.”

지엄은

“영(靈)도 감히 오지 못하겠거늘 관(觀)이 어디서 왔느냐.”

고 하였다. 스님은 앞으로 나아가 합장하고

“청컨대 스승은 살피소서.”

지엄은 웃으면서 말하였다.

“단련을 받을 만하다.”

이튿날 지엄은 스님을 위해 마음의 안개를 부셔 버리고 부처의 바다를 쏟아 놓았다. 스님의 20년 동안 묵은 의심은 갑자기 큰 골짜기에 층층이 쌓인 얼음이 녹는 것과 같았다. 스님은 곧 머리를 조아려 예배하고 이어 찬탄하면서

"참으로 저의 스승이십니다."

하였다. 그리하여 3년 동안 모시었는데 지엄은 세상을 떠났다. 아아, 그 스승이 다스리니 그 제자가 따랐거니 그 주석(柱石)이 아니었다면 누가 그 동량(棟樑)이 되었겠는가.

스님은 그 성품이 온아하고 사랑하거나 미워하는 정이 끊어졌으므로 생각이 오로지 평등하여 한 숟갈의 밥이라도 남을 보면 평생 나누어 주었으니 전생에 심은 자비의 종자를 여기서도 볼 수 있다. 또 그 문장은 진실하고 바르며 사물의 이치에는 밝고 똑똑하며 공부하는 사람을 가르칠 때에는 부지런히 노력하여 게으르지 않았다. 무릇 칠요(七曜)와 구장(九章 ; 軍旗-日·月·龍·虎·鳥·蛇·鵲·狼·韓章)과 천문과 의술을 모두 통달하였고 나아가서는 《중용》을 품고 다니며 《장자(蔣子)》를 끼고 다니는 사람들도 모두 스님에게 와서 의문을 풀었다. 그러므로 문턱이 닳도록 찾아오는 뛰어난 선비들은 모두 살아서 이별하는 설움을 품었고 뜰에 가득한 승려와 속인들은 모두 가고 머무르는 마음을 안타까워 하였다. 그러므로 호남과 영남 두 지방의 속인 가운데 삼교에 통달한 사람은 모두 스승의 덕이었으니 전단을 옮겨 심으면 다른 것에서도 같은 향내가 난다고 함과 같다.

어떤 중이 스님에게 명상(名相)을 물었을 때 스님은 대답하였다.

"천 생각, 만 걱정으로 나의 심왕을 잃어버린다. 이 나의

심왕은 말의 길이 끊어졌고 생각의 가는 곳이 사라진 것이다. 이름(名)이란 말의 길이요, 모양(相)이란 마음이 사는 곳이다. 팔만대장경도 거두어 잡을 수 없는 것이 향상(向上)의 길이다. 3천의 옛 부처도 설명할 수 없는 것은 격외(格外)의 선(禪)이다. 만일 그 마음이 허공과 같이 된다면 도에 조금 걸맞게 될 것이다."

또 어떤 중이 부처의 법을 물었을 때 스님은 대답하였다.

"참 부처는 형체가 없고 참 법은 모양이 없다. 그런데 만일 학인이 어떤 모양을 통해서 부처나 법을 구한다면 그것은 모두 여우의 정령(精靈)이요, 외도의 소견이다. 진정한 도인이 홀로 의연하게 부처를 구하는 것에 집착하지 않고 법을 구하는 것에도 집착하지 않는 것은 비록 모든 부처의 갖가지 훌륭한 모양도 아이들 장난같이, 지옥의 갖가지 나쁜 모양을 보더라도 허공의 꽃과 같이 여겨서 억지로 법을 삼지 않음은 이 때문이다. 우리의 바른 법에서는 범부니 성인이니 하는 두 소견을 모두 그르다 하고 악마니 부처니 하는 두 길을 모두 부정하며 범부도 성인도 없다는 견해도 그르다 하고, 악마도 부처도 없다는 견해도 또한 부정한다. 부처의 법은 본래 공(空)이기 때문에 공으로써 다시 공을 얻을 수 없으며 부처의 법은 본래 얻을 것이 없기 때문에 얻을 것이 없는 것도 또한 얻을 수 없는 것이다. 한 가닥의 신령스러운 광명이 확연히 비었거늘 어찌 거기에 굳이 시비를 따질 수 있겠는가."

스님은 평생에 사람들을 가르치는 겸추(鉗鎚)가 이러하였다. 그러므로 항상 조사의 공안을 들어 보여 사람들로 하여금 힘을 다해 참구하므로써 활연히 크게 깨달아 그 문에 들어가게 하였던 것이다.

스님은 벽송당의 문을 한 번 밟은 뒤로부터 혹은 황룡산에 있기도 하였고, 혹은 팔공산에 있기도 하였으며, 혹은 대승동(大乘洞), 혹은 의신동(義神洞), 혹은 연곡동(燕谷洞)에 머물기도 하면서 어느새 꿈속의 41년을 지냈다. 융경 신미년(1571) 4월14일 열반에 드셨으니, 세상의 수명은 87세요, 법랍은 72년이었다. 그 시자 법융 대선(法融大選)·영응 대선(靈應大選)과 정원 선덕(淨源禪德)·신옹선덕(信翁禪德)과 진기(眞機)·도의(道義)들이 그 영골을 거두어 연곡사의 서쪽 기슭에 부도를 세웠다.

아아, 그 마음의 대(臺)와 정신의 집을 우러를 뿐 엿볼 수는 없으며, 지혜의 바다와 법의 근원을 건널 수는 있으나 헤아릴 수가 없구나.

휴정(休靜)이 둔박한 재질과 좁은 소견으로 하늘처럼 넓은 선사(先師)의 덕을 기록한다는 것은 참으로 부끄러운 일이다.

그러나 만일 후학으로서 스님의 법어로 말미암아 눈이 열리어 한 번 웃을 수 있다면 첫째는 스님의 은혜를 아는 것이요, 다음은 스님의 은혜를 갚는 것이 될 것이다.

진영(眞影)을 찬(贊)함.

高踞覺地
고 거 각 지

先引三車
선 인 삼 거

張羅八海
장 라 팔 해

撈摝群魚
노 록 군 어

깨달음의 땅에 높이 걸터앉아
먼저 세 가지 수레(三車)를 끌었고
여덟 바다(八海)에 그물을 펴
온갖 고기를 건져 올리다.

　　金鎚擊碎　　虎穴魔宮
　　금 추 격 쇄　　호 혈 마 궁

　　人亡世寂　　月落天空
　　인 망 세 적　　월 락 천 공

금방망이로 두드려 부수었으니
범의 굴이요, 악마의 집이었다.
사람은 가고 세상은 고요한데
달은 떨어지고 하늘은 비었구나.

만력 정축년 9월 일 문인 풍악산인 휴정은 삼가 짓다.

3. 경성당(敬聖堂) 행적

　스님의 휘는 일선(一禪)이요, 호는 휴옹(休翁)이며, 또는 선화자(禪和子)라고도 한다. 그 선조는 장씨(張氏)이니 울산 사람이요, 아버지 이름은 윤한(胤韓)이며 어머니는 박씨(朴氏)이다.
　그 어머니가 어느 날 졸다가 꿈에 명주(明珠)를 삼키고는 깨어나 이내 아이를 배어 홍치(弘治) 원년 무신년(1488) 12월

13일 진시에 스님을 낳았다.

　아이는 목욕을 시키지 않았으나 향기롭고 깨끗하였다.

　나이 겨우 7,8세부터 비린내를 좋아하지 않아 부엌에서 고기나 생선을 굽거나 삶는 것을 보면 놀라고 슬퍼하였다.

　그 집 앞에 과수원이 있어 이웃 아이들이 과일을 가지고 다투면 스님은 가진 것을 다 아이들에게 주고 빈손으로 돌아왔다.

　혹 모래를 모아 탑을 만들기도 하고 혹은 돌을 포개어 자리를 만들기도 하면 아이들이 모여와 스님을 부처님이라 높이었다. 그것은 특히 스님의 날 때부터의 아름다운 재질 탓만이 아니라 전생의 인연임을 알 수 있다.

　일찍 양친을 잃고 3년 동안 피나게 울면서 세상의 무상을 관찰하고 마음은 항상 청허를 좋아하였다.

　나이 열세 살이 되어 단석산(斷石山)에 들어가 해산(海山) 법사에게 몸을 던져 3년 동안 시봉하고 열여섯에 머리를 깎았다.

　스물네 살에 서(西)로 묘향산에 들어가 문수암에 앉아 바리 하나와 누더기 한 벌로 오로지 고행을 익히며 불리(佛理)에 정심(正心) 하기로 평생을 기약하였다. 그러다가 홀연 사방으로 행각할 생각을 내어 남으로 두류산에 들어가 지엄대사에게 갔다. 지엄은 한 번 보고 큰 그릇이라 생각하고 게송한 귀를 보이었다.

風颼颼月皎皎　　雲羃羃水潺潺
풍 수 수 월 교 교　　운 멱 멱 수 잔 잔

欲識這箇事　　　須三祖師關
욕 식 저 개 사　　수 삼 조 사 관

바람은 수수(颼颼)하고 달빛은 교교(皎皎)하며
구름은 자욱(羃羃)하고 물은 잔잔한데
그 속의 일을 알고자 할진대
부디 조사의 관문에 들어가라.

스님은 곧 그 활구(活句)에 마음을 쏟아 근심을 잊고 즐기었다. 동으로 금강산 시왕동에 들어가 공부가 지극하게 되자 자나 깨나 한결같더니 죽비로 선상을 쳐 가로되 "늙은 조주(趙州)가 칼을 뽑으니 칼날이 할(喝)을 한다. 꿈속에서 꿈을 말하면 누두(漏逗 ; 번뇌에 집착함)가 적지 않다"고 하였다.

이 뒤로는 입으로 읊조리는 것도 경절문(徑截門)의 언구요, 마음으로 참구하는 것도 반드시 경절문의 언구였다.

얼마 후에 다시 표훈사 승당에 들어가 한 여름을 지내고 다시 상원암에 들어가 두 여름을 지냈다.

가정 병신년(1536)에 중종 대왕이 승병을 사역(使役)시켜 신천(新川)을 막으려 하였다. 스님은 마침 승가산으로 가는 길에 역장(役場)을 지나 표연(飄然)히 혼자 가고 있었다. 도청(都廳)의 대관(大官)들은 스님을 보고 이상히 여기어 스님을 불러 서로 말을 해보니 풍채가 비범하기 때문에 반 달 동안 붙들어 두었다. 그러자 서울의 사서(士庶)들도 스님의 덕음(德音)을 듣고 다투어 와서 보시함이 날로 성하였고 세상을 미혹시킨다는 소문이 나서 사헌부의 탄핵을 받기도 하였다.

스님을 금부(禁府)에 가두고 법에 의해 국문(鞫問)하니, 스님은 종용자약(從容自若)하게 곧은 말과 통달한 이치로 변화무쌍하게 변론하였다. 금부에서 말을 듣고 가상히 여겨 주청(奏請)에서 사면하였다. 스님은 곧 멀리 서산으로 들어가 9년 동안 자취를 감추었다.

갑진년 봄에 다시 묘향산으로 들어가 보현사 관음사에 머물렀는데 주머니의 송곳이 더욱 드러나고 익은 과일의 향기가 나부끼어 석덕과 고사들이 팔방에서 구름처럼 모여들었으니 가위 해동의 절상회(折床會)라 하겠다. 혹 법좌에 올라 여러 가지 경론을 강의할 때는 설명하고 문답하는 말이 맑기가 주옥같아서 듣는 이나 보는 이가 모두 뼈를 바꾸고 창자를 씻는 듯하였다.

스님은 사은을 갚으려는 생각이 언제나 마음에서 떠난 일이 없었다. 항상 말하였다.

"사내의 처세란 자식이 되어서는 효도에 죽고, 신하가 되어서는 충성에 죽는 것이어야 한다. 그러나 출가한 사람은 두 가지를 함께 행할 수 없으니 창과 방패가 서로 부딪침과 같아서 그 둘이 공(功)을 함께 이룰 수 없기 때문이다."

이에 문인 의웅(義雄)의 무리에게 특별히 당(堂)을 세우게 해서 경성(敬聖)이라 이름하였다. 난간과 창과 지재문과 가림문이 층층으로 웅장하여 옥빛과 금빛이 사람의 눈을 빼앗았다. 이에 스님은 날마다 향로 앞에서 성수만세를 빌었다. 증득하기 어려운 지혜를 증득한 것이 이미 이러하였고, 불충(不忠)의 구덩이에 떨어지지 않음이 또한 이러하였으니 가위 승려 가운데 직설(稷契)이라 하겠다.

때로는 깊은 밤에 제자들을 불러 말하였다.

"대개 공부하는 사람이 활구를 참구하지 않고 한갓 총명하고 영리한 구이(口耳)의 학문을 세상에서 뽐내며 자랑하고, 발로는 실지(實地)를 밟지 않고 말과 행동이 서로 어긋나며 이곳저곳의 산수만을 그저 찾아다니면서 한갓 죽이나 밥만을 축내며 경론을 업고 사람을 속이면서 일생을 지내면 마침내 지옥의 찌꺼기가 되어 세상을 제도하는 배는 되지 못할 것이다. 보통 사람은 한가함을 익히는 것이 바탕이 되어 스승을 찾지 않고 여우굴 속에서 그저 앉아 졸기만 하면서 부리로 한갓 화두만 겉핥으니 참으로 가엾고 불쌍한 일이다."

또

"밤에 노끈이 움직이지 않으니 너희들은 의심하여 뱀이라 하고, 어두운 방은 본래 비었는데 너희들은 두려워해 귀신이라 하면서 마음에 진실이니 거짓이니 하는 정(情)을 일으키고, 성품 가운데 범부니 성인이니 하는 헤아림을 두어 마치 누에가 실을 토해 그 몸을 묶는 것과 같으니 과연 누구의 허물인가. 만약 한 생각에 빛을 돌리면 그것이 바로 보리의 바른 길이니라."

하였다. 무릇 미혹하고 어리석은 이들을 깨우쳐 훈도하는 것이 이와 같았다.

융경 무진년(1568) 2월 30일 제자들에게 말하였다.

"세계는 성·주·괴·공이 있고 생각(念)은 생·주·이·멸이 있으며, 몸은 생·노·병·사가 있다. 무릇 시작이 있으면 반드시 마침이 있는 법이다. 이것은 무상(無常)의 본체이다. 오늘 이 늙은 중도 무상을 보이려 한다. 여러분은 부디 바른 생각을 거두어 잡아 사모하는 생각을 품지 말고 세상 풍속을 따라 쓸데없는 일로 허풍을 떨지 말라. 나는 부사의의 재(嶺)를 향해 불사를 지으려 하노니 부디 내 해골을 그대로 두어 새나 짐승이 먹도록 하라."

말을 마치고 곧 붓을 뽑아들고 게송을 썼다.

年逾八十似空花　　往事悠悠亦眼花
년 유 팔 십 사 공 화　　왕 사 유 유 역 안 화

脚未跨門還本國　　故園桃李已開花
각 미 과 문 환 본 국　　고 원 도 리 이 개 화

여든을 넘긴 이 나이 허공꽃과 같거니
지난 일 아득하여 또한 눈속의 꽃이네.
문을 넘기 전에 고향에 돌아오니
옛 동산의 복숭아나무가 벌써 꽃이 피었네.

곧 붓을 놓고 단정히 앉아 고요히 열반에 들었다. 그때 상서로운 구름이 사방에서 모이고 햇빛도 슬픈 빛을 띠었다. 7일에 이르러 그 제자들은 스승의 명을 따라 그 몸을 상여에 싣고 부사의 재로 갔다. 수천 명의 승려와 속인들은 길을 메우고 차(茶)를 공양하며 사모하여 슬피 부르짖는 소리가 산골짜기를 뒤흔들었다.

다비하는 밤에는 이상한 빛이 하늘에 사무쳐 백리 밖의 사람이 바라보고 절하였으니 곧 4월18일 해시(亥時)였다. 그 제자 의변(義卞)·선등(禪燈)·일정(一精)·성준(性峻)의 무리들은 사리 다섯 개를 거두어 석종을 세우고 봉안하였으니 스님의 수명은 81세요, 법랍은 65년이었다.

스님은 평소 문장에 힘쓰지 않았으나 임종게에서 붓에 먹을 적셔 달린 초서(草書)는 사기(辭氣)가 쾌활하여 평생 동안 숨겼던 지혜의 자취를 볼 수 있었다. 비록 중국을 사모하였으나 항상 연방을 갈망하였으며, 늘 후학에게 얽매었으나 선조를 등한히 하는 일이 없었다. 아아, 부처 바다의 더러운 앙금이 오늘날보다 심함이 없는데 스님의 큰 자비의 그물이 아니었다면 누가 인천의 고기를 건져 열반의 언덕에 올려놓았겠는가. 이 말세에 부처의 동량(棟樑)이요, 법의 인각(麟角)이라 하여 마땅하지 않겠는가.

진영(眞影)을 찬(贊)함.

師初來也　一顆明珠
사 초 래 야　일 과 명 주

師今去也　五箇神珠
사 금 거 야　오 개 신 주

스승이 처음 올 때는
한 알의 밝은 구슬이었더니
스승이 지금 갈 때는
다섯 개의 신주이네.

入火不變　入水不渝
입 화 불 변　입 수 불 투

常寂常照　劫石須臾
상 적 상 조　겁 석 수 유

불에 들어가도 변하지 않고
물에 들어가도 젖지 않는다.

항상 고요하고 항상 비추니
겁석(劫石)은 잠깐이니라.

융경 무진년 10월 모일에 묘향산인 휴정은 짓다.

4. 행적(行蹟)의 발(跋)

휴정의 행장은 일정한 곳이 없어 두류산에서 벽송의 행적을 지었고 풍악산에서는 부용의 행적을 지었으며, 묘향산에서는 경성의 행적을 지었으니 세상 납자들의 청을 막을 수 없음이다. 더구나 법으로서 그 갈래를 말하면 벽송은 할아버지요, 부용은 아버지이며, 경성은 아저씨라 하겠으니 휴정이 어찌 소홀히 하였겠는가. 이에 두세 번 잘못된 것을 바로 하고 번거로운 것을 깎고 사실대로 기록하고 재에 맞게 하여 전하는 것이니 후학들은 부디 의심하지 말라.

휴정은 삼가 발(跋)한다.

이 책은 방외(方外)의 벗, 대화엄종과 대조계종의 일을 맡아 행하는 사자도대선사 정공(靜公)이 지은 것이다.

우리 유가에서는 도를 숭상하기 때문에 ≪향당편(鄕黨篇)≫에서 일찍 한 사람의 산 성인을 그려 내었고, 저 선가(禪家)에서는 법을 공경하기 때문에 지금 세 사람의 장로를 그려 내었으니 그 자취는 비록 다르나 스승을 위하는 마음은 같다. 아아, 아름다운 일이다.

현산 취은(峴山醉隱)은 기록한다.

비명(碑銘)

1. 석가세존 금골사리부도비(金骨舍利浮圖碑)
　　- 금강산 퇴은(退隱) 국일도대선사 선교도총섭 사자부종수교 겸
　　　　등계보제대사인 병들고 늙은 휴정은 삼가 짓고 쓰다-

　삼가 생각하오며 우리 현겁의 거룩하신 석가모니 부처님은 바로 천축국 정반왕의 태자로서 지나간 세상에 도를 이루시고, 진실하고 영원한 법신을 체득하신 지 오래이다.
　결(訣)에 말하기를 석가는 성인 이것은 응인이라 하는데 자비로 만물을 이롭게 한다는 뜻이다. 모니는 자이니 이것은 적묵이라 하는데 지혜가 이의에 맞는다는 뜻이다. 자비와 지혜를 아울러 활용하기 때문에 생사에도 열반에도 머무르지 않는다. 그러나 부처님은 오로지 만물을 이롭게 하는 것으로 자기의 임무를 삼기 때문에 물에 비치는 달과 같은 응신을 시방세계에 나타내어 겁이 다하도록 중생을 구제하시되 싫증이 없으셨다. 이미 그 지위가 보처에 올라 도솔천에 나시어 이름을 호명대사라 하고 한창 하늘무리들을 구제하고 계셨다.

보요경에 말하기를 석가가 도솔천에서 왕궁에 내려와, 몸으로 광명을 놓으면서 발로 연꽃을 밟고 사방으로 일곱 걸음을 걷고는 하늘과 땅을 가리키면서 사자처럼 외쳐 세 가지 방편을 보이셨다고 하였는데 주(周)나라 소왕 24년 갑인년이었다.

태자의 이름은 실달다이니 이것은 길하다는 뜻이다. 문무에 능하고 음양을 잘 알아서 인간이나 천상의 모든 일을 배우지 않고도 낱낱이 저절로 알았으므로, 부왕은 매우 사랑하여 왕위를 전하는 날을 칠일 뒤로 정하였다.

어느 날 태자는 사대문 밖에 나가 놀다가 기쁘고 슬픈 일들을 보고 출가할 마음을 내었다. 부왕이 듣고 놀라 온 나라 사람들로 하여금 더욱 호위하게 하여 출입을 일체 금하고 오직 정거천인만 통하게 하였다. 하룻밤에 성을 넘어 집을 나가니 태자의 나이는 19세였다.

처음에 단특산에 들어갔다가, 세 가지 선정을 버리고 드디어 상두산(象頭山)에 들어가 6년 동안 앉아 고행(苦行)하다가 새벽의 샛별을 보고 도를 깨닫고 천인사(天人師)라 이름하였으니 그때의 나이 30이었다.

그리하여 녹야원에서 교진여 등 다섯 사람을 위하여 도과를 논하시고 다시 영취산으로 나아가 대법(大法)을 설하시고 이내 49년 동안 세상에 머무르시면서 미묘한 정법안장을 대가섭에게 부촉하시고, 다시 아난 시자에게 분부하여 법을 전하고 교화하는 것을 끊이지 않게 하시면서 각각 법의 게송을 전하셨다.

그 뒤에 구시라국 희련성 쌍수 밑에서 오른쪽으로 누워 발을 포개고 고요히 열반에 드셨는데 다시 관(棺)에서 일어나 그 어머님을 위해 설법하시고 이내 무상게(無常偈)를 읊으셨다.

모든 행은 무상(無常)하니
이것이 나고 죽는 법이다.
나고 죽음마저 없어지면
이것이 적멸의 즐거움이다.

조금 뒤에 금관(金棺)이 자리에서 떠오르면서 삼매의 불로 그 모든 것을 사르니, 사리가 공중에서 쏟아져 여덟 섬 네 말이나 나왔다. 때는 목왕 53년 임신년이었다.
아아, 지금도 부처님은 세상에 계시면서 중생의 감동이 있으면 만 가지 덕의 몸으로 응해 주시고 감동이 없으면 삼매에 들어 계실 뿐, 가고 오는 것에 관계가 없다.
처음에 이 세상에 강생하시고, 집을 떠나시고, 도를 이루시고, 법을 설하심은 늙은 할머니가 나뭇잎을 가지고 아이의 울음을 그치게 한 것과 같고, 그 뒤에 꽃을 들고 자리를 나누고 열반에 들고 발등을 보이심은 늙은 아버지가 미친 아들을 다스린 것 같고, 의사가 약을 두고 타향으로 떠난 것과 같다. 그때의 사리는 그 회상에 있는 보살·연각의 성스러운 제자들과 또 사람과 하늘의 팔부신중들이 각각 나누어 티끌 같은 여러 세계에 흩어, 탑을 세우고 종을 만들어 공양하는 이가 얼마나 많은지 모른다. 그러나 애석하게도 인연이 없는 국토의 사람들은 듣지도 보지도 못하였으니, 저 사위국 3억의 집과 중국의 한 모퉁이가 바로 그렇다. 다만 중국에 있어서는 그 뒤로 천년을 지나 후한의 영

평 8년에 임금이 꿈을 꾸고 신하를 시켜 그 교법을 전해 받았을 뿐이요, 우리나라에서는 오직 영남 통도사의 신승 자장이 일찍 봉안한 석가 세존의 금골사리 부도가 자못 신기한 영험이 많아, 마침내 천 사람의 집을 선(善)에 들게 하였고, 또 한 나라를 어질게 하였으니 과연 세상의 거룩한 보배라 할 만하다.

그러나 불행히 만력 20년에 이르러 일본 해병이 우리나라 남방에 들어와 헐고 불살라 억조의 백성들이 모두 어육이 될 때 그 화가 부도에 미쳐와 그 보배를 잃을 뻔하여 몹시 고민하고 답답해할 즈음에 마침 승군 대장 유정(惟政; 사명대사)이 군사 수천 명을 거느리고 마음을 다해 수호한 힘을 입어 안전하게 되었다. 그러나 유정은 후환이 없을 수 없다 하여 금골사리 두 함을 이병로(病老)에게 주면서 금강산에 봉안하는 것이 좋을 듯하다 하였다. 이병로는 감격하여 그것을 받아 봉안하려다가 다시 가만히 생각하였다. 금강산은 수로(水路)에 가까우므로 뒷날 반드시 이런 화가 있을 것이니 금강산에 봉안하는 것은 장구한 계책이 아니다.

전날 그 해병들이 부도를 해친 것은 금보(金寶)를 가지고자 함이요, 사리에 있지 않으므로 금보만 취하면 사리는 흙과 같이 여길 것이다. 그렇다면 차라리 옛터를 수리하여 거기에 봉안하는 것만 못하다 하고, 나는 곧 한 함을 유정에게 돌려주었다. 유정은 그 계책을 그럴 듯하다 생각하고 함을 받아 곧 옛터로 돌아가 석종(石鍾)에 넣어 봉안하였다.

그리고 한 함은 이병로가 받들고 삼가 태백산에 들어가 부도를 창건하려 하였으나 혼자 힘으로는 어찌할 수 없었다. 제자 지정(智正)과 법란(法蘭) 무리들에게 명하여 그 일을 맡아 봉안하라 하였다. 두 선자는 지성으로 널리 모금하여 몇 달이 못되어 부도를 만들고 봉안하였다. 그 아름다운 공덕에 대해서는 연화경의 수량품 가운데 이미 널리 적혀 있으니 내가 또 무슨 군말을 하겠는가.

그런데 우리 동방에는 처음에 군장(君長)이 없었고 제후도 줄지어 있지 않았다. 신인 단군이 태백산 신단수 밑에서 일어나 시조의 왕이 되매, 중국 요임금과 나란히 서게 되었다. 그렇다면 태백산은 처음으로 한 나라의 왕을 낳아 조선 국민으로 하여금 동방 오랑캐라는 이름을 아주 벗게 하였고, 마침내 삼계의 스승을 봉안하여 또 동방의 백성들로 하여금 부처가 될 인(因)을 잃지 않게 하였으니 이것이 어찌 산의 신령스러움이 아니겠는가. 위대하도다. 이것은 한갓 산만 중한 것이 아니라 나라도 또한 중하며 한갓 나라만 중한 것이 아니라 사람도 또한 중한 것이라, 그 품질을 말한다면 유정 선자는 자장법사 보다 못하지 않고, 태백산은 영취산보다 못하지 않은 것이다. 이튿날 지정과 법난의 두 선자가 부도를 낙성하는 큰 재(齋)를 베풀었다. 이병로는 그 자리에 올라가 그 법석에서 여러 사람들에게 말하였다.

"오늘 이 모임에 과연 어떤 장부로서 세존께서 탑묘 속에 들어가시지 않은 줄을 아는 이가 있겠는가. 만일 부처님이 탑묘 속에 드시지 않은 줄을 아는 이가 있다면 그는 인간과 천상의 공양을 받을 수 있을 것이다.

옛사람이 견고한 법신을 물었을 때 조사는 산의 꽃과 시내의 물이라고 대답하였다. 오늘 이병로는 탄식하며 꽃을 들고 말하노니 청컨대 대중들은 이리 와서 세존께 예배하라. 만일 석가의 진신(眞身)을 말하면 그것은 지극히 고요하되 지극히 묘하며, 지극히 크되 지극히 작으며, 함이 없기도 하되 하지 않음도 없다. 백억의 성스러운 대중의 찬탄은 허공을 헤아리는 것 같고 팔만 악마의 무리들의 훼방은 바람을 잡아매는 것과 같다.

그러나 오늘의 이 모임 가운데 이익도 있고 손해도 있다는 것을 과연 아는 이가 있는가. 믿는 사람은 부처님을 공경하기 때문에 반드시 즐거움의 언덕에 오를 것이요, 믿지 않는 사람은 법을 비방하기 때문에 괴로움의 바다에 떨어질 것이니, 마치 유교 경전에 이른바 네게서 나온 것이 네게로 돌아간다는 말과 같은 것이다. 아아, 각각 빛을 돌려 자기 마음을 비추어 보라.

옛날 공부자가 상태재의 물음에 대답하기를 '서방의 큰 성인은 다스리지 않아도 어지럽지 않으므로 넓고도 넓어 백성으로는 능히 무어라 이름 할 수 없다'고 하였으나, 과연 성인이라야 능히 성인을 알 수 있다고 말할 만한 것이다."

휴정은 지금 나이 84세로서 정신은 혼미하고 눈은 어두우며 손은 떨리면서 다른 사람의 간청에 얽매어 글을 짓고 돌에 글씨를 쓰지마는 글과 글자가 모두 거칠어 후인의 꾸짖음을 면하지 못할 것이니 황송하고 부끄럽다. 오직 바라노니 통달한 군자는 다행히 용서하시라.

편지(書簡)

1. 완산 노부윤(盧府尹)에게

　우러러 사모하옵던 차에 마침 주신 편지를 받고 물으신 뜻을 다 잘 알았습니다. 소자의 선조의 행적과 소자의 젊은 때의 행적과 집을 떠난 인연과 운수의 행적을 하나하나 숨기지 말라 하시고 자세한 일까지 거듭거듭 물어주시니 어찌 잠자코 있겠습니까. 이제 간략히 삼몽록(三夢錄 ; 三代의 記錄)을 올리오니 잘 살피소서.
　그 기록에 소자의 아버지의 시조는 본이 완산 최씨(崔氏)이옵고, 어머니 시조의 본은 한남 김씨(金氏)이옵니다.
　태종조에 이르러 친가와 외가의 현고조(玄高祖'6대조)가 각각 용호(龍虎)의 방(榜 ; 文武科)을 얻고 창화(昌化)에 옮겨 살았기 때문에 부모들은 모두 창화를 고향으로 삼았습니다.
　외할아버지 현윤(縣尹) 김우(金禹)에 이르러 연산군에게 죄를 얻어 안릉(安陵)에서 귀양을 살게 되자 저의 부모도 외할아버지에 연좌(連座)되어 집안의 식구가 모두 관리(館吏 ; 驛舍常住 일꾼)가 되었습니다. 8년이 지나서 죄를 의논하여 특별히 은사를 입고 본직의 허락을 받았습니다. 그러나 드디어 관서(關西)의 상민이 되었으니 운명인가 합니다.

아버지 최군(崔君)의 휘(諱)는 세창(世昌)이니 그 성품이 부지런하고 강하였사온데 술을 마시고 시(詩) 읊기를 좋아하는 버릇을 알고 고치려 하였으나 고치지를 못하였습니다. 다만 능한 것이 있다면 평생에 남의 시비를 입밖에 내지 않는 것이었습니다. 나이 30이 되어 어떤 사람이 천거하여 기성(箕城 ; 평양)에 있는 영전(影殿 ; 王影)의 미관(微官)이 되었습니다. 관인이 와서 가기를 청하여 날짜를 정해 알리자 아버지는 웃으면서 말하기를

"구산(舊山 ; 先山)의 부연한 달빛과 한 병의 막걸리와 처자들의 환심(歡心), 이것이 내 분에 족하지 않는가."

하고, 곧 허리띠를 풀고 남으로 머리를 두고 누워서 큰 소리로 시를 읊으니 관인이 곧 물러갔습니다.

고을에 의심스런 일이 있으면 곧 해결해 주고 다투는 일이 있으면 곧 그치게 했기 때문에 드디어 13년 동안 향관(鄕官 ; 지방관리)을 맡았고, 이로써 고을 사람들이 덕로(德老)라 불렀습니다. 아버지의 행적에 관한 말은 이뿐이옵니다.

어머니 김씨의 성품은 본래가 그윽하여 평상하시는 말씀이 다 좋지는 못하였습니다. 좋은 점이 있다면 오직 평생 동안 마음속의 성내는 빛을 얼굴에 나타내지 않은 것입니다. 가난한 사람을 보면 후하게 주어 보내고 웃어른을 만나면 정성껏 공경하였으며, 항상 세 독의 술을 빚어 자주 번갈아 내어 가옹(家翁 ; 아버지)으로 하여금 손님과 함께 취하는 날이 하루도 없지 않게 하였습니다. 비록 문 밖에 사람과 말이 득실거리고 밤마다 술에 취하더라도 다만 웃으면서 술을 내놓을 뿐 조금도 그 마음을 거스르지 않았습니다. 항상 가옹에게 말하기를

"선생님께서 다정한 친척이나 친한 벗을 만나 행여 집이 가난하다고 박정하게 하지 마십시오. 첩의 치마라도 잡히겠거늘 하물며 쌀광의 곡식을 아끼겠습니까. 설사 쌀광에 곡식이 없다면 관채(官債)야 없겠습니까."

라고 하면, 가옹은 이 말을 듣고 언제나 즐거워하였습니다. 어머니의 행적은 이것뿐이옵니다.

정덕(正德 ; 明武宗) 기묘년 여름, 어머니는 여러 달을 신기(神氣)가 고르지 않았습니다. 하루는 작은 창가에서 어렴풋이 잠이 들었는데 한 노파가 와서 절하고 말하기를

"근심도 염려도 하지 마십시오. 한 사내대장부를 잉태할 것입니다. 그래서 아미(어머니)님께 와서 하례하는 것입니다."

하고, 다시 절을 하고 떠났습니다. 어머니는 홀연 놀라 깨어 말하기를

"이상하다. 우리 부부는 동갑(同甲 ; 둘다 甲午生)으로 나이가 오십이 가까운데 어찌 오늘에 이런 일이 있겠는가."

하며 의심하고 민망히 여겼사온데 이듬해 3월에 과연 소자를 낳았습니다.

소자는 나면서부터 보모(保母)를 괴롭히지 않았으므로 어머니도 기뻐하고 기특하게 여겼습니다. 아버지와 어머니는 때때로 서로 희롱하는 말로 "늙은 조개에서 늦게야 구슬(掌中之珠)이 나왔으니 하늘이 주신 것이다" 하였습니다.

그로부터 3년 뒤, 임오년 사월 초파일에, 아버지는 취하여 다락 위에서 자고 있었습니다. 꿈에 한 노인이 와서 아버지에게 말하기를 "일부러 작은 사문(沙門)을 찾아왔습니다" 하고 노인은 두 손으로 소자를 들어올려 두어 마디 주문을 중

얼중얼 외우니 그 말은 범어인 듯해서 알아들을 수가 없었습니다. 주문을 마치고 내려놓은 다음 소자의 머리를 어루만지면서 "운학(雲鶴)이라는 두 글자로 네 이름을 삼나니 부디 진중하라" 하였습니다. 이에 아버지는 "운학이란 뜻이 무엇입니까"고 물으니 노인이 "이 아이의 일생 행지가 바로 운학과 같기 때문이오" 하였습니다. 말을 마친 뒤 곧 문 밖으로 나가니 간 곳을 알 수 없었습니다. 아버지도 꿈을 깨어 어머니와 서로 꿈 이야기를 하며 더욱 이상히 여겼습니다. 그 때문에 아버지와 어머니는 때때로 소자를 향하여 혹 '작은 사미'라 부르기도 하고, 혹은 '운학아(雲鶴兒)'라고 불렀습니다. 소자도 또한 여러 아이들과 놀 때, 혹은 모래를 모아 탑을 쌓고, 혹은 기와를 가져다 절을 세우기도 하여 항상 하는 일이 이와 같았습니다.

　소자 불행하여 나이 겨우 아홉 살에 갑자기 어머니가 먼저 돌아가시고, 또 한 봄을 지나 아버지마저 이어 돌아가시니 백년의 생계가 하루 아침에 무너지고 말아 천지가 망극하여 여막(廬幕 ; 초막)에 엎드려 슬퍼하고 또 슬퍼할 뿐이었습니다.

　고을 원 이사증(李思曾)이 소자의 이름을 듣고 그 해 동짓달에 소자를 불렀습니다. 그는 눈 덮인 소나무의 숲을 멀리 가리키면서 소자에게 "운(韻)을 부를 터이니 한 구절을 지을 수 있겠느냐" 하였습니다. 소자는 머리를 숙이고 "감히 하지 못하겠습니다"라고 말하였습니다. 원은 처음에 비낄 사(斜)자의 운을 불렀습니다. 소자는 그 소리를 따라 곧 "향기 어린 높은 누각에 햇빛 처음으로 비꼈는데(香凝高閣日初斜)"라고 하였습니다. 그는 또 꽃 화(花)자를 불렀습니다. 역시 소리를 따라 곧 "천리 강산에 눈이 꽃인 듯하여라(千里江山雪若花)" 하였습니다. 그러자 원은 소자의 손을 잡고 등을 어루만지면서 "내 아이"라고 말하였습니다. 그때 소자의 나이는 바로 열 살이었습니다.

그 뒤 원은 소자를 데리고 서울로 가서 반궁(伴宮 ; 성균관)에 나아가 반궁명록(泮宮名錄)의 여러 유생들 이름 끝에 적었습니다. 그때가 나이 열두 살이었습니다. 그 뒤로 소자는 공부에는 힘쓰지 않고 동무들을 따라 헛되이 놀고만 있었습니다. 그러던 하루는 어떤 늙은 학사가 소자를 보고 "소자는 나를 알겠느냐. 너의 고향은 이곳에서 멀지 않다. 너의 선친은 나와 친한 사이였다. 너를 멀리할 수가 없구나" 하면서 소자를 끌고 흥인문(興仁門) 밖으로 나가 묵은 버드나무가 서 있는 사천(沙川)의 언덕을 가리키며 "여기가 너의 선친의 옛 집터이다" 하였습니다. 그리하여 학사는 그곳에 두어칸의 서당을 세우고 제자 5,6명을 모아 훈계하기를 "너희들은 서로 형제의 의를 약속하고 이곳에서 공부하되 방일하지 말라" 하였습니다. 이로부터 3년 동안 스승을 가리어 공부하고, 한 번 과거를 보았으나 합격하지 못하였고 더욱 분발하였으니 그때의 나이가 열다섯 살이었습니다. 마침 가르침을 받던 스승께서 호남의 원으로 가게 되어 곧 동학 몇 사람과 함께 스승을 따라갔습니다. 스승은 부임한 지 몇 달 만에 갑자기 불천(不天)의 근심을 만나 서울로 돌아갔습니다. 우리는 머리를 맞대고 답답해하던 차에 한 동학이 "스승을 찾아 천리를 와서 일은 비록 틀렸으나 이러한 승지에 왔다가 어찌 빈손으로 돌아가겠는가. 천천히 이 남방의 산천을 구경하며 노니는 것이 어떠한가" 하였습니다. 여러 동학은 모두 좋다고 하였습니다. 이에 각기 가벼운 행장으로 떠나 두류산을 향하여 화엄동(華嚴洞)·연곡동(燕谷洞)·칠불동(七佛洞)·의신동(義神洞)·철학동(靑鶴洞)의 크고 작은 절에 묵기도 하고 가기도 하면서 마음대로 떠돈 지 반 년이 되었습니다.

하루는 한 노숙(老宿 ; 崇仁)이 나를 찾아와 "그대를 보니 기골이 맑고 빼어나 결코 보통 사람이 아니다. 뜻을 심공급제(心空及第)에 돌리고 세상의 명리를 좇는 뜻을 아주 끊으라. 서생(書生)의 업이란 아무리 온종일을 애쓴다 해도 백년 동안의 소득은 다만 하나의 빈 이름뿐이니 참으로 애석한 일이다" 하였습니다. 저는 "어떤 것을 심공급제라 합니까"고 물었습니다. 노숙은 한참 동안 눈을 껌벅이다가 "아는가" 하였습니다. "모르겠습니다" 하니 노숙은 "말하기 어려우니라" 하며 ≪전등록(傳燈錄)≫·≪염송(拈頌)≫·≪화엄경(華嚴經)≫·≪원각경(圓覺經)≫·≪능엄경(楞嚴經)≫·≪법화경(法華經)≫·≪유마경(維摩經)≫·≪반야경(般若經)≫· 등 수십 권의 경론을 내보이면서 "자세히 읽고 깊이 생각하면 점차 문에 들어갈 수 있을 것이다" 하고 이내 영관대사(靈觀大師)에게 저를 부탁하였습니다. 대사는 저를 한 번 보시고 기특히 여겼습니다. 저는 이로부터 3년을 공부하되 하루도 부지런하지 않은 적이 없었으며 말하고 받아들이며 묻고 판단하는 것이 한결같아 가려운 곳을 긁어 주는 것 같았습니다.

이에 여러 동학들은 각기 서울로 돌아가고 저만 홀로 선방(禪房)에 머물면서 앉아서 여러 경전을 더듬었으나 더욱 이름과 상(相)에 얽매여 해탈의 경지에 들어가지 못하고 답답함만 더하였습니다. 그러던 하룻밤, 갑자기 문자를 떠난

오묘한 이치를 얻고

"갑자기 창밖에 우는 두견소리 들으니(忽聞杜宇啼牕外)
눈에 가득찬 봄 산은 다 고향일세(滿眼春山盡故鄕)"
라고 읊었습니다. 또 하루는
"물 길어 돌아오다 문득 고개를 돌리니(汲水歸來忽回首)
푸른 산은 무수히 흰구름 속에 있네(靑山無數白雲中)"
라고 읊었습니다. 다음날 아침, 손에 은도(銀刀)를 잡고 스스로 해묵은 머리를 자르면서

"차라리 일생을 어리석은 놈이 될지언정 글을 다루는 법사(法師)는 되지 않으리라."

하였습니다. 그리하여 일선대사(一禪大師)를 수계사로, 석희법사(釋熙法師)와 육공장로(六空長老)와 각원상좌(覺圓上座)를 증계사로, 영관대사(靈觀大師)를 전법사로, 숭인장로(崇仁長老)를 양육사로 삼았습니다. 또 그 뒤에 도솔산으로 가서 묵대사(黙大師)에게 참학(參學)하였더니 스승도 역시 어루만지면서 인가하여 주었습니다.

그곳에서 돌아와 두류산의 삼철굴(三鐵窟)에 들어가 세 여름을 지내고 대승사에 들어가 두 여름을 지냈으며 의신(義神)・원통(圓通)・원적(圓寂)・은신(隱神) 등의 여러 암자에서 이삼 년을 놀았으니 그 소소한 행지는 이루 다 기록할 수 없습니다.

하루는 용성(龍城)의 벗을 찾아 성촌(星村)을 지나다가 한낮의 닭소리를 듣고 두 게송을 희롱으로 읊었습니다.

髮白非白心　　古人曾漏洩
발 백 비 백 심　　고 인 증 루 설

今聽一聲雞　　丈夫能事畢
　　　금청일성계　　장부능사필

머리는 희었으되 마음은 늙지 않았다고
고인은 일찍이 말했거니
이제 닭 우는 소리 한 번 들으매
장부의 할 일을 다했네.

　　　忽得自家底　　頭頭只此爾
　　　홀득자가저　　두두지차이

　　　萬千金寶藏　　元是一空紙
　　　만천금보장　　원시일공지

홀연히 나를 알고 보니
모든 일이 다만 이렇거니
만천금의 보장이
본래가 하나의 빈 종이일세.

　라고 하였습니다. 그리하여 이내 산으로 돌아왔습니다.
　병오년 가을, 문득 여러 곳으로 유행할 뜻이 생겨 표주박 하나와 한 벌의 누더기로 멀리 관동의 오대산에 들어가 반년을 지내고, 또 풍악산에 들어가 미륵봉을 찾고, 구연동에서 한 여름과, 향로봉에서 한 여름을 머물렀으며, 성불(成佛)·영은(靈隱)·영대(靈臺)의 여러 암자에서 각각 한 여름을 결제하였습니다. 또 함일각(含日閣)으로 옮겨 한 가을을 지냈습니다. 그동안 굶주리기도 하고, 혹은 추운 일도 많았으나 칠팔년을 깨닫지 못하고 꿈속에서 지냈으니 그때 나이는 서른 살이었습니다.

　이에 성조(聖朝)께서 양종을 부활하므로 외인의 청을 억지로 좇아 한 여름에는 대선(大選)이란 이름을 얻었고, 두 여름 동안은 주지(住持), 석 달 동안 전법사(傳法師), 석 달 동안 교판(敎判), 삼년 동안 선판(禪判)이란 이름을 얻었습니다. 그 동안 혹 괴롭기도 하고 영화롭기도 한 일이 많았으나 역시 오륙년을 깨닫지 못하고 꿈속에서 보냈습니다. 그때 나이는 서른일곱 살이었습니다.

　하루는 문득 처음 발심했을 때의 마음으로 돌아가 곧 인수(印綬)를 버리고 한 가지 청려장(靑藜杖)을 짚고 금강산의 천석(泉石) 사이로 들어가 반년을 지냈습니다. 또 두류산으로 가서 내은적암에서 삼년을 지냈으며, 이내 황령(黃嶺)을 지나 능인암·칠불암 등 여러 암자에서 다시 삼년을 지냈습니다. 또 관동으로 나아가 태백산과 오대산·풍악산의 세 산을 다시 밟은 뒤에 멀리 관서로 향하였습니다. 그곳 묘향산의 보현사 관음전과 내원암과 영운(靈雲)·백운(白雲)·심경(心鏡)·금선(金仙)·법왕(法王) 등의 여러 대와, 그리고 망망한 천지와 허다한 산수를 떠돌아다닌 한 몸은 기러기의 털과 같고 바람과 구름이 일정한 곳이 없는 것과 같았습니다. 소자의 행적도 또한 이뿐이옵니다.

　그러하오나 사람을 대하여 시비(是非)를 말하지 않을 수 없었던 것은 엄부에게 부끄러운 일이요, 욕을 당하여 성내는 빛을 얼굴에 나타내지 않을 수 없었던 것은 자모에게 부끄러운 일입니다. 이는 효도라고 하는 하나의 행이 사람의 자식에게 가장 어려운 일임을 더욱 절실히 알게 하였습니다.

아, 이 하나의 붓으로 지난 자취를 늘어놓은 것도 하나의 꿈입니다. 삼가 잘 살펴주시기를 바라나이다.

다시 완산 노부윤(盧府尹)에게 답함

우러러 바라던 차에 주신 편지 받자옵고 전에 드린 ≪삼몽록≫을 잘 보신 줄을 알겠습니다. 그것을 귀에 담으시고 낱낱이 기억하시고 도리어 치하까지 하시니 거듭 감사하고 부끄럽습니다. 이제 다시 몽세(夢世)란 두 글자의 뜻을 물으시고, 그것을 분별하여 법(法)을 보이라 하시므로 소자 또한 삼가 편지로 아뢰오니 잘 살펴주시기 바랍니다.

그것을 간략히 말씀드리면, 소자의 아버지는 한 꿈에 늙은이에게서 운학(雲鶴)을 얻었고, 어머니는 한 꿈에 어떤 노파에게서 장부(丈夫)를 얻었으며, 소자의 일생이 구름처럼 노니는 것도 또한 부모의 한 꿈이었습니다. 나타나기는 그처럼 광대하였으나 베갯머리를 떠나지 못하였고, 변하기는 오직 잠깐 동안이었으나 이미 백년이 되었으니 꿈인지 환상인지 경각과 영원이 거침없이 통하고, 진실과 거짓이 같은지 다른지 걸림이 없었습니다. 한 찰나는 능히 무량한 겁을 거두어 잡고, 한량없는 겁 또한 능히 한 찰나를 거두어 잡습니다. 그러한 즉 일상(日常)도 진실이 아니며 꿈도 허망한 것이 아닙니다. 그러므로 옛 사람은

"풍운(風雲)으로서도 법을 보일 수 있고 사죽(絲竹 ; 絃樂器)으로서도 마음을 전할 수 있다. 극락의 불국에서는 나뭇가지에 부는 바람소리를 들어도 바른 생각이 이루어지고 향적 세계에서는 향기로 밥을 먹어도 삼매가 나타난다."

고 하였습니다.

  생각(思)과 말(議)이 끊어진 깊은 이치는 말과 생각의 장애를 받지 않았으며, 보고 듣는 것을 초월한 묘법도 항상 보고 듣는 것에 통하지 않는 일이 없습니다. 그러므로 삼가 아뢰노니 참현(參玄) 대상공께서는 한단(邯鄲;夢)과 화서객(華胥客)을 웃지 마십시오. 마땅히 눈앞의 경계를 수습하여 꿈을 자재하는 삼매에서 유희하십시오. 그리고 끝으로 삼몽사를 짓습니다.

主人夢說客　　客夢說主人
주인몽설객　　객몽설주인

今說二夢客　　亦是夢中人
금설이몽객　　역시몽중인

주인은 손과 더불어 제 꿈을 이야기하고,
손은 주인에게 제 꿈을 이야기하누나.
이제 두 꿈을 이야기하는 나그네
이 또한 꿈속의 사람일레.

엎드려 살펴주기 바라나이다.

2. 박좌상(朴左相) 순(淳)에게 드림
   - 한 봉의 차와 쌍죽지(雙竹枝)를 주심에 감사함-

  귀한 글월을 겸하여 운유(雲腴;茶의 異名)와 옥지(玉枝;

貴杖)를 엎드려 받으니, 이 두 물건은 각각 능히 갈증을 그치게 하고 병든 몸을 의지하게 하는 것이라 감사함을 다 말할 수 없습니다. 또 학슬(鶴膝)과 용각(龍角 ; 竹杖)은 청려(靑藜)의 유가 아닙니다. 그 서리 같은 지조는 늠름하여 영상(令相)의 기풍을 생각게 하고, 그 무쇠와 같은 절개는 갱갱(鏗鏗)하여 영상의 풍채를 생각게 합니다.

물과 산으로 해서 비록 멀리 막혀 있으나 이것으로써 항상 좌우를 떠나지 않음과 같습니다. 또 푸른 이끼 낀 미끄러운 길과 높은 봉우리에서는 더욱 잠깐도 떠나지 않을 것입니다. 다만 냇가를 느릿느릿 다니는데 칡덩굴이 우거진 비탈길에서 변을 당할까 두렵습니다. 그러나 영상께서는 이 산인에게 이 물건으로써 영상을 잊지 못할 거리를 주셨고, 산인도 살아 있는 동안 이로써 영상을 잊지 못할 연분을 지게 되었습니다. 잘 살펴주시기 바랍니다.

3. 박판서(朴判書) 계현(啓賢)에게 드림
  - 부채와 붓과 먹을 주심에 감사함-

주신 글월을 삼가 받자옵고 겸하여 구화(九華 ; 부채)와 관성(管城 ; 붓)과 점천(點川 ; 먹)의 세 물건을 주신 은총을 받았으니 감사하여 마지않습니다. 그 인자한 바람과 조각달은 이 산중의 더위를 쓸어버릴 수 있고, 그 생화(生花)로 물들인 좋이는 말을 떠난 오묘한 이치를 쓸 수 있을 것입니다. 그러므로 합하(閤下)께서 이 산인에게 주신 선물은 지극하고도 큰 것입니다. 스스로 더욱 감사합니다.

지금 보내는 이생(李生)은 본조(本朝) 양문(陽門 ; 임금의 친족)의 종족으로서 젊어서부터 산수를 좋아하여 이곳에 와서 청허(淸虛)와 놀면서 명교(名敎 ; 유교)에 들었다가 백운(白雲 ; 세속 名利)을 버리고 청운(靑雲 ; 벼슬)으로 돌아가려는 사람입니다. 비록 채찍을 잡는 미관(微官)이나마 달게 여길 것이오니 합하께서 인(仁)을 드리워 힘써 천거하여 주시면 다행이겠습니다. 간절히 바라며 이같이 부끄러운 말씀을 드립니다. 외람된 줄 아오나 오로지 임자년의 개소(開咲 ; 웃음을 나누는 사이)의 친분을 믿고 잔소리임을 깨닫지 못합니다. 아울러 용서하시기 바랍니다.

4. 문인 이수재(李秀才)에게

생각이 지극하던 차에 편지를 받으니 감사하고 감사하네. 만일 입설(立雪)과 연분(師弟三門)이 아니었다면 어찌 이렇듯 하겠는가. 또 한마(汗馬)의 정성과 공경은 선비의 행을 잃지 않으려 얼음에 새기는 글을 쓸 곳이 없구나. 그러나 차라리 변소(邊韶 ; 東漢人)의 배가 뚱뚱하다는 조롱을 받을지언정 기창(紀昌)이 비위(飛衛 ; 名弓)를 섬기는 일은 하지 말라. 나머지는 무언(無言)과 부동(不動)의 이치를 공자와 맹자에게서 본받으라. 이만 적는다.

5. 산해정(山海亭)에게 부치다

덕린(德鄰 ; 尊敬人)에게 우울한 변고가 있다는 말을 듣고 송독(宋犢 ; 雉朝飛의 著者)이나 새마(塞馬)의 복(福)이 있기를 위로하여 마지않소. 공이 처음 상계로부터 비록 인간의 세상으로 귀양을 왔으나 육십 년 동안 솔밭과 대숲에 부는 바람에 취하여 누웠고, 연화에 시달리지 않았으며, 또한 공에 대한 하늘의 사랑이 깊은 것을 볼 수 있으니 몸밖에 또 무엇을 만족하다 말하겠소. 공이 이 변고를 당했으나 부디 하늘을 원망하거나 사람을 허물하지 마시오. 나의 기운은 비록 쇠약해졌지만 풍골은 아직 공과 더불어 살아 있으니 역시 하늘이 덮어주고 땅이 심어준 은혜가 얕지 않음을 느끼겠소. 이번 가을에는 지팡이를 날려 공과 더불어 고요한 시내에 뜬구름과 물맛을 함께 하고자 하니 공은 반겨하겠지요. 나의 마음이 기약한 바를 말하지 않은지 오래이더니 오늘에야 공을 위해 내 마음을 적습니다. 오직 공은 살펴주시오. 종이를 대함에 망망(茫茫)하여 이를 바를 모르겠소. 이만 그치겠소.

자운(子雲)이 세상을 떠난 슬픔을 이기지 못하겠소이다. 그 제자 원(願)과 해(海)의 두 선자(禪子)에 대한 생각이 항상 꿈에서까지 간절하지만 무엇으로 미치겠소. 보거든 나의 그리는 괴로움을 전해 주시오.

6. 큰 효자이신 노대헌(盧大憲)의 여소(廬所)에게

태백산인 아무는 머리를 조아리고 삼가 거듭 절하며 대효(大孝) 대헌상공(大憲相公)의 여막(廬幕)아래 글월을 올립니다.

금년 유월 초에 우연히 두류산에서 산승은 선대부인의 존체께서 갑자기 돌아가셨다는 말씀을 듣고 놀라고 통곡하기를 마지않았습니다. 또 사랑하는 아우님께서 세상을 버리셨다는 말씀을 듣고 천리 밖에서 한갓되이 스스로 슬퍼하고 슬퍼할 뿐이옵니다. 엎드려 생각하건대 큰 효자이신 영상(領相)께서는 거듭 큰 환난을 만나 사모하여 애끓는 호곡을 어떻게 견디시며 얼마나 애통하시고 얼마나 망극하십니까. 그러나 천하에 공통된 슬픔이며 옛부터 있는 참변이란 그 이치가 본래 그와 같습니다. 엎드려 빌건대 큰 효자이신 상공께서는 억울하고 애타는 마음을 너그럽게 가지고 억지로라도 소식(蔬食)을 잡수시면서 예제(禮制)를 그대로 좇아 지극한 효성을 다하시기를 엎드려 빌고 비옵니다. 저는 한낱 쇠약한 몸으로 산골짜기에 누웠으니 달려가 위로할 깃이 없어 그 걱정과 안타까운 마음을 맡길 바 없습니다. 삼가 화등(畵燈) 한 쌍과 부용(芙蓉 ; 위패대) 두 짝을 멀리서 영연(靈筵)에 올립니다. 굽어 살피시기 바라오며 예를 갖추지 못하였으나 삼가 글월을 올립니다.

7. 노상사(盧上舍)에게

　저녁 구름과 봄 나무는 천리의 회포가 있어도 아득하고 아득하여 종이와 붓으로 형용할 수가 없습니다. 흐르는 세월이 눈앞을 지나 흰 머리털이 삼삼(毿毿 ; 털이 긴 모양) 하니 참으로 한스럽습니다. 이제 들으니 집안에 우환이 겹치고 끊이지 않는다 하니 마음 아픔을 이길 수 없습니다. 그러나 인간 세상의 화(禍)의 수레바퀴는 같은 것이니 어찌 혼자만이 겪는 일이겠습니까. 다행히 좌우에 모시는 사람이 있으니 항상 회포를 너그러이 하시고, 억지로라도 음식을 잡수시는 것으로 나의 책임을 삼아 큰 효성을 다하시기를 삼가 빌고 비나이다. 나머지는 총망하여 다 갖추지 못합니다.

8. 학선자(學禪子)를 부름

 세월은 눈앞을 지나가는데 도의 태(胎)는 얼마나 자랐는가. 구름과 달은 비록 같으나 시내와 산은 각기 다르니 만 번 소식을 전한들 한 번 만나는 것만 같지 못하느니라. 만약 병든 이 중을 생각하거든 속히 지팡이를 날려라.

9. 철옹(鐵瓮)의 윤(尹)에게

 오는 사람 편에 주신 글월과 선물을 삼가 받자오니 저는 거듭 감사하여 마지않습니다. 산인은 비록 호계(虎溪)의 분(分 ; 혜원·도연명·육수정의 사귐)이 없으나 합하(閤下)께서는 이 산인을 여산의 사람으로 여기시니 삼소(三笑)의 유풍은 아직도 사라지지 않고 있습니다. 한(韓)의 태전(太顚 ; 漢文王의 신하)과 유(柳)의 호초(浩初)도 이보다는 더하지 못할 것이니 더욱 감사하고 감사합니다. 산인은 연하(烟霞) 속에 병으로 누워있는데 마침 청하좌상(靑霞左相)이 부용 여덟 가지를 산인에게 선물로 주시니 산인도 또한 합하께 선물을 보냅니다. 이것은 정(情)이요 물건이 아닙니다. 엎드려 잘 살펴주시기 바라오며 삼가 절하며 글월을 올립니다.

10. 김안렴(金按廉)에게

한양의 절에서 이별을 이야기한 지 이십 년이 꿈과 같이 지났습니다. 허깨비와 같은 일이 번복되는데 묵은 자취도 또한 그렇습니다. 하정(下情 ; 백성들의 일)이 끌어당기고 우러러 보는 의리는 조금도 늦추지 않고 있으나 연세가 더욱 높아지시매 이 한미(寒微 ; 가난하고 천함)한 자를 돌아보시지 않을까 두렵습니다. 대저 귀와 눈이 미치는 곳이라도 그 정이 혹 오롯하지 못할 것이어늘 하물며 병이 많은 산인이 만 겹의 구름과 물에 막혀 있음이겠습니까. 예로서는 마땅히 산인이 엎드려 기어이 가 뵈어야 할 것이오나 눈병으로 아직 지팡이도 짚지 못하니 한갓되이 한스럽게 바라볼 뿐이라 어찌하겠습니까. 이제 모인을 대신 보내어 경의를 표하오니 다행히 좋은 말씀을 주시고 돌보아 주십시오. 삼가 백번 절하며 글월을 올리나이다.

11. 이성재(李誠齋)에게

병들고 늙으니 요즈음은 잠 때문에 보장(寶藏)을 몇 번 잃을 뻔했는데 갑자기 기침소리를 듣고 잠이 깬 줄도 몰랐으니 우습구려. 친한 벗의 한 글자가 수마를 쫓는 무쇠채찍이라 할 수 있으니 감사하고 감사합니다. 이 가운데 물건은 역시 저의 단심(丹心)을 표한 것이오니 아울러 살피십시오.

12. 봉래선자(蓬萊仙子)에게

첫봄에 남쪽 까치가 북쪽 나뭇가지로 옮기고 등화(燈花 ; 불꽃 심지)도 여러번 맺혔습니다. 나는 항상 괴이하게 여겨 늘 팔구정(八九亭)에 올라 봉래산을 한스럽게 바라보면서 옆구리를 자리에 대지 않은지 여러 달이 되었습니다.

아, 스스로 생각하며 "봉래가 여기서 몇 천리이기에 강산은 나의 마음을 슬프게 하는가" 했습니다. 사람의 일이란 갑자기 변하는 것이 백의창구(白衣蒼狗 ; 흰구름이 푸른 개를 범하는 것)라 십오년 세월이 한소리 웃음에도 차지 못합니다.

새벽 종소리를 들을 때마다 멀리 그리는 그리움은 더욱 간절한데 다만 한 떨기 난초와 대와 온갖 나뭇가지가 휘늘어진 층층한 봉우리를 보는 것으로 봉래의 면목(面目)을 대할 뿐입니다. 지금 의능(義能)과 보안(保安)이 한 봉의 주옥 같은 편지를 가져와 문득 책상머리에 올려놓으니 마치 창자를 바꾸는 화타(華佗 ; 後漢 名醫)의 처방을 얻은 것 같아서 비로소 사물의 징험을 깨달았습니다.

지난 해 봉래는 언약을 저버리고 청허(淸虛)는 기다리지 않았으나 사람의 일이 각각 이러합니다. 선서(仙逝)의 정업(定業 ; 覺)과 이부(尼父 ; 孔子)의 천명이란 말이 다한 것입니다. 그러나 시루는 이미 깨어졌으니 그저 그런 줄로 알고 지나쳐 버리는 것이 옳습니다.

　또 묘향산과 두류산이 풍요하다고 하지만 전하는 사람의 잘못입니다. 내가 그곳에서 얻은 것은 다만 고요함과 따스함뿐입니다. 풍악산이 비록 훌륭하다고는 하지만 이 몸은 나뭇잎과 같아서 온갖 구멍에서 나오는 바람을 맞으니 소리가 나지 않을 수 없습니다. 도인이라고 하는 빈이름이 우습습니다. 성의(腥蟻 ; 왕개미) 의문피(文皮 ; 무늬)가 오래 머문들 무엇하겠습니까.

　또 들으니 봉래가 회토(懷土 ; 안락한 거처)를 이미 결심하였더니 나 혼자서 더욱 답답해 할 뿐입니다. 마침 멀리서 맞이하는 사람의 권고를 받고 의리를 감히 거절할 수가 없어 억지로 따랐을 뿐입니다. 이제 인수(印綬)를 풀고 산으로 돌아가니 귀여(歸歟 ; 고향에 가고 싶은 심정)의 흥을 금치 못합니다. 곧 여안(呂安 ; 竹林七賢)의 천리길 수레를 본받고자 하오나, 지금은 장마와 더위가 번갈아 심하여 우선은 병든 다리를 쉬고 맑고 시원한 가을을 기다려 지팡이를 떨치려 생각하고 있습니다.

　흰구름이 가고 멈추는 것이 언제나 푸른 허공에 있거늘 누가 능히 그것을 막겠습니까. 결코 의심하지 마십시오. 봉래는 증점슬(曾點瑟 ; 비파 잘탄 孔弟子)이 있고 청허에게는 서래곡(西來曲 ; 佛敎)이 있으니 푸른 바다 흰 모래밭에서 각기 천기(天機)를 다하면 그 즐거움이 어떻겠습니까. 도의가 서로 따르는 것은 형해가 아니요, 의기가 서로 맞는 것은 문자가 아니라 평생에 기약한 바를 다만 스스로 아는 것뿐입니다.

또 들건대 봉래는 마음을 적자(赤子)에 두어 관아(官衙)는 도원(道院)과 같고, 아전은 유관(儒冠)과 같아 성안에 가득한 노래와 초동(樵童)들의 구비(口碑)에 오르내리니 축하합니다. 천지를 위하여 마음을 세우고 생민을 위하여 극(極)을 세움은 모두가 유자(儒者)의 일입니다.

봉래는 옛날 백운과 무성한 숲 사이에 앉아 기운을 기르더니 이제 우뚝 솟은 것이 황하의 지주(砥柱 ; 황하의 돌산)와 같으니 육씨(陸氏)의 이른바 "계세(季世)에 버린 재주가 모두 왕을 흥하게 하는 좋은 신하이다"한 것은 이것을 말합니다.

환혼이 되매 두 중이 돌아갈 길이 급하다 합니다. 아이를 시켜 정화수(井花水)를 길어 깨어진 벼루를 씻고 주신 편지에 두루 답하는데 그간 잊었던 정을 쓰다가 종이가 찬 줄을 깨닫지 못했습니다. 부디 나라를 위하여 몸조심하십시오.

13. 경희장로(敬熙長老)에게

오랫동안 기침 소리 듣지 못하고 웃는 모습도 보지 못하니 늘 고개를 남천(南天)으로 돌리고 한갓 그리워할 뿐입니다. 저는 다만 머리가 흰 세 사람과 더불어 가끔 이야기할 뿐입니다. 산중의 암자가 가히 발을 뻗을 수 있으니 한 번 와 주시면 다행이겠습니다.

14. 불일장로(佛日長老)에게

들으니 장로께서는 베개에 홍보(泓寶 ; 仙書)를 숨겨 두고 주머니에는 벽계(碧鷄 ; 시간을 알리는 天鷄)를 간직하여 오직 오래 살기를 도모한다 하니 과연 그렇습니까. 생명을 늘인다는 것은 우리 법에서는 한바탕의 웃음거리입니다. 바라건대 밝은 창, 맑은 책상 위에서 ≪능엄경≫의 십선편(十仙篇)을 자세히 보심이 가장 좋겠으나 제가 어찌 감히 말하겠습니까.

15. 채송자(采松子)에게

공은 강호에 나가 둥근 모래와 가는 돌을 밟고, 때로는 흰 갈매기와 함께 존다고 하니 이는 일을 마친 사나이의 한때 행락(行樂 ; 취미)입니다. 그러나 스스로 깨닫고 스스로 증득한 경치는 마치 물을 마시는 사람이 뜨겁고 찬 것을 스스로 아는 것과 같으니 다시 생각해 보십시오.

16. 교종스님에게

생각하던 차에 편지 받으니 반갑네. 전날 그대가 선(禪)과 교(敎)를 분별하던 이야기가 아직도 내 귓가에 있는데 지금 편지를 보니 아직도 그 의혹이 풀리지 않았으니 우습고 우습네. 그런데 나와 그대는 안으로 통하지 않은 것이 많으면서 밖으로는 다투기를 힘쓰니 마치 초파리가 항아리 속의 하늘에서 춤추는 것과 같고 절름발이 자라가 높은 산을 오르는 것과 같으니 내가 무슨 말을 하겠는가. 나와 그대가 고요한 속에 앉아서 곰곰이 생각하는 것이 다행할까 하는데 어떠한가.

17. 백운·두류산 법제들에게

　남쪽을 바라보며 그리워하고 괴로워하던 차에 삼가 여러분의 글을 받으니 천지가 아득하여 말할 바를 모르겠다. 천년에 한 번 이별한다 함은 나도 항상 말하고, 사람이 늙으면 죽는 것을 나도 역시 알고 있다. 그런데도 영해(嶺海)의 밖에서 구름처럼 놀면서 돌아가기를 잊었으니 실로 이는 나의 허물이다. 이 허물도 정해진 법에서 나온 것이니 한갓 하늘의 신령에게 참회할 뿐이다. 지금 여러분이 나를 부르는 것도 이미 늦었고, 내가 남쪽을 향하여 가기도 또한 늦었으니 이미 깨어진 시루라고 할 것이다. 영구(靈柩) 밖의 천 가지 제물(祭物)이 생전의 한 마디 말보다 못하며 스승과 제자는 일기(一氣)이므로 본래 하나가 쇠하고 하나가 성하는 이치가 없는 것이다. 나는 금년에 와서 쇠약함과 병이 날과 달로 더하여 도리어 돌아가신 스승께 근심을 끼칠까 항상 두려워하였더니 이에 부음이 먼저 이르렀으니 머리를 들고 통곡할 뿐이다. 이제 여러 법제들이 정성껏 예를 다하고 있으니 애통한 느낌이 그지없다. 내가 억지로 엎드려 기어간다면 음식은 줄고 길은 멀어 반드시 목숨을 마치게 될 것이요, 비록 죽지 않는다 해도 금년을 지난 뒤에라야 이르게 될 것이다. 일은 급한데 기일이 늦어지면 양쪽이 모두 이익이 없으리니, 이에 허다한 종이와 먹의 오묘함을 모두 삼선(三禪 ; 息妄修心·泯絶無寄·直顯心性)의 혀에 부치노니 여러분이 낱낱이 살펴주면 다행이겠다. 한 폭의 글을 쓰는데 천 줄의 눈물이 흘러 적을 바를 모르겠다.

18. 도인(道人)을 부름

풀은 푸르고 꽃은 붉으니 한이 없는 풍류라.
인생이 행락함에 다시 또 어느 때를 기다리리.
지금 거문고를 안은 선자(仙子)가
하늘의 바람을 타고 내려왔으면 다행이겠소.

19. 태상선자(太常禪子)에게

한 해는 열두 달이요, 한 달은 삼십 일이며, 하루는 십이 시인데 남쪽 하늘의 한쪽을 바라보며 그리워한들 무엇하며 생각한들 무엇하랴. 그저 아득하여 이만 쓴다.

20. 법운선자(法雲禪子)에게

두류산은 아득한데 묘향산은 까맣구나. 가을이라 남으로

가는 기러기 많은데 북으로 오는 물고기(편지)는 보이지 않으니 참으로 괴상한 일이어니와 또한 한탄할 일이다.

21. 벽천도인(碧泉道人)에게

들으니 "남쪽 하늘 한 모퉁이의 달이 서산에 숨는다" 하니 긴 밤이 멀고 아득한데 온갖 별의 빛은 어떠한고. 또 들으니 대중이 그대를 "벽송(碧松·智嚴)의 손자나 부용(芙蓉;靈觀)의 아들과 같이 여겨 구름을 바라듯 한다" 하니 아주 부럽고 부럽네. 그대는 부디 사람을 대할 때, 먼저 본분의 겸추(鉗鎚'쇠집개·망치)를 들고, 그 뒤에 신훈(新熏)의 열쇠를 보여야 하나니, 혹 출세의 풍유에 어둡지 않고, 혹은 통방(通方'세간법)의 계략을 잊지 않고, 혹은 이 두 가지에 밝으면 일월과 같이 빛나고, 혹 척안(隻眼;心眼)이면 고금을 밝게 분별하여 시방이 거울 같고 팔면(八面)이 영롱(玲瓏)하여야 모든 풀잎 끝에서 열반의 묘한 마음을 집어낼 것이다.

또 창과 칼의 수풀 속에서 납승의 명근을 점찍어 정해야 할 것이다. 비록 그렇다고는 하나 항상 정법안장을 붙들어 세우기를 생각해야 할 것이다. 만일 사자의 소리를 내면 들소(野牛)나 여우나 이리 따위가 그 그림자를 어찌 나타나겠는가.

부디 더욱 힘쓰라.

22. 동호선자(東湖禪子)에게

오랫동안 소식이 끊겼구나. 앓던 병은 완전히 나았는지 알 수 없어 걱정이다. 또 요즘은 참선을 하는가, 염불을 하는가, 대승경전을 보는가. 비밀주를 외우는가, 색(色)을 삼가하고 말을 삼가하는가. 네 나이 이미 삼십이 지났는데 아직도 마음을 돌리지 못하고 무리를 따라 다니면서 헛되이 세월만 보내는 그 정성은 무슨 마음인가. 백발을 믿을 수 없으매 나도 이미 늙었고, 청춘이 두 번 다시 오지 않음을 너도 또한 알 것이다.

지난날 네 성품이 들뜨고 허황하여 마음에 줏대가 없으매 사람을 대하여 말이 화살 같아 내가 너를 위하여 항상 한탄하였다. 옛 성현이 삼함(三緘 ; 耳·口·意)과 삼사(三思)의 법을 두었으니 그것이 어찌 헛된 일이겠는가. 경전에 이르기를 "팔만 사천 번뇌의 바다 가운데 혀끝의 바람이 가장 독하여 사람으로 하여금 표락(飄落 ; 나부끼며 떨어짐)하게 한다" 하였으며, 또 말하기를 "말할 수 있음에도 말하지 않는 이가 참다운 대장부이다"라고 하였다. 그러므로 여래(如來)의 네 가지 보배로운 말씀(如來四寶語)에 대해 머리를 조아리라는 것이 내가 너를 위하여 항상 바라는 바이다.

옛날의 마복파(馬伏波 ; 後漢將軍)가 자제를 훈계하여 말하기를 "만약 사람을 해치는 말을 듣거든 부모의 이름을 들은 것과 같이 귀로는 들어도 입으로는 말하지 말라" 하였으며, "너희들이 뒷날 사람의 장점과 단점을 말하고 시비를 어지러히 따지고, 또 조정의 정사를 의논할까 두렵다. 차라리 죽을지언정 자손에게 그러한 행실이 있다는 것을 듣기 원하지 않는다" 하였다. 세속 사람도 그러하거늘 하물며 도인이겠느냐.

부자와 사제는 은혜가 같고 의리가 균등하나니 나는 너를 훈계하지 않을 수 없고, 너는 그대로 행하지 않으면 안된다. 부디 더욱 부지런히 힘쓸 것이다. 가을 날씨가 아직도 더우니 묵은 병을 잘 조리하여라. 이만 쓴다.

23. 병암주인(屏巖主人)

연하(烟霞)로 한번 막히자 꿈과 생각이 어지럽던 차에 문득 구름 한 폭과 물건 세 가지를 받으니 그 위안됨이 한이 없습니다. 또 가을 산의 흥취를 장차 청의(淸儀 ; 선가)에서 나누고자 하였더니 이에 이르러 사람의 일이 어그러지기를 좋아하니 어찌하겠습니까? 혹 북으로 오는 물고기가 있거든 옥음(玉音)을 아끼지 마시어 단점을 채찍질해 주십시오. 나머지는 울울(鬱鬱)하여 이만 적습니다.

24. 민선자(敏禪子)에게

○월(月) ○일(日), 저는 아룁니다. 우리의 사모하던 차에 보촉(寶燭) 한 쌍이 친구의 마음에서 나와 친구의 행(行)에 부치니 마음이 이 물건이요, 행(行) 또는 이 물건이며, 감격함도 이 물건입니다. 아! 이 물건이 먼저 자기를 밝히고 뒤

에는 남을 밝힐 것이니, 불가의 분신보살이요, 유가의 살신군자라 할 수 있습니다. 그러한즉 한갓 행리(行李)를 돕는 물건이 될 뿐 아니라 실제로 어두운 방을 속이지 않는 대법일 것이니 더욱 감사합니다. 내 걸음이 이미 떠나 행색이 총총하여 다시 얼굴대하고 이별하지 못하니 이로부터 몇 겹의 구름과 물로 막히겠습니까. 생각을 두류산으로 돌리면 우리 스승에 대하여 많은 추억이 있을 것입니다. 또 언제 다시 만날지 알 수 없습니다. 부디 진중하십시오.

25. 옥천자(玉川子)에게

  지난 해 아무개가 오는 편에 정(情)이 담긴 글을 받고 천리를 떨어져 있는 면목이 글자마다 환히 드러나 병중에서 열어 보고 뜨거운 눈물이 눈자위에 넘쳤습니다. 저는 지금 눈병을 얻은 지 이미 반년이 지났지마는 아직 완전히 낫지 못하고, 바로 한 번 죽기를 기다리고 있습니다. 다시 만나 여러 해 쌓인 회포를 풀 수 없습니다. 이로 인하여 사우(師友)의 죽음에 자주 놀라고 심혈(心血)이 더욱 움직여 이내 눈병을 얻어 삼년이 되었으나 아직 완전히 낫지 못하니 베개에 엎드려 슬퍼할 뿐이었습니다. 이제 겨우 조금 나았으나 맑은 눈물과 흰 막(膜)이 항상 두 눈썹에 엉키어 마르면 마치 밤가시 같고 젖으면 아교를 칠한 것 같아서 매우 괴로워하고 고민하고 있습니다.
  지금 사미를 선정(禪庭)에 보내어 신비한 가르침을 여쭈오니 엎드려 빌건대 십전(十全)의 묘한 솜씨를 아끼지 마시고 거듭 친절히 가르쳐 주시어 이미 끊어진 목숨을 건져 다시 천지일월(天地日月)의 빛을 보게 하시면 성문(聖門)의 덕이요, 선가(禪家)의 후래의 갚음이니 망극하고 망극합니다. 요컨대 가엾이 여기십시오. 허다한 정회(情懷)가 종이를 대함에 아득합니다. 모두 진설(晉舌 ; 장황한 말)에 부치오니 잘 살피소서.

26. 행선자(行禪子)에게

근래 여러 번 주신 편지와 선물을 받으니 면목과 간담이 역력하고 소소하여 금석의 정을 하나로 꿰었다 할 수 있습니다. 이 사람은 늙은 학과 같아서 남으로 날고자 하나 그 병든 날개를 어찌하겠습니까. 한갓되이 구름과 하늘을 바라볼 뿐입니다. 끝으로 도안이 가림이 없어 생사를 한 가지로 하고 원근이 통하기를 축원합니다. 다시 무엇을 말하겠습니까.

27. 두류산의 스님들에게

금기(金氣 ; 가을)가 승한 아름다운 시절에 여러분의 상황은 어떠합니까? 저는 여러 대덕 스님들의 바람과 구름 같은 법시를 받으면서도 한갓 밥과 죽을 낭비하고 있을 뿐입니다. 지난해에는 혹은 편지를 받고, 혹은 선물을 받아 옛 친구를 잊지 않고 간담을 기울여 통하여 주었으니 신의가 아니라면 누가 능히 그러할 수 있겠습니까. 더욱 감사하고 감사합니다. 저는 한편으로 법의 등불이 장차 꺼지려 하는 것을 슬퍼하면서도 한편으로는 전하여 이어질 뒷날의 불꽃을 기쁘게 여깁니다. 삼가 감사합니다.

28. 윤상사 언성(彦誠)에게

시끄러움과 고요함의 길이 다르매 서로 만날 편의가 없어 생각이 달리지 않는 날이 없었는데 갑자기 순운(郇雲 ; 편지)을 받으니 쌓인 생각이 얼음처럼 풀리고 스스로 소생하고 위로함이 끝이 없습니다. 또 하늘이 삼유(三柳)를 빼앗음이 어찌 그리 빠릅니까. 애통하고 애통합니다. 청송(靑松)과 족하(足下)는 하마 구름길에 올랐으리라 생각하였는데 어쩌다 상제(霜蹄 ; 준마)가 미끄러져 이처럼 늦었습니까. 부끄럽고 부끄러운 일입니다. 그러나 오늘의 꺾임이 뒷날의 큰 것을 빛내는 부끄러움이 될지 누가 압니까. 하늘의 뜻이 깊고 먼 것을 제가 좌우의 사람에게 말할 바 아니지만, 얼룩표범이 남산의 안개 속에 끝까지 감추어질 수 없듯이 장차 문장을 나타낼 적에는 반드시 나라의 그릇이 될 것임에, 오로지 믿고 믿습니다.

아, 서로 막힌 지가 벌써 열두 해라. 사람 일의 번복함이 아득히 환몽과 같아서 존망과 영고를 다 기록할 수 없으니 슬픔을 이기지 못하겠습니다. 나는 학문이 더 나아가지도 않고 도도 더 늘지 않은 채 백발의 한 늙은이가 되어 물가와 수풀 밑에서 나무하는 것을 스스로 즐기고 있을 뿐입니다.

정성을 더해야 할 것을 뜻은 있으나 다하지 못하고, 뜻이 이르는 곳에 말은 있으나 다하지 못하나니 종이를 대함에 망연할 뿐입니다. 잘 살피시기 바랍니다. 삼가 감사합니다.

29. 묵년시자(默年侍者)에게

　뜻이 견개(狷介 ; 절개)하기를 숭상하여 사람과 더불어 화합하지 않음은 젊은이의 태도요, 마음이 고요함을 좋아하여 좋은 벗을 간절히 생각하는 것은 늙은이의 심정입니다.
　이십년 전 서로 알던 이가 이미 솔밭의 티끌이 되었으니 가는 사람은 동쪽으로 흐르는 물과 같고, 차츰 사라지는 것은 쇠잔(衰殘)한 촛불과 같은지라 남은 사람은 오직 나와 존형과 몇몇 동갑뿐입니다. 그 가운데 정공(政公)은 끊어진 실마를 찾고, 차가운 재를 뒤지어 하나의 별은 얻기를 기약하고 있습니다. 그러나 늙은 나는 두류산에 있고, 늙은 아버지는 밀양에 있으며 은사는 관동에 있어 간절한 정이 갈래가 많으니 진실로 슬퍼할 일입니다. 이에 저는 지금 관동으로 들어가 장차 존형과 함께 늙으면서 정공의 근심을 반쯤 풀려고 합니다. 바라건대 존형께서는 성호(聖號 ; 佛名)를 부지런히 염하여 백련의 태(胎)에 들기를 기약하십시오. 정다운 말은 많은 말에 있지 않습니다. 삼가 이만 쓰오니 진중하십시오.

30. 오대산 일학장로(一學長老)에게

　이별한 뒤 도체 어떠하십니까. 병은 없으십니까. 마(魔)의 장난은 없으십니까. 화두(話頭)에서는 힘을 얻으셨습니까. 입지의 발원은 아직도 한결 같으십니까. 오탁세계에서 그 기질이 맑고 순수하며 지개(志槪)가 굳세고 날래기로 공만한 이가 실로 드물 것입니다. 나는 이에 사랑하고 소중히 여기며 날이 갈수록 생각이 더욱 깊어집니다. 진실로 스승과 제자의 분이란 한두 겁 동안의 인연으로 된 것이 아니라 아승기겁 전부터 같이 사귀어서 된 것임을 알 수 있습니다. 정(政)과 천(天)의 두 사람은 그 우러러 사모함이 내 마음과 같은 것은 겁(劫)의 바다에서 함께 놀았던 과거의 습기 때문일 것이니 의리로서 잊지 못하는 것입니다.
　그러하옵고, 공부란 쉬운 것이 아닙니다. 오직 해마다 참회하고 달마다 참회하며 날마다 참회하고 때마다 참회하면서 십분 정진하되 나아가고 나아가 물러서지 않는 것이 장부의 능사인 것입니다. 그러므로 반드시 믿음을 바다와 같이 하고 뜻을 산과 같이 하여 장차 종전에 배우고 해득한 불견(佛見)과 법견(法見)과 기이한 말과 오묘한 글귀를 한꺼번에 큰 바다 속으로 쓸어 넣어야 하며, 다시는 팔만 사천의 미세한 생각에 집착하지 말고, 한번 앉으면 앉은 그 자리에서 끊어버려야 하는 것입니다. 다만 하루의 네 가지 위의 안에서 본래 참구하던 공안을 들되 공안을 들고 들어 의심하고 의심해서 마음과 생각의 길이 끊기고, 뜻과 식이 행해지지 않음에 이르러 잡을 곳도 없고, 자미도 없고, 더듬을 것도 없어서 마음속이 답답할 때, 공에 떨어질까 두려워하지 않게 되면 이것이 화두의 힘을 얻는 곳이요, 힘을 던 곳이며 생사를 노아 버린 곳입니다.

화두가 밝고 밝아 들지 않아도 스스로 들리고, 의단이 역력하여 의심하지 않아도 저절로 의심될 때는 마치 물이 급히 흐르는 여울의 달과 같아서 부딪쳐도 흩어지지 않고 털어서 없애도 잃지 않으며, 또 모기새끼가 쇠로 만든 소에 올라 부리로 찌를 수 없는 것처럼 그때 팔만의 마군은 모두 창을 버릴 것이며, 삼천의 옥졸들도 쇠꼬챙이를 버릴 것이며, 삼세의모든 부처님도 다 칭찬하지 못할 것이며, 역대의 조사들도 그대로 전할 수 없을 것이니, 이는 바로 그 사람이 그 사람이기 때문입니다. 이러한 때에 그 사람이 다른 생각을 일으키면 반드시 악마의 경계에 들어가 보리의 종지를 잃을 것이니 어찌 삼가하지 않고 놀라지 않을 것입니까.

우리 스승은 법안이 열리고 밝아 결정코 그러한 경계를 건너게 하지는 않을 것입니다. 그러나 철갑을 한 장군이 달리는 말에 채찍질을 더한다는 것은 이를 말합니다. 부디 삿된 스승들의 뜻이나 글이나 상량을 배우지 말고, 또 한 해의 좋은 일이나 하루의 좋은 일을 헛되이 버리지 말아야 할 것이니, 세월이 아깝고 아깝습니다. 저는 비록 59년 동안의 잘못을 깨달은 지 이년이 지났으나 노쇠함과 병이 해마다 깊어지고 달과 날과 때로 깊어지니 슬프고 슬플 뿐입니다.

지난번에는 연수(延壽)의 만류로 삼년 동안 남방에 머물렀더니, 지금은 또 민사(敏師)의 마중을 받아 이월 보름에 남방을 떠나 삼월 보름에 불귀사(佛歸寺)로 들어갔으나 온갖 병이 번갈아 침노하여 베개에 엎드리는 것을 일삼으니 어찌하리까.

남방은 호호(浩浩)하여 오래 머무를 형편이 되지 못하니 스님께서는 여기 머무르는 것이 실로 좋은 계책일 것입니다. 저의 행지도 이와 같사온데 스님의 뜻은 어떠합니까. 오직 살피시고 한번 웃으십시오.

31. 희선자(熙禪子)에게

내 나이 스물이 넘도록 사방을 놀러 다니지 못해 그것이 늘 큰 한이었다. 내가 뜻한 것은 다만 산수를 구경하는데 그치지 않고 여러 지식을 두루 찾아 심법에 대하 의심을 푸는 것을 내 임무로 삼았던 것이다. 더구나 봉래산의 풍악은 금전(金典)에 나왔기 때문에 생각을 보낸 지 오래였는데 인간 세상이 무상하니 어떻게 내년을 기다리겠는가. 내 행장으로는 지팡이와 신뿐인데 그대도 그러한가. 출발할 날은 첫가을의 보름날을 넘기지 않으려는데 그대도 그러한가. 여러 해를 미루어 온 것은 순전히 그대 때문인데 지금 와서 그만둔다는 것은 더욱 옳지 못한 것이다. 남산은 옮길 수 있어도 방촌(方寸)의 뜻은 옮길 수 없는 것이다. 용서하고 살펴주기 바란다.

32. 풍수학자(風水學者)에게

만약 하늘을 관찰하고 지상(地相)과 그때의 풍조를 살피면

거의 밝게 알 수 있지만 아예 바깥 물의(物議)를 취하지 않는 것이 옳습니다.

당나라 일행선사(一行禪師)가 일찍이 말하기를 "골짜기의 물이 거슬러 흐르면 내 도를 전할 사람이 올 것이다" 하여 그 제자들이 그 말을 기록했더니 하루는 그 제자 한 사람이 달려와 알리기를 "오늘 골짜기 물이 거슬러 흐릅니다"고 하였습니다. 일행은 그 말을 듣고 곧 위의를 갖추고 문 밖에 나갔더니 우리나라의 도선이 갑자기 왔었습니다. 일행은 "기다린 지 오래입니다. 왜 그리 더디십니까" 하고 서로 기뻐하고 도선을 맞아들여 여러 달을 묵게 하였습니다. 도선은 그 술법을 모두 배운 뒤에 하직을 고하였습니다. 일행은 전송하면서 "내 법이 동쪽으로 갔소. 부디 진중하시오" 하고, 봉한 단서(丹書) 하나를 주면서 경계하되 "삼가 빨리 열지 말고 왕씨의 집에 부탁해 두었다가 칠년 뒤에 열어 보아야 한다"고 하였습니다.

도선은 그 훈계를 받고 개성으로 가서 왕융의 집에 자면서 천문을 우러러 관찰하고 지리를 굽어 살펴보다가 기뻐하며 말하기를 "명년에는 반드시 귀한 아들을 낳아 백성들을 도탄의 괴로움에서 구제할 것이다"라고 하였습니다. 왕융은 그 말을 듣고 너무 기뻐 신을 거꾸로 신고 나왔었는데 그 이듬해에 과연 왕건 태조를 낳았습니다. 이것이 도선의 행적입니다.

일행이 도선에게 부촉하였다고 한 은산의 비문은 대략 이렇습니다.

부처님은 큰 의왕입니다. 그가 몸을 다스리면 재앙과 병이 사라지고 마음을 다스리면 번뇌가 없어지며 산천과 토지는 흉해(凶害)를 변하여 길리(吉利)로 만들 것입니다. 비보(裨補)의 시설은 쑥과 같습니다. 그 쑥이란 세상의 양약이지마는 병이 없는 사람은 똥이나 흙처럼 보아 집안 동산에 있어도 캐려고 하지 않습니다. 그러나 병이 있는 사람은 그렇지 않습니다. 좋은 의원을 만나 쑥으로 뜨면 오래된 병도 곧 낫되, 그림자와 소리보다 빠르니 만금의 값진 것으로도 비교할 수 없는 것은 그 효험의 신기함이 있는 까닭입니다.

그대의 동쪽나라 삼한은 모든 산이 그 험한 것을 다투고 온갖 물은 그 달리기를 다투어 마치 용이나 범이 서로 싸우는 것 같기도 하고 새나 짐승이 날고 달리는 것 같기도 하며 저곳으로부터 와서 치는 것도 있고, 혹은 미세한 것을 끊어도 미치지 못하는 것이 있어서 마치 병이 많은 사람과 같습니다. 그러므로 혹 구한(九韓)이 되기도 하고, 혹은 삼한이 되기도 하여 서로 싸웠기 때문에, 전쟁이 쉬지 않고 도적이 휩쓸고 다니며 홍수와 가뭄이 고르지 못한 것은 그 때문입니다.

그대가 지금 부처의 법을 쑥으로 삼아 그 산천들을 고치되, 모자라는 것은 보충해 주고 과한 것은 누르며 달아나는 것은 붙들고 배반하는 것은 부르며 도적질하려는 것은 막고 다투는 것은 말리며 착한 것은 세워 주고 길한 것은 드날리되, 해로운 지세를 관찰하여 전국의 삼천 팔백여 곳에 부도를 세우고 탑을 만들며 혹은 절을 일으키면 그대 나라 산천의 병과 허물은 모두 숨을 것이니 이것이 병을 고치기 위해 비보의 시설을 하는 것입니다. 그렇게 한 뒤에는 그대의 삼한은 모두 뭉치어 한 집이 될 것이요, 도적도 교화되어 새 백성이 될 것이며 나아가서는 바람과 비도 때를 맞추고 인

민들은 모두 화목하고 순박해질 것입니다.

뒤에 왕과 신하들이 만일 치평하는 정치는 한 줄 모르고 그릇되게 무익한 일로써 집과 나라를 번거롭게 하면서 "아직 정치는 그만두고 길흉을 점쳐보자" 한다면, 그것은 마치 병자가 의원을 꺼리고 "함부로 효험이 없는 약을 써서 내 목숨만 해치는 것 보다는 아직 약은 그만두고 낫기를 점쳐보자"고 하는 것과 무엇이 다르겠습니까. 그리하여 죽게 되었을 때에야 후회한들 무슨 소용이 있겠습니까.

33. 옥계자(玉溪子)에게 올림

못내 사모하고 그리워하던 차에 한 폭의 정다운 편지와 여섯 가지 맛난 음식이 갑자기 설산(雪山)에 이르니, 늙은 눈(老眼)은 갑자기 밝아지고 마른 창자가 갑자기 불러졌습니다. 그 은혜는 친한 벗의 마음에서 나온 것이니 그것을 생각하면 기쁘고 슬픈 눈물이 번갈아 흐름을 금할 수 없습니다. 한 그릇의 귀한 떡으로 온 절의 스님들에게 공양하였더니 스님들은 모두 수복이 더하기를 한없이 축원하였습니다. 이로써 새해를 맞아 수(壽)의 산과 복의 바다가 더욱 더할 것을 생각하면서 못내 축하합니다.

전날에도 두터운 은혜를 흡족하게 입고 감사한 생각이 골수에 사무쳤으나, 아직도 그 만분의 일도 갚지 못하여 항상 스스로 고마워하던 차이었는데 또 잇달아 겹쳐 이처럼 지극하시니 말이 막히고 뜻이 끊어져 무어라 쓸지 모르겠습니다.

섣달 그믐날, 나이는 벌써 바뀌어 다시는 연기할 수 없으니 못내 안타깝고 서럽습니다. "피차가 다 같을 것이다"고 한 말은 더욱 간절한 말입니다. 육십년 전의 일을 돌이켜 생각하면 애틋한 꿈과 같이 안타까운 심정을 견디지 못하겠습니다.

나는 눈 같은 머리털과 찬 재와 같은 마음이라 세상일에는 전혀 생각이 없고 연화세계에 더욱 집착하고 허덕입니다. 동갑께서도 그렇습니까. 여기는 실제를 이야기하고 허망한 것을 이야기 하지 않습니다. 사마(駟馬)에 가득한 천종(千鍾 ; 6섬 너말의 천배)의 녹인들 필경 무슨 이익이 있겠습니까. 꿈 같은 부생(浮生)에 대해 생각을 두지 말고 마음을 극락세계에 쏟는 것이 내 소망입니다.

말씀하신 그 병은 내가 일찍 겪은 것입니다. 그러나 오래 있으면 저절로 나을 것이니 걱정하지 마십시오. 다만 이상한 것은 나이도 같고 기질도 같아 그런 병까지도 같이 앓을 것입니다. 보내주신 "고산방석(高山放石)"에 대해서는 두 선자(禪子)를 불러 시험해 보았습니다. 수십 년 동안의 화두는 잊어버리고 가섭의 무수(迦葉舞袖)를 드러냈음을 깨닫지 못했습니다. 또한 선가(禪家)에 하나의 기이한 일이라 하겠습니다. 아, 삼가 이로써 절하며 회답합니다.

경진년 정월에 경진생 청허자는 경진생 옥계자에게 올립니다.

34. 이암(頤庵)에게 올림

오랫동안 소식이 끊어져 항상 못내 궁금하였습니다. 저는 쇠하여 병이 날로 더하니 육체(血囊)도 보전할 수 없는 형편이라 더욱 마음이 슬퍼집니다.

그런데 80 노형이 늘 저의 시를 보고 싶어 한 지 오래이기에 지금 작은 종이 8첩(帖)을 보냅니다. 간절히 청하는 것이라 의리로써 감히 거절할 수 없고 정으로써 차마 거절할 수 없기 때문입니다. 제가 비록 사방으로 노닐 때 읊은 시 팔절(八絶)이 있습니다마는 이 졸필을 어찌합니까. 그래서 이 종이와 시를 아울러 드립니다. 빌건대 한 번 붓을 휘두르심을 아끼지 않으시면 영광이겠습니다. 이 졸렬한 시도 반드시 그 건강한 글씨의 힘으로 인해 반드시 늙은 눈을 움직이게 하고 맑은 흥을 이끌어내게 하신다면 또한 하나의 큰 인(仁)이 아니겠습니까. 간곡히 용서를 바랍니다.

35. 행대사(行大師)에게 답함

마음의 벗은 얼굴은 대하는 데 있지 않으니 어찌 겉모양을 빌리겠습니까. 시의 혼과 학의 뼈는 소나무와 대나무 속에서 늙는 것이 마땅합니다. 그러나 이 한 몸은 나뭇잎 같은지라 남방의 여러 격렬한 바람을 당하면 비록 그 소리를 없애려 한들 어떻게 가능하겠습니까. 그러므로 이 서산에 자취를 감추어 흰구름과 가을물의 흥취를 도울까 하는 것입니다.

36. 융선자(融禪子)에게 답함

대저 가고 멈추는 것은 사람의 힘만으로 되는 것이 아닐세. 송(宋)의 송아지와 새옹(塞翁)의 말은 그 화복(禍福)을 결정하기 어려운 것이라 남으로나 북으로 가는 걸음은 그때에 가서 결정하겠네. 옛날에 주자(邾子)는 정결한 것을 좋아하였고, 미형(禰衡 ; 후한 말 조조를 감복시킨 예술가)은 광곤(桄袞 ; 빛나는 곤룡포)을 가졌으며, 언도(彦道 ; 노름꾼 환원)는 저포(樗蒲 ; 골패)를 던졌고 왕남전(王籃田)은 계란(鷄子)을 밟았던 것일세. 이와 같음이니 살피지 않아서는 안될 것일세. 푸른 산과 흰구름은 어디로 가나 한결같으니 대장부의 행락(行樂)도 이러할 뿐일세.

37. 도우 신(信)에게 답함

전날 총총히 떠난 것을 공은 부디 괴이쩍게 여기지 말게. 담밑에서 정담(情談)하지 못하는 것은 틈 사이에 숨어 말을 기록하는 땅강아지를 두려워하기 때문이요, 물가에 오래 앉았지 못하는 것은 모래를 머금고 그림자를 쏘는 벌레를 두려워하기 때문일세. 이것이 바쁘다면서 내가 잠자코 있는 까닭이었네. 용서하면 다행이겠네.

38. 이암(頤庵)에게 올리는 글

요즘 기체 어떠하십니까. 일찍이 듣건대 "바람과 모래는 만리에 한(恨)이요, 지척이면서 고향집(長門)을 근심한다"고 하였으니 뜻을 잃음도 같고, 지금 또 먼 서쪽과 가까운 동쪽으로 더욱 떨어져 서로 외롭기만 하니 그리워하고 괴로워함도 또한 같습니다. 운명이니 어찌하겠습니까. 비록 뒷날의 기약이 있다 하더라도 다시 하늘의 뜻이 어떠할지 알 수 없습니다. 아득한 마음의 회포를 돌아가는 선자의 혀에 붙입니다. 인자한 마음으로 널리 양해하시기 바랍니다. 내내 기체 만안하시기를 비옵니다.

39. 법현선자(法玄禪子)에게

　O (일원상), 이 표는 마음 위의 묘(妙)함이요, ▽(원이삼점) 이 표는 법 가운데 그윽함이니 옛 사람이 억지로 이름 붙여 "태허"라 하였다.

　한 걸음 나아가면 은산철벽이요, 한 걸음 물러나면 만장의 구렁이다. 나아가지도 않고 물러나지도 않으면 하늘에 뻗친 갈등이니 여기 어떻게 기운을 내어 가겠는가. 잠깐도 지체 말고 빨리 한 글귀를 말해보라. 이(咦 ; 失笑의 모양).

　　　昨夜金烏飛入海　　曉天依舊一輪紅
　　　작 야 금 오 비 입 해　　효 천 의 구 일 륜 홍

어젯밤 금까마귀(金烏) 바다에 날아들더니
새벽하늘은 예와 같아 해가 붉구나.

40. 인휘선자(印徽禪子)에게

한 생각 착한 마음이 나면 부처가 마왕의 궁전에 앉고 한 생각 악한 마음이 나면 마왕이 부처의 궁전에 걸터앉는다. 선과 악을 모두 잊으면 마왕과 부처가 어느 곳에 나타날 것인가. 이(咦), 마가 이르지 않는 곳에는 중생이 해와 달을 알지 못하고, 부처가 이르지 않는 곳에는 성인이 인연을 따라 모이지 않으니 필경 그것은 무엇인가.

孤輪獨照江山靜　　自笑一聲天地驚
고 륜 독 조 강 산 정　　자 소 일 성 천 지 경

외로운 달 홀로 비추고 강산은 고요한데
스스로 웃는 한 소리에 천지가 놀라는구나.

41. 혜안선자(慧安禪子)

입은 코와 같고 눈은 눈썹과 같아야 비로소 고요히 앉은 소식을 알 것이다. 다시 묻노니 어떻게 해야 도에 상응하겠는가. 비가 지나니 산도 푸르고 물도 푸르다. 입을 열어 소리를 내려 하다가 문득 때리고 말하기를 "어디로 가는가". 양구(良久).

芳草渡頭尋不見　　夜來依舊宿蘆花
방초도두심불견　　야래의구숙노화

나루에서 꽃다운 풀 찾아도 보이지 않더니
밤이 오매 예와 같이 갈대꽃에 자더라.

42. 지해선자(智海禪子)의 청게(請偈)를 받고

왼쪽으로 와도 잘못이요, 오른쪽으로 와도 잘못이며, 머리를 돌리고 뇌(腦)를 굴려도 모두 다 잘못이다. 필경 이것이 무엇인가?
돌(咄), 십분중 구분은 이미 선화자(禪和子)에게 말하였다. 일분을 남겨 선화자에게 주노니 선당으로 돌아가 자세히 살펴보라.

43. 덕인선자(德仁禪子)

위엄을 떨쳐 한 번 할(喝)을 하면, 몸과 목숨을 잃는다. 비록 이와 같아도 삼조(三祖 ; 승찬)의 지극한 도는 어렵고 쉬움이 없으며, 조주의 큰 길은 장안으로 통한다. 일시에 두 존숙을 잡아 엎드리게 하고서 감히 묻노니 선화자는 시험삼아 말해 보라. 돌(咄), 누두(漏逗 ; 허물)가 적지 않구나.

44. 태전선자(太顚禪子)

산은 산이요, 물은 물인데 무슨 허물이 있으며, 옷 입고 밥 먹는데 무슨 허물이 있는가. 우습다. 옛날의 그 사람은 변하지 않았는데 다만 옛날의 행리처(行履處 ; 수행처)가 변했구나. 양구(良久). 부모가 낳아준 입으로는 마침내 그대에게 말할 수 없다.

45. 성종선자(性宗禪子)

기륜(機輪)이 작용하는 곳에 불조의 갈등을 흔들어 뒤집고 보인(寶印)을 찰 때 시비의 공안을 판단한다. 다시 말해 보라. 필경 어떠한가.

孤輪獨照江山靜　　自笑一聲天地驚
고 륜 독 조 강 산 정　　자 소 일 성 천 지 경

외로운 달 홀로 비추고 강산은 고요한데
스스로 웃는 한 소리에 천지가 놀란다.

46. 의정선자(義正禪子)

방망이 끝에서 이치를 깨달으매 덕산을 저버렸고, 할(喝)

밑에서 진리를 깨달으매 임제를 파묻었거늘 하물며 횡설수설로 산승의 입을 더럽히고 선자의 귀를 막겠는가. 양구(良久). 동을 바르고 서를 칠한들 어찌 천진한 얼굴과 같으리.

47. 성희선자(性熙禪子)

생을 말하고 사를 말하지만 언제 마칠 기약인들 있겠는가. 다만 생사를 건너지 않으면 또 어떻게 살겠는가. 양구(良久). 한번 숨을 내쉬면서 말한다. 한바탕의 패궐(敗闕)을 받아들이매 같지 않음이 적도다. 이(咦).

常憶江南三月裏 鷓鴣啼處百花香
상 억 강 남 삼 월 이 자 고 제 처 백 화 향

항상 생각하노니 강남의 삼월
자고새 우는 곳에 온갖 꽃이 향기로왔네.

48. 재상 소세양(蘇世讓)의 운(韻)을 따라 진기대사(眞機大師)에게 줌

寒山一指頭 圓月上蒼蒼
한 산 일 지 두 원 월 상 창 창

見月因忘指　　忘指月亦忘
　　견 월 인 망 지　　망 지 월 역 망

　　咄 擧手擧頭風雨快　丈夫何必事空王
　　돌　거 수 거 두 풍 우 쾌　장 부 하 필 사 공 왕

한산(寒山)의 한 손가락 끝에
두렷한 달이 멀리 오른다.
달을 보다가 이내 손가락 잊고
손가락 잊자 달 또한 잊었네.
돌(咄), 손을 들고 머리를 들매 바람과 비가 시원하거니
장부가 어지 구태여 공왕(空王)을 섬길 것인가.

　　圓覺大伽藍　　攝盡無遺餘
　　원 각 대 가 람　　섭 진 무 유 여

　　主人長不夢　　明月入窓虛
　　주 인 장 불 몽　　명 월 입 창 허

　　阿呵呵 一笑無言良久處　落花千片巧相如
　　아 가 가　일 소 무 언 양 구 처　낙 화 천 편 교 상 여

원각의 큰 가람이
모든 것 거두어 남김이 없는데
주인은 긴 밤을 자지 않고
밝은 달은 창에 가득하네.
아하하… … 크게 한 번 웃고, 말없는 양구처에
천 조각의 지는 꽃 교묘하게도 서로 같구나.

生伊麼死伊麼　　生死總虛名
생 이 마 사 이 마　　생 사 총 허 명

縛脫如昨夢　　　活路平復平
박 탈 여 작 몽　　　활 로 평 부 평

縱奪天地量　　　吞吐日月明
종 탈 천 지 량　　　탄 토 일 월 명

一鉢兼一衲　　　騰騰自在行
일 발 겸 일 납　　　등 등 자 재 행

생은 무엇이며 죽음은 무엇인가
생사가 모두 빈 이름일 뿐.
결박을 벗음이 어제의 꿈 같으니
활로가 트이고 또 트였네.
천지를 있는대로 쥐었다 폈다하고
저 밝은 해와 달을 삼켰다 토했다 하면서
하나의 바리때와 한 벌 옷으로
기세등등하게 자유로이 살아가네.

잡저(雜著)

1. 지헌 참학(智軒參學)을 대신하여 올리는 글

　제자 대평사 지임(주지) 참학 지언은 진실로 황공하게도 선종의 일을 맡으신 대화상 대자존 합하(大慈尊閤下)께 삼가 올리나이다.
　방장(方丈)의 난간 밑을 하직하온 뒤에 달 같은 모습이 어떠하시온지 천만 사모하옵니다. 제자가 자리를 물러난 뒤로는 마치 포대기에 싸인 아이가 어머니의 품을 잃은 것 같은 형세이오니, 그 슬픈 심정 어떻게 다 말할 수 있겠습니까. 어떤 사람은 제자를 가리켜 자존(慈尊)에 대한 세속 은혜를 칭송합니다. 그러나 그것이 제자의 몸에 대한 말이라면 옳지마는 제자의 마음에 대한 말이라면 옳지 못합니다. 겁(劫)의 바다에 헤매는 구름이 마음과 힘을 괴롭히지 않고 갑자기 스스로 비어졌으니, 자존이 아니면 어떻게 할 수 있으며, 또 제자가 아니면 누구이겠습니까. 자존의 둘이 아닌 말씀과 제자의 하나가 아닌 들음은 천금보다 값이 비싸고 계보(髻寶 ; 髻珠)보다 귀중한 것입니다. 이곳의 일은 다른 사람과 말하기 어려우나 기쁘고 감사하는 마음은 어찌할 수 없습니다.
　그러나 옛날의 수행하는 사람은 대비(篦)로써 편양(鞭羊)의 글귀를 얻었고, 한 번 고당(高塘)을 지내고도 또한 풍아(風雅)가 있었거늘, 하물며 한나라 광무제의 "나이 39세에 스승의 문에 몸을 두었더니 성취한 것이 한두 가지가 아니다"는 말이겠습니다. 제자의 자격은 비록 미치지 못하오나 나이는 그와 같사오매 구구한 마음이 간절히 이것을 사모합니다. 그러하온데, 뜻을 세웠으나 이루지 못하고 답답하게도 도로 재(嶺) 밖의 몸이 되고, 더구나 풍진 속에 사는 도필(刀筆)의 벼슬아치가 되어서 문묵(文墨)을 희롱하게 될 줄이야 어찌 생각했겠습니까. 이것은 제자의 본래의 생각도 아니요, 본래의 소원도 아닙니다. 제자의 생각은 법을 위하는 것이요, 제자의 소원은 은혜를 갚는 것입니다. 옛 사람의 말에 "스승을 알기는 제자만한 이가 없고 제자를 알기는 스승만한 이가 없다"고 하였습니다. 엎드려 원하옵나니 대존자·대화상께서는 광대한 자비로 이 제자에게 혹 방앗간지기의 소임이나 맡겨 주시면, 비록 옛 사람의 말대로는 할 수 없사오나 시키시는 일은 잘 받들겠습니다. 이와같이 장황한 하소연이 비록 번거로운 듯하오나, 말이 헛되이 달림이 아니요, 정성스런 뜻에서 나온 것이오니, 부디 가엾이 여기소서. 중춘(仲春)이 차츰 따뜻해집니다. 기거가 길이 복되소서. 백 번 절하고 삼가 올리나이다.

2. 자락가(自樂歌)

청허자(淸虛子)는 가정 을묘년 여름, 처음으로 교종의 일을 맡고, 그 해 가을에 다시 선종의 일을 맡았다. 정사년(1617)

겨울에 인수(印綬)를 풀고 풍악산으로 들어갔으며, 무오년(1618) 가을에는 지팡이를 날려 두류산으로 향하였다.

어떤 유생이 나를 희롱하여 말하기를

"처음에 판사가 되었을 때는 그 영화가 더할 데 없더니, 지금 판사를 잃고 나니 그 궁함이 또한 더할 데가 없구료. 몸이 괴롭고 마음이 답답하지나 않습니까."

하였다. 나는 웃으면서

"내가 판사가 되기 전에는 한 벌의 옷과 한 끼의 밥으로 금강산에 높이 누웠었고, 지금 판사를 그만 둔 뒤에도 한 벌의 옷과 한 끼의 밥으로 두류산에 높이 누워 있다. 내 한평생의 생애는 산림에 있지 진세에 있지 않다. 그러므로 얻고 잃는 기쁨과 슬픔은 밖에 있고 안에 있지 않으며, 나아가고 물러나는 영화와 치욕은 몸에 있지 않고 성품에 있지도 않다. 옛 사람은 높은 집에 올라앉아 한 길이나 되는 좋은 음식을 가득히 앞에 놓고 먹으면서도 조금도 기뻐하지 않았으니, 그것은 지금의 내가 판사가 되었던 것과 같고, 더러운 거리에 누워 한 그릇의 밥과 한 사발의 국을 먹으면서도 슬퍼하지 않았으니 그것은 지금의 내가 판사를 그만둔 뒤와 같다. 그러므로 나아가고 물러감에는 영화도 치욕도 없거늘, 그 얻고 잃음에 있어서 무엇을 기뻐하고 무엇을 슬퍼하겠는가. 기쁨과 성냄과 슬픔과 즐거움이 마음에서 나왔다가 입에서 그치는 것은 마치 연기와 구름과 바람과 비가 허공에서 일어났다가 허공에서 사라지는 것과 같은 것이다. 아, 달인의 소행은 어떤 일이 닥쳐오더라도 그것을 따라 응해주며, 그 일이 지나가면 또 새로운 환경에 적응하는 것이다. 스스로 그 마음을 쉬고 스스로 그 성질을 고를 뿐이다."

하였다. 그 흥이 무궁하여 이에 한 곡의 노래를 지어 부른다.

其止也如如　　其行也徐徐
기 지 야 여 여　　기 행 야 서 서

仰之而笑　　俯之而噓
앙 지 이 소　　부 지 이 허

出入兮無門　　天地兮籧廬
출 입 혜 무 문　　천 지 혜 거 려

머무니 여전하고
행하니 천천히
우러러 웃고
굽어보며 탄식한다.
나고 드는데 문이 없으니
천지가 하나의 나그네다.

3. 탱발(幀跋)

선·교의 일을 함께 맡은 도대선사인 제자 아무는 삼가 극락교주 아미타불의 거룩한 탱화 한 점을 그리고, 향을 사르고 정례하면서 큰 서원을 세우나이다.

저는 임종할 때 죄의 장애가 모두 사라지고 서방 대자존의 금빛 광명 속으로 나아가 수기를 받고, 미래 세상이 다할 때까지 중생을 건지겠나이다. 허공은 다할 때가 있으나 이 서원을 다하지 않사오리니, 시방의 모든 부처님은 증명하소서.

4. 연경문(蓮經文)

청신녀 심씨는 돌아가신 아버지 심 의초(沈義超)의 정역(淨域 ; 往生淨土)과 살아계신 어머니의 수(壽)를 위하여 삼가 발원하는 주인이 되어 가진 재물을 모두 기울여 연경(蓮經)을 판각하고 또 금상(金像)을 주조하여 산문에 나란히 모시고 우러러 받들어 공양하며 향불이 그치지 않게 하니, 티끌 세상에 살면서 청허(淸虛)로움을 즐기고 몸은 여자이나 마음은 장부라 할 수 있다.

화복의 과보에 대한 이치를 세속의 선비들은 조금은 꺼리나 그 부모에게 간절히 대하는 마음은 성인이 크게 취하지만 세상의 효자와 순손들은 오직 눈앞의 맛난 음식을 받들 줄은 알아도 죽은 뒤의 명복을 빌 줄은 알지 못한다.

아아, 부모를 위하는 마음이 원만하지 못하고 부모를 위하는 정성이 지극하지 못하고서 어찌 효도라 말할 수 있겠는가. 그러므로 뿌리를 죽임으로써 가지와 잎을 일찍 시들게 하는 사람이 매우 많다.

지금 심씨는 그 송아지를 핥는 은혜를 잊지 않고 이와 같이 살아 계시는 어머니와 돌아가신 아버지의 은혜를 한꺼번에 갚으니, 참으로 그 효도가 원만하고 정성이 지극하다 할 수 있다. 타고난 성품인가 과거의 훈습인가. 마음속에 생긴 것으로 밖으로 나타나는 법이니 나타난 것은 실은 마음에서 생긴 것이다.

부처님의 교법으로 돌아가 그 심지를 북돋우고 부모를 추천하여 윤리를 닦는지라, 은혜와 정이 아울러 자라고 뿌리와 가지가 같이 번성할 것이다. 그러므로 그는 사람의 자식으로나 부처님의 제자로서 직분을 다하였으니, 죽더라도 유감이 없을 것이다. 아아, 참으로 아름다운 일이다.

가정 임자년 봄에 삼가 발문을 쓴다.

5. 부모님 제사에 올리는 글

병자년 정월 13일, 집을 나온 소자, 선교의 일을 함께 맡은 사자 도대선사(賜紫 都大禪師) 아무는 묘향산 심원동 상남대의 초암에 병들어 누워 향과 폐백을 갖추고 사람을 보내 부모님의 쌍무덤 밑에 삼가 고하나이다.

엎드려 생각하오니, 구천은 멀며 구원(九原 ; 황천)은 아득하온데, 아버지는 어디 계시며 어머니는 어디에 계시나이까. 누구에게나 부모가 없을까마는 저희 부모의 은혜는 다른 사람과 아주 다르며 누구에게 생사가 없을까마는 저희 부모의 죽음은 참으로 마음 아픈 일입니다.

지난 일을 생각하오면 사람들은 그 인자함을 칭송하면서도 그 유한(幽閑)한 인자함은 알지 못하였고, 엄격함은 알면서도 도덕의 엄격함은 알지 못하였습니다. 그 인자함은 후손들이 어루만지기에 넉넉하였고 그 엄격함은 선열을 잇기에 넉넉하였습니다. 어찌하여 세 아들의 머리를 땋는 날 소자가 이를 가는 해에 인자한 어머니는 갑자기 난새를 타시고 엄격한 아버지는 이어 기마(騏馬)를 타셨나이까. 바람은 옛나무에 슬프고 달은 빈 문을 조상하였나이다. 소자가 뜰에서 절한들 누가 시를 가르치고 문에서 절한들 누가 짜던 베를 끊겠나이까. 아버지를 생각하오니 창자가 이미 끊어졌고 어머니를 생각하오니 눈물이 피로 변하나이다. 천하와 인간 세상의 그 어떤 슬픔이 이보다 더하겠나이까. 아아, 슬프고 애답습니다.

소자는 외로운 그림자를 쓸쓸히 나부끼면서 이름을 관학(館學)에 두었다가, 학문을 그만두고 산에 들어가 머리를 깎은 뒤에 선·교의 일을 맡고 금궐(金闕·대궐)에 두 번 조회하였삽더니, 세월은 흘러 어느새 백발이 성성하였나이다. 이미 두 형이 죽고 한 누이마져 갔으니 하늘을 불렀으나 하늘은 높아 부르짖을 길이 없고, 땅을 두드렸으나 땅은 두터워 호소할 길이 없었나이다. 오늘에 이르러 은애(恩愛)를 끊는 것이 부처님의 법이라 하지만 과거를 그리워하는 것은 또 유교의 법입니다. 벼와 기장(禾黍)을 탄식하면서 고향을 생각하면 구름이 슬프고 송추(松楸)를 바라보면서 의관(衣冠)을 생각하면 또 바람소리가 슬픕니다. 아아, 슬프고 애답습니다.

생각하오면 소자가 처음 났을 때 무릎 밑에 두고 손바닥 위에서 길렀으니 아버지의 은혜는 하늘과 같고, 쓴 것은 삼키고 단 것은 뱉으니 어머니의 덕은 땅과 같나이다. 또 생각하오면 어머님이 돌아가시는 아침에 이 소자를 "아가"라고 세 번 부르고 한 소리로 통곡하셨으니 아아, 슬프고 애달프오며, 또 생각하오면 아버지 돌아가시는 밤에는 소자를 안은 채 베개를 높이하고 이불 속에서 고요히 가셨으니 아아, 슬프고 애달픕니다.

푸른 등불은 벽에 걸렸으나 어머니의 길쌈하는 모습 다시 볼 수 없고, 고향 산의 연기와 달에서는 아버지의 시 짓고 술 마시는 모습을 다시 볼 수 없사오니 말소리와 모습이 아득하여 천추에 영원한 이별이옵니다.

그러하오나 저승과 이승은 하나의 이치요, 아버지와 자식은 하나의 기운이라 천리 밖에서 한 번 통곡하고, 만 번 절하며 한 번 드리옵니다. 백발의 한 형이 나를 대신하여 한 번 제사하나이다. 아득한 가운데서도 아름이 있삽거든 가엾이 여겨 밝게 살피소서.

6. 멀리서 노찰방(盧察訪)의 영궤(靈几)에 제사하는 글

아무는 10년 동안 서로 생각했더니 갑자기 유명이 달라졌습니다.

구천은 망망하고 구원은 막막합니다. 평생 다시 볼 수 없으니 흰구름 가에 눈물을 뿌립니다. 슬프고 애답습니다. 엎드려 비노니 살펴주소서.

7. 참선문(參禪門)
  - 징장로(澄長老)에게 줌 -

생각이 일어나고 생각이 사라지는 것을 생사라 하나니 생사를 당하였을 때 부디 힘을 다하여 화두를 들어야 한다. 만일 화두에 간단이 있으면 이를 생사라 하고 또 번뇌라 하며, 그 화두가 어둡지 않으면 이는 당인(當人)이요, 자기의 집인 것이다. 이렇게 어둡지 않을 때, 혹 다른 생각을 일으키면 그것은 반드시 어떤 그림자에 미혹된 것이다.

만일 관문(關門)을 뚫지 못하였거든 어린애가 어머니를 생각하듯 하고 닭이 알을 품듯이 하고 굶주린 때 밥을 생각하듯이 하며, 목이 마를 때 물을 생각하듯이 하라. 이것이 어찌 조작한 마음이겠는가. 이렇게 자세히 참구하되 조금의 빈틈과 간단이 없도록 생각하고 또 깊이 생각하면, 반드시 자기 집에 이를 때가 있을 것이다. 힘쓰고 힘써야 한다.

또 4대 요소로 된 이 더러운 몸이 순간마다 쇠퇴하는 것을 아는가. 또 네 가지 은혜의 깊고 두터움을 아는가. 또 사람의 목숨이 호흡 사이에 있음을 아는가. 일어나고 낮음이 편할 때 지옥의 고통을 생각하는가. 이것은 참선하는 사람들이 날로 생각해야 할 일이니, 낱낱이 살피고 살펴보라.

8. 부처와 중생, 삼도(三途)와 마장(魔障)

경술년 가을에 나는 풍악산 향로봉에 있었다. 그때 어떤 선자가 묘향산에서 나를 찾아와 모든 부처와 중생, 그리고 삼도와 마장이 일어나는 이유를 묻되, 몹시 애쓰고 간절하기에 나는 다음과 같은 게송으로 대답하였다.

若欲見佛性　　知心是佛性
약 욕 견 불 성　　지 심 시 불 성

若欲免三途　　知心是三途
약욕면삼도　　지심시삼도

만일 불성을 보고자 하거든
마음이 바로 불성인 줄을 알고
만일 삼도를 면하려 하거든
마음이 바로 삼도인 줄을 알라.

精進是釋迦　　直心是彌陀
정진시석가　　직심시미타

明心是文殊　　圓行是普賢
명심시문수　　원행시보현

慈悲是觀音　　喜捨是勢至
자비시관음　　희사시세지

정진이 바로 석가모니요
곧은 마음이 바로 아미타이며
밝은 마음이 바로 문수사리요
원만한 행이 바로 보현이며
자비가 바로 관세음이요
희사가 바로 세지이니라.

瞋心是地獄　　貪心是餓鬼
진심시지옥　　탐심시아귀

癡心是畜生　　婬殺亦如是
치심시축생　　음살역여시

성내는 마음이 바로 지옥이요
탐하는 마음이 바로 아귀이며
어리석은 마음이 바로 축생이요
음욕과 살생 또한 그러하니라.

   起心是天魔 不起是陰魔
   기 심 시 천 마 불 기 시 음 마

   或起或不起 是名煩惱魔
   혹 기 혹 불 기 시 명 번 뇌 마

   然我正法中 本無如是事
   연 아 정 법 중 본 무 여 시 사

일어나는 마음은 천마요
일어나지 않는 것은 음마이며
혹 일어나고 혹 일어나지 않는 것
그것은 번뇌마라 한다.
그러나 우리의 바른 법 안에는
그러한 일 본래부터 없느니라.

   請君知箇事 快提金剛刀
   청 군 지 개 사 쾌 제 금 강 도

   回光一念中 萬法皆成幻
   회 광 일 념 중 만 법 개 성 환

만일 그대가 그런 줄 알았거든
씩씩하게 금강의 칼날을 잡고

한 생각 속으로 빛을 돌리면
모든 법이 다 환(幻)을 이루리라.

成幻又成病 　　一念須放下
성 환 우 성 병 　　일 념 수 방 하

放下又放下 　　舊來天眞面
방 하 우 방 하 　　구 래 천 진 면

환(幻)을 이룸이 또 병을 이루나니
모름지기 한 생각을 놓아 버리되
놓아 버리고 또 놓아 버리면
본래의 천진면목 나타나느니라.

천도문(薦度文)

1. 대왕천도소(大王薦度疏)
  - 심대비(沈大妃)를 대신하여-

성감(聖鑑 ; 임금님의 마음)은 밝고 신령스러워 아침 해가 멀리 떠오르는 것 같고, 백성들이 출몰하는 모양은 밤 달이 맑은 못에 비치는 것 같으므로 만일 간절히 귀의하면 곧 감응에 통할 수 있습니다.

제자는 엎드려 생각하옵건대, 전몽의 해(旃蒙 ; 乙巳年 1545)에 보위에 오르시고 단알의 해(單閼 ; 乙卯年)에 심궁에 짝하시매, 고기와 물이 서로 즐기고 바람과 구름이 왕성히 어울렸습니다. 천관(千官)의 정치는 하나의 정치가 되고, 모든 백성의 마음을 하나의 마음으로 삼아 마치 아이들이나 손자처럼 사랑하여 기르매 아버지와 어머니처럼 우러러 받들었습니다. 일조의 성사가 천고에 듣기 드물더니, 어찌하여 북궐의 화변이 처음으로 생기고 남새의 왜진은 계속해 일어났습니까. 삼보에 마음을 기울였으나 이치로 영험이 없었고 사사공양에 힘을 다했으나 실제로 위험만 더하였으니, 계해년(1563) 가을에 동궁(東宮)이 갑자기 비고 을축년(1565) 여름에 자전(慈殿)이 또한 적막해졌습니다. 그리하여 대왕은 슬픔

속에 3년을 지나는 동안 먹는 죽을 감하여 얼굴빛이 검어지고, 만 가지의 걱정으로 늙지도 않았는데 머리가 희어졌습니다. 그러다가 금년에 이르러 임종(林鍾 ; 6월)의 찬란한 새벽에 정호(鼎湖 ; 궁전)의 용이 찬 안개를 탔고, 무역(無射 ; 9월)·패수(佩茱 ; 9일)의 달에 무릉(無稜)의 소나무가 슬픈 바람을 일으켰으니, 신민들의 통곡으로 하늘빛이 아득하였고 전각의 문이 부질없이 잠기매 벌레 소리만 구슬펐습니다. 요사하는 목숨을 늘일 수 없으니 인자의 수명은 정할 수 없기 때문이요, 죽은 사람은 다시 살 수 없으니 그것은 천리의 운수의 필연기이 때문입니다. 아아, 일찍이 장수를 구하였으나 갑자기 죽음을 불러왔고 일찍이 복을 맞이하려 하였으나 지금에 화를 가져왔습니다. 인과가 없다 하여 농속(聾俗 ; 無知)의 의혹을 면하지 못하였으니, 그 과보에는 앞뒤가 있거늘 누가 저승의 거울에서 도망할 수 있겠습니까.

 그러나 이미 지나간 일이라 호소한들 무엇하겠습니까. 한갓 과거를 생각하여 애정의 강물에 빠지는 것이 어찌 천도재로써 복의 바다를 닦는 것만 하겠습니까. 이에 금강정찰(金剛精刹)에 나아가 정성스레 무차(無遮)의 법연을 베풀었으니, 자성 속의 삼신(三身)의 부처님께 귀의하는 것이요, 자심 위의 한 권의 경책을 읽는 것입니다. 범(梵)의 소리는 최상의 종풍을 연설하고 법의 음악은 무생의 곡조를 타며, 용과 코끼리는 화장세계에서 서로 날뛰고 사람과 하늘은 영취도량에서 서로 만났습니다.

 가만히 생각하오면 대왕의 선가(仙駕)는 현재의 업은 어길 수 있으나 과거의 인연은 헤아리기 어려우므로 원결을 만나지나 않을까 두렵고 미도(迷途)에 머무르지나 않을까 의심스럽습니다. 그러므로 반드시 자비의 배를 빌어야 비로소 괴로움의 바다를 넘을 수 있을 것입니다.

엎드려 원하옵나니 대왕의 선가는 황금대 위에서 나뭇가지의 바람 소리를 들으면서 소요하시고, 백옥지 속에서 연꽃을 밟으면서 유희하시기 바랍니다.

또 엎드려 원하옵나니 주상전하는 천력(天曆)을 길이 받으시고 황유(皇猶 ; 제왕)를 널리 펴시어, 왕업의 기초를 다시 회복하시고 종사(宗社)를 거듭 빛나게 하여 주소서.

또 원하옵나니 왕비전하는 수명의 산이 더욱 높고 복의 바다가 더욱 깊도록 하여 주소서.

그리고 원하옵나니 제자는 다섯 가지 장애가 한꺼번에 사라지고 두 가지 장엄을 완전히 갖추며, 몸은 쇠와 돌같이 튼튼하고 명은 소나무와 창죽처럼 보존되어 감로(甘露)의 남은 물결에 궐정(闕廷)이 고루 목욕하고 삼도가 함께 이익을 얻고 칠취가 모두 은혜에 젖게 하소서.

제자는 간절히 비는 지극한 정성을 견딜 수 없나이다.

2. 천사소(薦師疏)

부처님은 지혜의 횃불이 되어 어두운 거리를 크게 밝히시고 법은 바로 자비의 배라 괴로움의 바다에 깊이 빠진 중생을 건져줍니다. 만일 부처님과 법에 귀의하지 않으면 어떻게 사람과 하늘을 이롭게 할 수 있겠습니까. 그러므로 맑은 법수(法水)로써 각월(覺月)의 비춤을 맞이하려는 것입니다.

저 영가를 생각하면서 아뢰옵나니, 저의 은사는 일찍이 티끌세상의 번거로움을 벗어나 몸을 운수(雲水)에 붙였으니, 길상산 밑에서 오실 때에는 외로운 그림자가 하늘에 나부끼었고, 반야봉 꼭대기에서 참선하실 때는 한 암자가 고요하고 깨끗하였습니다. 법랍 70년 동안을 좌선하면서 수많은 포단을 헤어지게 했으며, 수명 80년 동안에 자고 먹으면서 많은 재계를 하였습니다. 스승에게는 조상을 빛내는 높은 풍도(風度)가 있었지마는 제자에게는 스승을 나타낼 좋은 덕이 없습니다. 젊어서는 학업에 얽매었고 자라서는 살아가기에 분주하여 미쳐 정성을 바치기 전에 갑자기 세상을 떠나시니, 그 음성과 모습을 생각하고는 크게 탄식하고 지팡이와 신을 돌아보고는 더욱 슬퍼할 뿐입니다. 여기 여섯 가지 공양의 구름을 일으키고 삼단(三壇)의 오묘한 법의 자리를 베풀어 온 몸을 땅에 던져 그윽한 도움을 비옵니다. 무수한 부처님과 수없는 현성들은 모두 크게 가엾이 여기는 손으로 망령을 인도하여 주소서.

생각하오면 돌아가신 스승은 현세의 업은 피할 수 있으나 과거의 인연은 헤아리기 어렵기 때문에 혹 원결을 만나지나 않을까 두렵고 미도(迷途)에 머무르지나 않을까 의심스럽습니다. 그러므로 반드시 자비의 배를 빌어서야 비로소 극락의 저 언덕에 오를 수 있을 것입니다.

제자는 간절하고 지극한 정성을 견딜 수 없어 옥호(玉毫; 佛面)를 우러러 삼가 글을 올리나이다.

3. 채씨(蔡氏)를 대신하여 지아비를 천도하는 글

모든 부처님의 크고 둥근 거울은 본래 신령스럽고 밝으며,

중생들의 허망한 몸은 반드시 출몰합니다. 그러므로 간절히 귀의하면 묘한 감응이 두루 나타납니다.

　망령은 이 아내의 좋은 짝으로서 그 영혼은 지금 세상 밖에 놀지만 그 자취는 이 티끌세상에서 같이 있었습니다. 성질은 본래부터 온순하고 선량하여 한 덩이의 화한 기운이었으므로, 은혜는 향당에 입히었고 덕택은 고궁(孤窮)에 미쳤었습니다. 항상 그윽한 약속은 비파와 거문고 같았고, 매양 하는 깊은 맹세는 함께 늙고 함께 죽자는 것이었습니다.

　어찌하겠습니까. 10년 동안의 달고 쓴 맛도 마치 반나절의 생애와 같았나니, 하루 저녁에 죽으니 비로소 평생의 영원한 이별임을 깨달았습니다. 하늘 끝, 외기러기를 바라보면서 마음을 상하고, 무릎 아래 어린 딸들을 어루만지면서 눈물을 삼킵니다. 이미 그 혼을 돌이킬 재주가 없거늘 마땅히 복을 닦기에 마음을 다하겠습니까. 애정을 베고 은혜를 끊는 것이 부처님의 법이라 하오나, 죽음을 정중히 하고 과거를 그리워하는 것이 또한 천륜(天倫)입니다.

　이제 지리산의 조촐한 절에 나아가 무차(無遮)의 큰 모임을 정성스레 베푸나니, 날은 보름의 달밤이요, 철은 꽃이 지는 봄입니다. 용상이 운집하여 마치 화장의 세계와 비슷하고 나발(螺鈸)과 범음이 다투어 울리매 영취의 도량과 방불합니다.

　엎드려 원하옵나니 망부(亡夫)로 하여금 빨리 유루(有漏)의 몸을 벗고 단번에 무생(無生)의 지혜를 증득하여, 미혹의 구름이 모두 흩어지고 깨달음의 달이 갑자기 밝게 하여 주소서. 다시 원하옵나니 제자는 다섯 가지 장애가 담박 사라지고 두 가지 장엄을 완전히 갖추어, 몸은 쇠와 돌같이 굳고

목숨은 소나무와 대처럼 보존되게 하시고, 감로의 남은 물결에 한 집이 모두 목욕하고, 삼도(三途)는 영원히 이익을 얻고 칠취는 함께 은혜에 젖게 하소서.

제자는 간절하고 지극한 정성을 견디지 못하나이다.

시문(詩文)

1. 선조대왕 묵죽시(墨竹詩) 차운(次韻)

　　瀟湘一枝竹　　聖主筆頭生
　　소상일지죽　　성주필두생

　　山僧香爇處　　葉葉帶秋聲
　　산승향설처　　엽엽대추성

소상의 한 가지 대(竹)가
성주의 붓끝에서 나왔어라.
산승의 향불 사르는 곳에
잎마다 가을 소리 띠었고녀.

2. 사선정(四仙亭)에서

　　海枯松亦老　　鶴去雲悠悠
　　해고송역로　　학거운유유

　　月中人不見　　三十六峯秋
　　월중인불견　　삼십육봉추

바다 마르고 소나무 또한 늙었는데
학은 이미 가고 구름만이 유유하네.
달 밝은 밤 사람은 아니 뵈고
서른여섯 봉우리는 가을일레

3. 서도(西都)에서

鴻去前朝事　　江流畵閣中
홍 거 전 조 사　　강 류 화 각 중

千年竹枝曲　　余怨寄西風
천 년 죽 지 곡　　여 원 기 서 풍

기러기 지나간 옛 왕조의 일이여
화각 군악 속엔 강물만 흐르네.
천년의 죽지곡(평양의 민요)으로
남은 시름이 서풍에 묻어가네.

4. 동호(東湖)의 밤

舟中聞夜笛　　何處宿漁翁
주 중 문 야 적　　하 처 숙 어 옹

日出無人見　　鳥啼花自紅
일 출 무 인 견　　조 제 화 자 홍

뱃속에 밤 피리소리 들리는데
어느 곳에 늙은 고기잡이는 자는고.
해 떴건만 사람은 보이지 않고
새 울고 꽃만 스스로 붉었어라.

5. 남명(南溟)에서

海通天地外　　誰與問前津
해 통 천 지 외　　수 여 문 전 진

紅雲碧浪上　　笑語十洲人
홍 운 벽 랑 상　　소 어 십 주 인

바다는 천지 밖으로 트이었거니
누구에게 앞 나루터 물어볼꼬.
붉은 구름 푸른 물결 위에
신선(十洲人 ; 신선들)들이 웃으며 말하네.

月落夜猶白　　舟中有釋迦
월 락 야 유 백　　주 중 유 석 가

廓然天不盡　　靑海動星河
곽 연 천 부 진　　청 해 동 성 하

달은 졌건만 그래도 밤은 밝은데
배 안엔 석가가 있어라.

아득히 트인 하늘 다함없고
푸른 바다에 은하수가 흐르네.

　　　月出琉璃國　　人稀白玉京
　　　월 출 유 리 국　　인 희 백 옥 경
　　　天顏應只尺　　回首五雲生
　　　천 안 응 지 척　　회 수 오 운 생

달은 유리국(용궁)에 솟았는데
백옥경(천제궁)에 사람은 드물고
천안(天顏 ; 천제의 용안)은 응당 지척인 양
돌아보니 오색의 구름 이누나.

　　　海躍銀山裂　　風停碧玉流
　　　해 약 은 산 열　　풍 정 벽 옥 류
　　　船如天上屋　　星月坐中收
　　　선 여 천 상 옥　　성 월 좌 중 수

바다 뛰노니 파도가 부서지고
바람 멈추어 푸른 물결 흐른다.
배는 천상의 집인 양
별과 달을 거두었네.

6. 여강(驪江)에서

落鴈下長沙　　樓中人起舞
낙 안 하 장 사　　누 중 인 기 무

淸秋一葉飛　　客宿西江雨
청 추 일 엽 비　　객 숙 서 강 우

기러기 긴 모래밭에 내리는데
다락 위엔 사람이 춤을 추네.
맑은 가을 한 잎사귀 떨어져 날고
나그네 서강의 빗속에 자누나.

7. 초옥(草屋)

草屋無三壁　　老僧眠竹床
초 옥 무 삼 벽　　노 승 면 죽 상

靑山一半濕　　疎雨過殘陽
청 산 일 반 습　　소 우 과 잔 양

초옥은 삼면의 벽이 없는데
늙은 중은 대평상에서 조는구나.
청산은 반쯤 젖었는데
성긴 비는 석양을 지나가네.

8. 동도(경주)를 지나면서

客子愁靑草　　春禽怨落花
객 자 수 청 초　　춘 금 원 락 화

新羅千古事　　都入一聲歌
신 라 천 고 사　　도 입 일 성 가

나그네는 푸른 풀도 시름일레
봄에 나는 새와 지는 꽃을 원망함이여.
신라 천년의 옛일이
도무지 한 소리 노래에 담겼어라.

9. 두견(杜鵑)

處處白雲飛　　山山又水水
처 처 백 운 비　　산 산 우 수 수

聲聲不如歸　　只爲遠遊子
성 성 불 여 귀　　지 위 원 유 자

곳곳에 흰구름 날고
산 넘어 산이요 물 건너 물인데
소리마다 불여귀(不如歸 ; 두견새)는
먼 길손을 위함인가.

10. 북벌장군(北伐將軍)

丹心胡國月　　白骨他鄉春
단 심 호 국 월　　백 골 타 향 춘

汗入烟中竹　　名喧路上人
한 입 연 중 죽　　명 훤 로 상 인

단심은 고국의 달이요
백골은 타향의 봄이로세.
땀(汗)은 역사에 담겼고
그 이름 길 가는 사람의 입에 오르내리네.

席捲天疑動　　霜風拂劒花
석 권 천 의 동　　상 풍 불 검 화

軍中大星落　　無復渡氷河
군 중 대 성 락　　무 부 도 빙 하

자리 말 듯 몰아칠 제 하늘은 들먹이고
서릿바람 검화를 날렸으나
군중에 큰별 떨어지니
빙하를 다시는 건너지 못하네.

11. 왕장군의 묘

掃電胡塵土　　天山一挂弓
소 전 호 진 토　　천 산 일 괘 궁

鐵心今不死　　應作射天虹
철 심 금 불 사　　응 작 사 천 홍

오랑캐의 땅을 번개같이 휩쓸고
천산에 한 번 활을 걸었다.
무쇠 같은 그 마음 상기 죽지 않았으니
응당 하늘로 뻗은 무지개 되었으리.

將軍一擧鞭　　四海尙安眠
장 군 일 거 편　　사 해 상 안 면

千古無人問　　萬山空杜鵑
천 고 무 인 간　　만 산 공 두 견

장군이 한 번 채찍을 드니
사해는 편안히 잠들었건만
천고에 묻는 이 없고
만산엔 속절없는 두견의 소리뿐일세.

12. 가평탄(加平灘)

野暗烟如織　　沙明月似彎
야 암 연 여 직　　사 명 월 사 만

木疎江不盡　　天外落三山
목 소 강 부 진　　천 외 락 삼 산

들이 어두워지니 연기는 배 짜는 것 같고
모래밭은 밝고 달은 활 같아라.
나무는 성기고 강은 끊임이 없는데
하늘 밖으로 삼산이 떨어졌네.

13. 고향집

牧童一聲笛　　騎牛過夕陽
목 동 일 성 적　　기 우 과 석 양

不堪王謝宅　　燕子說興亡
불 감 왕 사 택　　연 자 설 흥 망

목동의 한 가락 피리소리
소를 타고 석양을 지나가네.
왕·사(王謝)의 옛집
제비들이 그 흥망 말하는 것을 어찌 견디랴.

14. 벗 생각

天涯各南北　　見月幾相思
천 애 각 남 북　　견 월 기 상 사

一去無消息　　死生長別離
일 거 무 소 식　　사 생 장 별 리

하늘가 남과 북으로 갈려 있어
달을 보며 몇 번이나 생각했던고.
한번 가자 소식 없으니
생사 알 수 없는 긴 이별일레.

15. 피리소리

| 邊城吹玉笛 | 遠客先悲凉 |
| 변성취옥적 | 원객선비량 |

| 折柳秋雲動 | 招魂入故鄕 |
| 절류추운동 | 초혼입고향 |

변방의 성에 옥피리소리 들리니
먼 길손은 남 먼저 슬프고녀.
버들가지 꺾으니 가을 구름이 흘러
혼을 불러 고향으로 돌아가네.

16. 관동(關東)의 회포

| 海窮天盡處 | 紅日半輪生 |
| 해궁천진처 | 홍일반륜생 |

| 親朋書一紙 | 萬里未歸情 |
| 친붕서일지 | 만리미귀정 |

바다 다하고 하늘 다한 곳에
붉은 해 반쯤 솟았는데
친한 벗의 글 한 편
만리길 돌아가지 못하는 정회(情懷)일레.

17. 서호(西湖)

悠悠望北心　　一片靑雲隔
유유망북심　　일편청운격

遠客宿南江　　西樓夜吹笛
원객숙남강　　서루야취적

아득히 북녘을 바라보는 마음
한 조각 푸른 구름이 가리었구나.
먼 길손은 남강에 자는데
서쪽 누각에선 밤 피리를 부누나.

18. 비 개인 뒤의 집구(集句)

粉重低飛蝶　　黃濃不語鶯
분중저비접　　황농불어앵

波涵雷澤棹　　雨足歷山耕
파함뢰택도　　우족역산경

분이 무거운가 나비는 나직이 날고
말없는 꾀꼬리 노란 날개 짙게 젖었어라.
물결은 뇌택의 노(櫓)를 일렁이고
비는 역산의 밭을 갈기에 족하네.

19. 동해를 바라보며

渺渺又茫茫　　大風常主宰
묘묘우망망　　대풍상주재

巨靈擘萬山　　噴玉射東海
거령벽만산　　분옥사동해

아득하고 망망한데
큰 바람이 언제나 주재하누나.
거령의 만산을 쪼개어
옥을 뿜어 동해로 보내네.

20. 밤에 앉아서

有客一長嘯　　風生萬壑間
유객일장소　　풍생만학간

夜深燕子院　　月照淸凉山
야심연자원　　월조청량산

손(客)이 있어 긴 휘파람 한번 부니
첩첩한 깊은 골짜기에 바람이 이누나.
밤은 연자원(燕子院 ; 안동제비원)에 깊었는데
달은 청량산을 비치네.

21. 숭의선자(崇義禪子)

欲識淸虛主　　相逢定不逢
욕 식 청 허 주　　상 봉 정 불 봉

須知白雲外　　別有一奇峯
수 지 백 운 외　　별 유 일 기 봉

청허(淸虛)의 주인을 알고자 하는가
그대 나를 보지만 나의 진실은 보지 못하누나.
모름지기 알 것이 흰구름 밖에
기이한 봉우리 따로 있느니.

22. 감흥(感興)

安分心休歇　　人間大丈夫
안 분 심 휴 헐　　인 간 대 장 부

芒碭雲一去　　花下鳥相呼
망 탕 운 일 거　　화 하 조 상 호

분수를 따라 마음을 쉬노니
인간 세상의 대장부라.
망탕(芒碭)의 구름 한 번 사라져 갔어도
꽃 아래 새들은 서로 부르네.

遼海千年鶴	南溟萬里鵬
요 해 천 년 학	남 명 만 리 붕
樓臺秦渭水	風月漢諸陵
누 대 진 위 수	풍 월 한 제 릉

요해에는 천년의 학이요
남명에는 만리의 붕이로다.
진나라 위수에는 누대이며
한나라 모든 능의 풍월이로다.

23. 진기자(陳碁子 ; 바둑의 장인)를 곡함

庭草猶含露	園泉自入池
정 초 유 함 로	원 천 자 입 지
平生玉局笑	今日白楊悲
평 생 옥 국 소	금 일 백 양 비

뜰의 풀잎은 아직 이슬을 머금었고
동산의 샘물은 저절로 흘러서 못으로 드네.

평생을 바둑과 함께 웃더니
오늘은 백양(白楊 ; 墓樹)이 슬프구나.

寂莫門前路 적 막 문 전 로	春生臥柳枝 춘 생 와 류 지
千年遼海鶴 천 년 요 해 학	華表返何時 화 표 반 하 시

적막한 문 앞의 길
누운 버들가지에 봄은 피는데
천년 요해의 학이
어느 때나 화표에 돌아올꼬.

24. 준선자(俊禪子)에게

悲歡一枕夢 비 환 일 침 몽	聚散十年情 취 산 십 년 정
無言却回首 무 언 각 회 수	山頂白雲生 산 정 백 운 생

슬픔과 기쁨은 한바탕 꿈이요
만남과 헤어짐은 십년의 정일레.
말없이 고개 돌리니
산머리에 흰 구름이 이누나.

25. 유천(蓼川)

|遠樹起村烟|碧波人捲釣|
|원 수 기 촌 연|벽 파 인 권 조|

|一鴈入秋空|千鴉下落照|
|일 안 입 추 공|천 아 하 락 조|

먼 숲에 마을 연기 일고
푸른 물가에 사람은 낚시를 걷는다.
외기러기 가을 하늘로 날아오르고
갈가마귀 떼 낙조 따라 내려오네.

26. 독사(讀史)

|商周漢唐宋|忽忽如風燭|
|상 주 한 당 송|홀 홀 여 풍 촉|

|人世幾興亡|乾坤爲一局|
|인 세 기 흥 망|건 곤 위 일 국|

상·주·한·당·송나라가
바람 앞의 촛불처럼 홀홀하구나.
사람 사는 세간 흥망이 몇 번이던고
건곤이 하나의 바둑판일세.

不周山觸日　　天下始沉沉
　　　부주산촉일　　　천하시침침

　　湯武一時事　　夷齊萬古心
　　　탕무일시사　　　이제만고심

부주산에 부딪치던 날
천하가 비로소 어두웠거니
탕과 무는 한때의 지난 일이요
백이와 숙제는 만고의 마음일레.

27. 어옹(漁翁)

　　五帝三皇事　　掉頭吾不知
　　　오제삼황사　　　도두오부지

　　孤舟一片月　　長笛白鷗飛
　　　고주일편월　　　장적백구비

오제와 삼황의 일은
내 몰라라 머리 졌네.
외로운 배는 한 조각 달일러니
긴 피리소리에 흰 갈매기 날으네.

28. 북변(北邊)에서

|古道行人歇|荒城入亂山|
|고 도 행 인 헐|황 성 입 난 산|

|一家隔秋草|稚子牧羊還|
|일 가 격 추 초|치 자 목 양 환|

옛 길가에 나그네 쉬는데
황폐한 성은 깊은 산속에 잠겨 있네.
외딴 집은 가을 풀숲에 가려 있고
어린아이 염소를 몰고 돌아오네.

|單于越江來|馬上將軍老|
|선 우 월 강 래|마 상 장 군 노|

|落日下長城|牛羊臥秋草|
|낙 일 하 장 성|우 양 와 추 초|

선우(單于 ; 흉노)는 강을 건너 쳐오는데
말 위의 장군은 늙었구나.
지는 해 장성(長城)에 비끼니
소와 염소들 가을 풀 위에 누웠네.

29. 화개동(花開洞)

|泥爲靑石髓|松作老龍鱗|
|니 위 청 석 수|송 작 노 용 린|

犬吠白雲隔　　桃花洞裏人
견 폐 백 운 격　　도 화 동 이 인

진흙은 푸른 돌의 정수(精髓)요
솔(松)은 늙은 용의 비늘일레.
흰 구름 가리운 곳, 개 짖으니
도화동(桃花洞 ; 무릉도원) 속에 사람이 사네.

30. 옛 절

寂寂閉虛院　　落花三尺深
적 적 폐 허 원　　낙 화 삼 척 심

東風來又去　　月色傷人心
동 풍 래 우 거　　월 색 상 인 심

빈 절은 문이 닫혀 적적한데
낙화는 석 자나 쌓였어라.
동풍은 오락가락
달빛은 사람의 마음을 에는구나.

花落僧長閉　　春尋客不歸
화 락 승 장 폐　　춘 심 객 불 귀

風搖巢鶴影　　雲濕坐禪衣
풍 요 소 학 영　　운 습 좌 선 의

꽃 지도록 중은 두문불출한 지 오래인데
봄에 찾아온 길손은 돌아가지 않네.
바람은 둥우리 속 학의 그림자를 흔들고
구름은 앉아서 선정에 든 중의 옷깃을 적시네.

31. 옥계자(玉溪子)

逆旅駒陰裏　　何人歸去休
역려구음이　　하인귀거휴

閑窓一睡覺　　可敵萬封侯
한창일수각　　가적만봉후

역려(逆旅 ; 천지는 만물의 여관)와 구음(駒陰 ; 세월) 속
그 누가 쉬며 가고 오는가.
고요한 창가에 한잠 자고 나니
만 봉후인들 부러우리.

32. 회우(會友)

雲樹幾千里　　山川政渺然
운수기천리　　산천정묘연

相逢各白首　　屈指計流年
상봉각백수　　굴지계유년

구름과 숲은 몇 천리인고
산천은 분명 아득하구나.
서로 만나니 모두가 흰 머리,
손꼽아 흘러간 세월을 헤아려 보네.

33. 일암(一巖)

寒流飛絶壁　　深樹鎖烟霞
한 류 비 절 벽　　심 수 쇄 인 하

鐵石肝腸客　　開門踏落花
철 석 간 장 객　　개 문 답 낙 화

찬 물줄기 절벽을 날고
깊은 숲은 연기와 안개 속에 잠겼네.
철석간장의 나그네도
문 열고 낙화를 밟는구나.

34. 원선자(願禪子)를 보내며

飄飄如隻鴈　　寒影落秋空
표 표 여 척 안　　한 영 락 추 공

促筇暮山雨　　倚笠遠江風
촉 공 모 산 우　　의 립 원 강 풍

표표히 날으는 외기러기처럼
가을 하늘에 찬 그림자 드리우는데
날저문 산비는 지팡이를 재촉하고
먼 강바람에 삿갓이 기우네.

35. 도중유감(途中有感)

有名難避世　　無處可安心
유명난피세　　무처가안심

飛錫又飛錫　　入山恐不深
비석우비석　　입산공부심

명성이 있어 세상을 피하기 어려워
마음 편안히 쉴 곳 없네.
석장을 날리고 또 날려도
산에 들어가 잠기지 못할까 두려워하노라.

36. 김장군의 묘

烏江空百戰　　終聽楚歌悲
오강공백전　　종청초가비

家無回日信　　路有望鄕碑
가무회일신　　노유망향비

오강의 백 번 싸움 허무하구나.
마침내 초나라의 노래 듣고 슬퍼하거니
집에는 돌아올 날의 소식 없는데
한길가에 고향 바라보는 비(碑)뿐일세.

37. 누(樓)에 올라

白雲千萬里　　芳草故鄕春
백 운 천 만 리　　방 초 고 향 춘

落日登樓望　　烟波愁殺人
낙 일 등 루 망　　연 파 수 살 인

흰 구름은 천만리인데
방초는 고향의 봄이라
지는 해 다락에 올라 바라보니
자욱한 연기는 사람의 시름을 더하네.

38. 동원군수(東原郡守)

政閣常閑靜　　無緣見吏民
정 각 상 한 정　　무 연 견 이 민

花村聞犬吠　　知是典衣人
화 촌 문 견 폐　　지 시 전 의 인

정각이 늘 한가롭고 고요하니
아전과 백성을 볼 수가 없네.
꽃핀 마을에 개짓는 소리 들리니
옷 잡혀 술 마시는 사람임을 알겠네.

39. 채옹정(蔡邕亭)

明月近村留　　淸晨遠寺鐘
명 월 근 촌 류　　청 신 원 사 종

竹風移醉客　　花雨定遊蜂
죽 풍 이 취 객　　화 우 정 유 봉

밝은 달은 이웃 마을에 머물고
맑은 새벽 먼 절의 종소리
대숲의 바람은 취한 길손을 가게 하고
꽃비(花雨)는 벌을 쉬게 하네.

40. 단군대(檀君臺)
　　－역사와 요임금을 함께 말함－

披雲登老石　　遙想古皇王
피 운 등 노 석　　요 상 고 황 왕

山形一翠色　　人事幾興亡
산 형 일 취 색　　인 사 기 흥 망

구름 헤치고 묵은 바위에 올라
멀리 옛 황왕(皇王 ; 요)을 생각하네.
산이야 한결같이 푸르른데
인간사 흥망이 그 몇 번인가.

41. 청해백사(靑海白沙)

海色傷心碧　　天涯一病身
해 색 상 심 벽　　천 애 일 병 신

秋來江上葉　　鴈趂日邊人
추 래 강 상 엽　　안 진 일 변 인

바닷빛은 마음 에이게 푸르른데
하늘가 외로이 병든 몸일레.
가을은 강 위에 뜬 나뭇잎에 오고
기러기 낚시하는 사람을 쫓네.

42. 부휴자(浮休子)

少林消息斷　　言想普通年
소 림 소 식 단　　언 상 보 통 년

積雪空三尺　　兒孫兩臂全
적 설 공 삼 척　　아 손 양 비 전

소림의 소식 끊어지니
아득히 보통년이 떠오르네.
눈은 속절없이 석 자나 쌓였으니
아손의 두 팔이 온전하랴.

43. 행주선자(行珠禪子)

十年工做人　　積慮如氷釋
십 년 공 주 인　　적 려 여 빙 석

看盡大藏經　　焚香又讀易
간 진 대 장 경　　분 향 우 독 역

십년을 사람 되기 공부하였으니
쌓인 번뇌 얼음처럼 녹았으리.
대장경 보기를 다하고
향 사르며 다시 주역을 읽네.

忘我兼忘世　　頹然只一身
망 아 겸 망 세　　퇴 연 지 일 신

夜深風不動　　松月影侵人
야 심 풍 부 동　　송 월 영 침 인

나를 잊고 또 세상을 잊으니
퇴연한 이 한 몸뿐이라.

밤 깊고 바람마저 고요한데
소나무 달그림자 사람을 침노하네.

　　　白雲爲故舊　　明月是生涯
　　　백 운 위 고 구　　명 월 시 생 애

　　　萬壑千峰裏　　逢人卽勸茶
　　　만 학 천 봉 이　　봉 인 즉 권 다

흰 구름으로 옛 벗을 삼고
밝은 달이야 한 생애(生涯)일레.
만학천봉(萬壑千峰) 속에서
사람을 만나면 차를 권하리.

44. 남화권(南華卷 ; 眞經)

　　　可惜南華子　　祥麟作蘖孤
　　　가 석 남 화 자　　상 린 작 얼 고

　　　寥寥天地濶　　斜日亂啼烏
　　　요 요 천 지 활　　사 일 난 제 오

애석하다 남화자(南華子)여
상서로운 기린이 요망한 여우되었구나.
고요한 넓은 천지에
석양 까마귀 시끄러이 울었어라.

45. 탄서(歎逝)

人生行樂處　　過眼年光催
인생행락처　　과안년광최

春隨流水去　　夏逐綠陰來
춘수유수거　　하축록음래

인생 행락하는 곳에
눈을 스쳐 지나가는 세월이 바쁘구나.
봄은 흐르는 물 따라 가고
여름은 녹음을 쫓아오누나.

46. 상춘(賞春)

洛陽春色好　　歌舞滿街時
낙양춘색호　　가무만가시

花發酒增價　　夜深人未歸
화발주증가　　야심인미귀

낙양에 봄빛 고우니
거리마다 노래와 춤일세.
꽃피니 술값은 오르고
밤 깊어도 사람들 돌아가지 않네.

47. 상춘(賞春)

語柳鶯聲滑　　飄天燕舞斜
어 류 앵 성 활　　표 천 연 무 사

春風惟可惜　　吹落滿園花
춘 풍 유 가 석　　취 락 만 원 화

버들가지에 지저귀는 꾀꼬리 소리 매끄럽고
하늘에 나부끼는 제비는 비껴 날으네.
오직 애석한 것 봄바람이랴
동산 가득히 꽃이 지는데—.

48. 어미 잃은 까마귀

失母慈烏子　　啞啞哀怨深
실 모 자 오 자　　아 아 애 원 심

何論人與烏　　今日起予心
하 론 인 여 오　　금 일 기 여 심

어미 잃은 새끼 까마귀(慈烏子)
까욱까욱 애절하구나.
사람이라 어찌 까마귀 말할 건가
오늘 나의 마음을 일깨우누나.

49. 만추(晚秋)

沙白驚新雁　　葉黃悲老槐
사 백 경 신 안　　엽 황 비 노 괴

履霜君子意　　應向北堂懷
이 상 군 자 의　　응 향 북 당 회

모래 희니 어린 기러기 놀라 날으고
잎 누르니 늙은 홰(槐)나무 서러워라.
서리를 밟는 군자(周 吉甫子 伯奇)의 뜻은
응당 북당을 향한 회포일세.

50. 강릉(康陵)에서 곡함

愛國憂宗社　　山僧亦一臣
애 국 우 종 사　　산 승 역 일 신

長安何處是　　回望淚沾巾
장 안 하 처 시　　회 망 루 첨 건

나라 사랑하고 종묘사직 근심함은
산승 또한 한 신하임일세.
장안이 어디메뇨
돌아보니 눈물이 수건을 적시네.

51. 망고대(望高臺)

獨立高峰頂　　長天鳥去來
독립고봉정　　장천조거래

望中秋色遠　　滄海小於杯
망중추색원　　창해소어배

높은 봉우리 위에 홀로 서니
새들이 넓은 하늘을 오고 가네.
바라보니 가을빛은 아득히 펼쳐 있고
푸른 바다는 술잔보다 작구나.

52. 불일암(佛日庵)

深院花紅雨　　長林竹翠烟
심원화홍우　　장림죽취연

白雲凝嶺宿　　靑鶴伴僧眠
백운응령숙　　청학반승면

깊은 산속 절에는 붉은 꽃비 내리고
우거진 대숲은 푸른 연기라
흰 구름은 산마루에 엉키어 자고
푸른 학은 중을 짝하여 조는구나.

53. 가야(伽倻)에서

落花香滿洞　啼鳥隔林聞
낙 화 향 만 동　제 조 격 림 문

僧院在何處　春山半是雲
승 원 재 하 처　춘 산 반 시 운

낙화의 향기 마을에 가득한데
숲 너머에서는 새소리 정답게 들려오네.
묻노니 절은 어디에 있는고
봄산에 구름이 절반일세.

54. 대혜록(大慧錄)

十年秦楚隔　令我憶梅陽
십 년 진 초 격　영 아 억 매 양

一夜落花雨　滿城流水香
일 야 락 화 우　만 성 유 수 향

십년을 진과 초나라처럼 막혔으니
나의 생각은 언제나 매양에 있네.
하룻밤 지는 꽃비로
성 안 가득히 흐르는 물은 그대로 향기일세.

55. 조실(祖室)을 찾다

禪心猶感慨　　經卷沒床塵
선 심 유 감 개　　경 권 몰 상 진

花柳舊顏色　　軒窓無主人
화 류 구 안 색　　헌 창 무 주 인

참선하는 마음이 아직 감개로우니
경은 상 위 먼지에 묻혔어라.
꽃과 버들은 옛 모양 그대로인데
헌함(툇마루)의 창가엔 주인이 없네.

56. 청학동의 폭포

六月飛霜雪　　渾身冷似鐵
유 월 비 상 설　　혼 신 냉 사 철

聲搖洞壑心　　色奪虛空骨
성 요 동 학 심　　색 탈 허 공 골

유월에 서리와 눈 날리니
온 몸이 쇠처럼 차다.
소리는 동학(洞壑)의 마음을 흔들고
빛은 허공의 뼈를 빼앗는다.

57. 영성(榮城)의 북촌

日暮喧村犬　　茅簷雨半氷
일모훤촌견　　모첨우반빙

墦間醉來客　　提杖趁山僧
번간취래객　　제장진산승

해 저무니 마을 개 시끄러이 짖고
모옥(茅屋)의 처마 끝 비는 반쯤 얼었는데
번간(墦間)에서 취해서 온 손
지팡이 끌고 산승을 따르네.

58. 서산(西山)에 놀다

暮山客迷路　　筇驚宿鳥心
모산객미로　　공경숙조심

鐘鳴西嶽寺　　松竹碧雲深
종명서악사　　송죽벽운심

날저문데 산속을 헤매는 나그네
석장(錫杖) 소리에 자던 새 놀라겠네.
종소리 서악의 절에서 울리니
솔가 대숲에 푸른 구름이 깊구나.

59. 부여(扶餘)를 지나며

往事皆陳迹　　山川尙不迷
왕 사 개 진 적　　산 천 상 불 미

衣冠晨月上　　花草野禽啼
의 관 신 월 상　　화 초 야 금 제

지난 일 모두가 묵은 자취인데
산천은 오히려 아득하지 않네.
의관에 새벽 달 오르고
화초에는 들새가 우짖네.

60. 노병(老病)듦을 한탄함

老去人之賤　　病來親也疎
노 거 인 지 천　　병 래 친 야 소

平時恩與義　　到此盡歸處
평 시 은 여 의　　도 차 진 귀 처

늙은이 사람들이 천하게 여기고
병드니 친한 이도 멀어지네.
평시의 은혜와 의리가
이에 이르니 모두가 허망하여라.

61. 봉래자(蓬萊子)에게

山蒼蒼海茫茫　　雲浩浩雨浪浪
산 창 창 해 망 망　　운 호 호 우 랑 랑

何處美人在　　望之天一方
하 처 미 인 재　　망 지 천 일 방

산은 짙푸르고 바다는 아득한데
구름은 짙게 깔리고 비는 주룩주룩 내리네.
어느 곳에 미인이 있는가.
하늘 한쪽만을 바라보네.

筆健頹三岳　　詩淸直萬金
필 건 퇴 삼 악　　시 청 직 만 금

山僧無外物　　惟有百年心
산 승 무 외 물　　유 유 백 년 심

붓이 억세어 삼악을 무너뜨리고
시(詩) 맑으니 만금의 값이라.
산승에게 다른 물건 있을까
오직 백년의 마음이 있을 뿐이네.

62. 일선자(一禪子)에게

三敎大圓鏡　　文章只一能
삼 교 대 원 경　　문 장 지 일 능

시문(詩文)　299

|費工徒汗馬|沙飯亦鏤氷|
|비 공 도 한 마|사 반 역 루 빙|

삼교는 크고 둥근 거울이요
문장은 자못 하나의 기능에 지나지 않네.
헛된 공부는 한갓 말(馬)의 땀을 낼 뿐이매
모래밥(沙飯)이요 얼음 조각(彫刻)일세.

思量是鬼窟	文字亦糟粕
사 량 시 귀 굴	문 자 역 조 박
若問解何宗	捧行如雨滴
약 문 해 하 종	봉 행 여 우 적

생각하고 헤아림은 귀신의 굴(窟)이요
문자 또한 찌꺼기일 뿐이네.
어느 종지 깨쳤느냐 묻거든
몽둥이질을 빗방울이 듣듯이 하라.

63. 가을 강의 이별

長天一鴈怨	大野百蟲悲
장 천 일 안 원	대 야 백 충 비
別友秋江畔	牛山落日時
별 우 추 강 반	우 산 낙 일 시

긴 하늘엔 외기러기 서럽고
넓은 들에는 온갖 벌레가 슬프구나.
가을 강가에 벗을 이별하니
우산(牛山)에 해가 지는 때일세.

64. 벗을 기다리며
-소동파의 운을 따라-

夜深君不來　　鳥宿千山靜
야 심 군 불 래　　조 숙 천 산 정

松月照花林　　滿身紅綠影
송 월 조 화 림　　만 신 홍 연 영

밤은 깊은데 임은 아니 오고
새 잠드니 천산이 고요하네.
소나무 사이로 달이 꽃숲을 비추니
붉고 푸른 그림자 온 몸에 가득하이.

65. 홍류동(紅流洞)

出門三月暮　　處處落花風
출 문 삼 월 모　　처 처 락 화 풍

十年紅塵客　　一笑靑山中
십 년 홍 진 객　　일 소 청 산 중

삼월의 저녁 문을 나서니
여기저기 꽃 날리는 바람일세.
십년 홍진 속 나그네가
푸른 산에서 한바탕 웃네.

  花飛春暮日 尋入武陵天
  화 비 춘 모 일 심 입 무 릉 천

  何處神仙會 遠林生翠烟
  하 처 신 선 회 원 림 생 취 연

꽃 날리는 늦은 봄날
무릉도원(武陵桃源) 찾아드니
신선들 모인 곳 어디메인가
먼 숲에 푸른 연기 이네.

66. 철봉(鐵峯)

  逈出淸霄外 遊人間別峰
  형 출 청 소 외 유 인 간 별 봉

  白雲飛不到 朝日最先紅
  백 운 비 불 도 조 일 최 선 홍

멀리 하늘 밖으로 나오니
유람객(遊覽客)이 다른 봉우리를 묻네.

흰 구름 날아 이르지 못하는 곳
아침 햇빛에 맨 먼저 붉네.

67. 밀운선자(密雲禪子)에게

嶺頭爲白盖　　天際作奇峰
영두위백개　　천제작기봉

最誇征旱魃　　霖雨慰三農
최과정한발　　림우위삼농

고개 위에는 흰 일산(日傘)이요
하늘가에는 기이한 봉우리일세.
가장 자랑할 것은 가뭄을 정복함이니
비를 내려 삼농(三農)을 위로하게.

68. 목암(牧庵)

吹笛騎牛子　　東西任意歸
취적기우자　　동서임의귀

靑原烟雨裏　　費盡幾簑衣
청원연우이　　비진기쇄의

소를 타고 피리 부는 사람
동서를 마음대로 다니네.

푸른 들 비안개 속에
몇 벌의 누더기를 헤어지게 하였는고.

69. 고운(孤雲)

　　山中何事奇　　石上多松栢
　　산 중 하 사 기　　석 상 다 송 백

　　夷險不移心　　四時靑一色
　　이 험 불 이 심　　사 시 청 일 색

산중은 무슨 일로 기이한고
바위 위엔 송백도 많으이.
평온하거나 험하여도 그 마음 변치 않고
사시로 푸르러 한 빛일레라.

70. 이죽마(李竹馬)의 운(韻)

　　千里故人情　　黃花泛桑落
　　천 리 고 인 정　　황 화 범 상 락

　　靑山白雲人　　亦是紅塵客
　　청 산 백 운 인　　역 시 홍 진 객

천리 떨어진 친구의 인정이여
노란 꽃을 상락주(九月酒)에 띄우니

청산에 백운을 이고 사는 사람도
또한 홍진의 길손일레.

71. 중양 남루에 올라

黃花采盈掬　　滿面香風吹
황화채영국　　만면향풍취

一秋南樓興　　明月故人思
일추남루흥　　명월고인사

노란 꽃 꺾어 한 움큼에 차니
얼굴 가득히 향풍에 부누나.
가을 한때는 남루의 흥취요
밝은 달은 옛 친구를 그리게 하네.

72. 탐밀봉(探密峯)

千山木落後　　四海月明時
천산목락후　　사해월명시

蒼蒼天一色　　安得辨華夷
창창천일색　　안득변화이

천산에 나뭇잎 떨어지고

사해에 달 밝으면
짙푸른 하늘은 한 빛인데
어찌 화(華)다 이(夷)다 분별하랴.

73. 양양에서

蓬萊何處在　　山遠白雲深
봉 래 하 처 재　　산 원 백 운 심

靑歸松竹葉　　春入燕鶯心
청 귀 송 죽 엽　　춘 입 연 앵 심

봉래가 어디메뇨
산은 멀고 구름은 깊구나.
푸르름은 송죽의 잎으로 돌아갔고
봄은 제비와 꾀꼬리의 마음에 들어왔네.

74. 약속한 사람

眼隨歸鴈盡　　碧海連天蒼
안 수 귀 안 진　　벽 해 연 천 창

十里猶春草　　萬山空夕陽
십 리 유 춘 초　　만 산 공 석 양

눈길이 돌아가는 기러기를 따르다 다하니

푸른 바다는 하늘에 닿아 더욱 푸르구나.
십리 지경엔 오히려 봄풀이 무성한데
만산은 속절없는 석양일세.

75. 낙양(洛陽)에서

春色歸何處　　長安百萬家
춘 색 귀 하 처　　장 안 백 만 가

山僧掩門坐　　空落一庭花
산 승 엄 문 좌　　공 락 일 정 화

봄빛은 어느 곳으로 돌아갔는고
장안(長安)에는 집들이 가득한데.
산승(山僧)은 문을 닫고 앉아
뜰에 가득한 꽃만 헛되이 떨어뜨렸네.

76. 지언대선(志彦大選)의 귀령(歸寧)

敎育恩均重　　師親禮豈輕
교 육 은 균 중　　사 친 예 기 경

長安纔到日　　聽取子規聲
장 안 재 도 일　　청 취 자 규 성

가르친 은혜와 기른 은혜는 소중하기가 같나니
스승의 예(禮)와 어버이의 예가 어찌 가벼우랴.
장안에 이르는 날, 곧
자규의 소리 들어보소.

禪子歸寧日　　江南二月春
선자귀녕일　　강남이월춘

休將山水衲　　取染馬蹄塵
휴장산수납　　취염마제진

선자가 고향에 돌아가는 날
강남은 이월의 봄이라
행여 산골 중의 옷에
말굽(馬蹄)의 티끌이 물들랴.

77. 심경암(心鏡庵)
　　－용담(龍潭)에 있는－

日來紅上下　　雲去碧東南
일래홍상하　　운거벽동남

山晴能作雨　　只是近龍潭
산청능작우　　지시근용담

해 떠오르니 붉은 빛 천지(天地)에 가득하네.
구름은 파아란 동남(東南)으로 가고

산은 개어도 비가 오는 것은
다만 용담이 가깝기 때문일세.

78. 지대사(芝大師)를 보내며

離程葉飛晩　　一水去悠悠
리정엽비만　　일수거유유

斷鴈聲悲壯　　千峰月亦秋
단안성비장　　천봉월역추

떠나는 길에 낙엽은 날고
한 줄기 강물은 유유히 흘러가네.
짝 잃은 기러기의 소리 슬픈데
천봉의 달 또한 가을일세.

79. 화엄사(華嚴寺)를 지나며

山川當落照　　秋草臥龍龜
산천당락조　　추초와용구

古殿月應弔　　破窓風亦悲
고전월응조　　파창풍역비

산천에는 낙조인데
가을의 풀밭에 용과 거북이 누웠네.

낡은 대웅전(大雄殿)에는 달이 서럽고
부서진 창에는 바람 또한 슬프네.

80. 고도(古都)를 지나며

  暮雲連廢堞 寒雨洗荒臺
  모 운 연 폐 첩 한 우 세 황 대

  山色靑依舊 英雄幾去來
  산 색 청 의 구 영 웅 기 거 래

저녁 구름은 무너진 성벽(城壁)에 이어졌고
찬비는 황폐한 대석(臺石)을 씻누나.
산의 푸르름은 예와 같은데
영웅은 몇 사람이 오갔는고.

81. 행선자(行禪子)에게 답함

  萬里經年別 孤燈此夜心
  만 리 경 년 별 고 등 차 야 심

  何時開一笑 風月對床吟
  하 시 개 일 소 풍 월 대 상 음

멀리 이별한 지 해가 지나니
외로운 등불은 이 밤 나의 마음일세.

언제나 한 번 웃으면서
마주앉아 풍월 읊을꼬.

82. 남해옹(南海翁)에게 답함

南海波雖動　　頭流色自蒼
남 해 파 수 동　　두 류 색 자 창

可憐渠發業　　割水與吹光
가 련 거 발 업　　할 수 여 취 광

남해의 파도는 움직이어도
두류산의 산색은 그대로 푸르다오.
가엾거니 그대의 지나간 생활
물을 베고 빛을 부는 것.

83. 이방백(李方伯)에게 답함

江海豈無意　　山林亦有心
강 해 기 무 의　　산 림 역 유 심

不如金玉帶　　與世善浮沈
불 여 금 옥 대　　여 세 선 부 침

강과 바다에 어찌 뜻이 없으리

시문(詩文)　311

산과 숲에도 마음은 있네.
조정에서 벼슬을 살고
즐겨 세상에 부침함과 같으리오.

84. 이수재(李秀才)에게

寒夜撲飛螢	喃喃讀六經
한 야 박 비 형	남 남 독 육 경
十年勞且苦	所得一虛名
십 년 노 차 고	소 득 일 허 명

서늘한 밤, 날으는 반딧불 잡아
남남(喃喃)히 육경을 읽는다.
십년의 노고와 괴로움으로
얻은 것은 하나의 헛된 이름일세.

85. 무릉동(無陵洞)

月入三江水	花飛雨岸春
월 입 삼 강 수	화 비 우 안 춘
贏劉君莫說	太半是仙人
영 유 군 막 설	태 반 시 선 인

달은 삼강의 물에 들고
꽃은 봄의 양쪽 언덕에 날리네.

영가(嬴哥)니 유가(劉哥)니 그대는 말하지 말게
거의 절반은 신선일세.

86. 관탄(冠灘)에서

荒山蹲老虎　　落日鳴飢鴟
황산준노호　　낙일명기치

江上風波惡　　泊舟宜及時
강상풍파악　　박주의급시

거친 산에 늙은 범은 쭈그려 앉았고
지는 해에 굶주린 부엉이 우네.
강 위에 바람과 파도 사나우니
배 댈 때를 맞추소.

87. 봄

落花千萬片　　啼鳥兩三聲
낙화천만편　　제조양삼성

若無詩與酒　　應殺好風情
약무시여주　　응쇄호풍정

지는 꽃 천만 쪽인데

우는 새소리 요란하이.
만약 시와 술이 없었다면
좋은 경치와 정취(情趣)를 어찌하리.

88. 혜은선자(惠訔禪子)

菊花將解笑　　頭髮不禁秋
국 화 장 해 소　　두 발 불 금 추

行陰那可記　　揮筆寫親愁
행 음 나 가 기　　휘 필 사 친 수

국화는 바야흐로 웃으려 하는데
머리(頭髮)는 가을을 막지 못하네.
가는 세월 어찌 다 기억하리
붓을 날려 새로운 시름을 적노매라.

89. 낙산사의 불사

張旗招海客　　擊鼓集山僧
장 기 초 해 객　　격 고 집 산 승

因知龍鶴輩　　喜躍白雲層
인 지 용 학 배　　희 약 백 운 층

펄럭이는 깃발은 바닷길 나그네를 부르고

북을 울려 산속의 중을 모으네.
용과 학의 무리임을 알리니
겹겹한 백운(객승)이 기뻐 날뛰네.

90. 언덕을 오르며
　　－승정시절－

　　谷長風勢壯　　溪近月光寒
　　곡장풍세장　　계근월광한

　　客裏悲凉苦　　歸山始得閑
　　객이비량고　　귀산시득한

골짜기 기니 바람 거세고
시냇물이 가까우니 달빛 차구나.
나그네의 슬프고 처량한 괴로움
산에 돌아가야 비로소 한가로우리.

91. 윤방백(尹方伯)에게

　　夜雨鳴松榻　　靑燈獨自明
　　야우명송탑　　청등독자명

　　長天爲一紙　　難寫此中情
　　장천위일지　　난사차중정

밤비 솔밭을 울리는데
푸른 등불은 제 홀로 밝구나.
긴 하늘이 한 장의 종이라 하여도
이 정감을 다 적기 어려우리.

92. 두견새 소리

萬里飄流客　　途中換幾霜
만 리 표 류 객　　도 중 환 기 상

靑山聞杜宇　　白髮便還鄕
청 산 문 두 우　　백 발 편 환 향

만리에 떠도는 나그네
길에서 해가 바뀌기 몇 번이던고.
청산의 두견새 소리 듣고서
백발은 문득 고향으로 돌아가네.

93. 산에 살다

山河雖有主　　風月本無爭
산 하 수 유 주　　풍 월 본 무 쟁

又得春消息　　梅花滿樹生
우 득 춘 소 식　　매 화 만 수 생

산하의 주인 있다 해도
풍월이야 본시 다툼이 없네.
게다가 봄소식 들으니
매화는 나무 가득히 피었네.

94. 법광사(法光寺)

風雨千間屋　　苔塵萬佛金
풍우천간옥　　태진만불금

定知禪客淚　　到此不應禁
정지선객루　　도차불응금

천 칸의 집에 비바람 거세고
만불의 금빛 몸에는 이끼와 먼지로다.
아는가, 선객의 눈물이
여기 이르면 금치 못하리.

95. 처영(處英)

衲白雲無色　　潭淸鶴有䨖
납백운무색　　담청학유척

從師出山去　　片月照空窓
종사출산거　　편월조공창

누더기는 희어서 구름이 무색하고
못은 맑아 학이 쌍을 이루었네.
그대 이 산을 나감에
조각달만 빈 창을 비추겠구나.

96. 이죽마(李竹馬)에게

閑忙雖異路　　歲月忽同流
한 망 수 이 로　　세 월 홀 동 류

相逢說往事　　白髮黃花秋
상 봉 설 왕 사　　백 발 황 화 추

한가롭고 바쁜 것이 비록 길은 다르나
세월이야 피차에 함께 흘렀네.
서로 만나 지난 일 이야기하니
머리는 희고 황국(黃菊)의 가을일세.

97. 통결(通決)

誰言李杜後　　風月無相親
수 언 이 두 후　　풍 월 무 상 친

天地至公物　　豈松一二人
천 지 지 공 물　　기 송 일 이 인

그 누가 말했던고, 이백과 두보 가고 난 뒤에
풍월과 친한 이 없다고.
천지는 모든 사람의 것인데
어찌 한두 사람의 것이리오.

98. 행원(杏院)

春風吹杏院　　枝動鳥霎飛
춘 풍 취 행 원　　지 동 조 척 비

斷送落花雨　　樽邊客濕衣
단 송 낙 화 우　　준 변 객 습 의

행원에 봄바람 부니
나뭇가지 흔들려 새들 쌍쌍이 날으네.
꽃을 지게 하는 비 끊어 보내니
술항아리가 나그네의 옷을 적시네.

99. 두견새 소리

春去山花落　　子規權人歸
춘 거 산 화 락　　자 규 권 인 귀

天涯幾多客　　空望白雲飛
천 애 기 다 객　　공 망 백 운 비

봄 가자 산의 꽃도 지는데
자규는 사람에게 돌아가라 하네.
하늘가 떠다니는 나그네 그 몇 사람이
날으는 흰구름을 부질없이 바라보는고.

100. 혜기장로(慧機長老)

足穿千澗水 　 身破萬山雲
족 천 천 간 수　 신 파 만 산 운

想師歸去路 　 桂子落紛紛
상 사 귀 거 로　 계 자 낙 분 분

발로는 수없이 냇물을 건넜고
몸으로는 수없이 많은 산의 구름을 헤쳤네.
아마도 스님 돌아가는 길에
계수나무 열매가 분분히 떨어지리.

101. 형초도(荊楚圖)

巫峽連天曠 　 吳僧杳去蹤
무 협 연 천 광　 오 승 묘 거 종

客過洞庭月 　 雲曉竹林鐘
객 과 동 정 월　 운 효 죽 림 종

무협(武峽 ; 협곡)은 빈 하늘에 이었고
오나라 중의 간 자취 아득하네.
나그네 동정호의 달을 지나는데
죽림의 새벽 종소리에 구름이 걷히누나.

102. 가을

送眼南天遠　　遙山點點靑
송 안 남 천 원　　요 산 점 점 청

長生應有苦　　誰拜老人星
장 생 응 유 고　　수 배 노 인 성

눈길을 남녘 하늘 멀리 보내니
먼 산은 점점이 푸르네.
오래 사는 것 또한 괴로움인데
누가 노인성에 비는고.

103. 우음(偶吟)

松榻鳴山雨　　傍人詠落梅
송 탑 명 산 우　　방 인 영 낙 매

一場春夢罷　　侍者點茶來
일 장 춘 몽 파　　시 자 점 다 래

산비는 솔밭을 울리는데
옆사람은 지는 매화를 아쉬워하네.
한바탕의 봄꿈 끝나니
시자가 차를 달여 오누나.

104. 하씨(河氏)를 곡함

八十人間事　　渾如一夢中
팔십인간사　　혼여일몽중

九原長寂寞　　蕭瑟白楊風
구원장적막　　소슬백양풍

팔십년 인간사야
흐릿한 한바탕 꿈일레라.
구원은 오래도록 적막한데
백양에 바람만이 쓸쓸하이.

105. 봉래(蓬萊)에서

大笑立天地　　滄波渺去舟
대소입천지　　창파묘거주

黃花朝泣路　　紅葉夜鳴秋
황화조읍로　　홍엽야명추

크게 웃으며 천지간(天地間)에 서니
가는 배 창파 사이로 아득하여라.
국화(菊花)는 아침 이슬에 눈물 지우고
단풍잎은 밤에 가을을 우노메라.

106. 저사(邸舍 ; 왕족의 집)의 거문고 소리

白雪亂纖手　　曲終情未終
백설난섬수　　곡종정미종

秋江開鏡色　　畵出數靑峯
추강개경색　　화출수청봉

눈같이 흰 고운 손 어지러이 움직이니
가락은 끝났으되 정취는 남아 있네.
가을 강은 거울같이 맑아서
푸른 봉우리 여럿을 그리는구나.

107. 허학사의 석문시(石門詩)

松吟石上月　　人弄花間琴
송음석상월　　인롱화간금

靑山古人眼　　留與後人心
청산고인안　　유여후인심

소나무는 바위 위에서 달을 읊조리고
사람은 꽃 사이에서 거문고 뜯는구나.
푸른 산은 옛사람의 눈을 거쳐
뒷사람에게 마음을 전해 주네.

108. 청량국사의 영첩(影帖)

八萬大藏經　　師能彈一舌
팔 만 대 장 경　　사 능 탄 일 설

淸風酒金沙　　桂子落秋月
청 풍 주 금 사　　계 자 락 추 월

팔만대장경을
스님은 능히 하나의 혀로 퉁겼구려.
맑은 바람은 금모래 뿌리고
계수나무 열매 가을달에 떨어지네.

109. 감회

落月五更半　　鳴泉一枕西
낙 월 오 경 반　　명 천 일 침 서

如何林外鳥　　終夜盡情啼
여 하 임 외 조　　종 야 진 정 제

달은 지고 오경(五更) 반인데
졸졸 흐르는 샘물 소리는 외로운 베개의 서쪽일세.
어인 일로 숲 밖의 새는
밤 새워 정을 다해 우는고.

110. 곽융수(郭戎帥)에게

曾學萬人敵　　河淸志未酬
증학만인적　　하청지미수

長歌時激烈　　壯氣凜如秋
장가시격열　　장기품여추

일찍이 만인 대적하기를 배웠으나
황하수 맑히려던 뜻 이루지 못했네.
긴 노래는 때때로 격렬하니
장한 기상 추상(秋霜) 같구나.

111. 옛 싸움터를 지나며

山雪河氷裹　　當年飮馬人
산설하빙이　　당년음마인

黃沙餘白骨　　腥草自靑春
황사여백골　　성초자청춘

산에 눈 쌓이고 강물 얼어붙었을 때
말에게 물 먹이던 사람이라
금모래 밭에는 백골만 남았고
피비린내 나는 초원(草原)은 봄이로세.

112. 조학사(趙學士)와 청학동

山僧雲水偈　　學士性情詩
산승운수게　　학사성정시

同吟題落葉　　風散沒人知
동음제낙엽　　풍산몰인지

산승은 운수게(雲水偈)를
학사는 성정시(性情詩)를
함께 읊어 낙엽에 쓰노니
바람에 흩어져 아는 사람 없으리.

113. 백아도(伯牙圖)에 쓰다

流水喧如咽　　高山默似悲
유수훤여인　　고산묵사비

幽蘭與白雪　　千載一哀絲
유란여백설　　천재일애사

흐르는 물 흐느끼듯 시끄럽고
높은 산은 슬픈 듯 말이 없네.
'유란(幽蘭)'과 '백설(白雪)'은
좀처럼 만나기 어려운 애절한 거문고 가락일세.

114. 윤상사(尹上舍 ; 진사)의 옛집을 지나며

歌舞今寥落　　松風獨有臺
가 무 금 료 락　　송 풍 독 유 대

鳥啼人不見　　怪石眠蒼苔
조 제 인 불 견　　괴 석 면 창 태

노래와 춤은 어디 가고
솔바람 속에 누각만이 홀로 남았어라.
새는 우는데 사람은 보이지 않고
괴석(怪石)들이 푸른 이끼 쓰고 잠들었네.

115. 도원도(桃源圖)

因驚秦鹿馬　　走入壺中天
인 경 진 록 마　　주 입 호 중 천

隱几甘眠處　　花飛石榻邊
은 궤 감 면 처　　화 비 석 탑 변

말에게 놀란 진(秦)나라의 사슴
달아나 항아리 속의 하늘로 들어갔네.
궤(几)에 기대어 단잠 든 곳
석탑(石榻) 가에 꽃이 날으네.

116. 숨어 사는 노부(老夫)

耕鑿無餘事　　林泉一老翁
경 착 무 여 사　　임 천 일 노 옹

因鶯驚午夢　　殘雨細隨風
인 앵 경 오 몽　　잔 우 세 수 풍

밭 갈고 우물 파는 일 외에는 다른 일이 없네.
임천간(林泉間)의 한 늙은이
꾀꼬리소리에 한낮의 꿈 놀라 깨니
가는 잔우(殘雨)가 바람에 날리네.

117. 하서(河西 ; 金麟厚)의 묘를 지나며

痛哭辭金闕　　天邊白日沈
통 곡 사 금 궐　　천 변 백 일 침

誰知三尺土　　埋却屈原心
수 지 삼 척 토　　매 각 굴 원 심

통곡하며 궁궐을 하직하니
하늘가에 백일이 잠겼어라.
뉘 알리 석 자(尺) 흙 속에
굴원의 마음 묻은 줄을.

118. 초당(草堂)

月沈西海黑　　雲盡北山高
월침서해흑　　운진북산고

何處靑袍客　　焚香讀楚騷
하처청포객　　분향독초소

달 지니 서해(西海)는 검고
구름 걷히니 북산(北山)이 높네.
어디서 청포(靑袍) 입은 나그네
향 사르며 '초소(離騷經)'를 읽는고.

119. 송암도인(松巖道人)

一枕客殘夢　　空中飛鳥過
일침객잔몽　　공중비조과

落花僧院靜　　泥燕汚袈裟
낙화승원정　　니연오가사

외로운 베갯머리 나그네의 꿈 다하니
날으는 새 하늘을 가로질러가네.
꽃 지는 승원(僧院)은 고요한데
제비가 물고 온 진흙 가사(袈裟)를 더럽히네.

　　　　林下閑文字　　多多必亂心
　　　　임 하 한 문 자　　다 다 필 난 심

　　　　情詩唯一首　　可以備吾吟
　　　　정 시 유 일 수　　가 이 비 오 음

숲에는 한가로운 글이 많은데
많을수록 마음은 어지럽네.
정든 시 한 수가
나의 읊음에 넉넉하네.

120. 운유(雲遊)
　　　－감선자(鑑禪子)를 보내며－

　　　　洗鉢焚香外　　人間事不知
　　　　세 발 분 향 외　　인 간 사 부 지

　　　　想師棲息處　　松檜聒凉颸
　　　　상 사 서 식 처　　송 회 괄 량 시

발우를 씻고 향 사루는 일 외에는

인간사 모른다네.
스님 깃들인 곳 생각하거니
솔과 전나무 맑은 바람에 시끄러우리.

　　　茶根兼葛衲　　夢不到人間
　　　채 근 겸 갈 납　　몽 불 도 인 간

　　　高臥長松下　　雲閑月亦閑
　　　고 와 장 송 하　　운 한 월 역 한

나물뿌리 씹고 누더기 입었으니
꿈엔들 인간사에 이르지 않네.
늙은 소나무 아래 높이 누웠으니
구름도 한가롭고 달 또한 한가롭네.

　　　假托瓶中雀　　還成夢裏人
　　　가 탁 병 중 작　　환 성 몽 이 인

　　　營營求世利　　業火更加薪
　　　영 영 구 세 리　　업 화 경 가 신

병 속의 새요
꿈속의 사람이로다.
세상의 이익을 애써 구하는 이
업의 불길에 섶을 더하는 것일세.

121. 남행 길에서

可笑人間事　　高才不作家
가소인간사　　고재부작가

寒窓老博士　　捫蝨話生涯
한창노박사　　문슬화생애

인간의 일이 우습구나.
높은 재주 지닌 사람은 집을 이루지 않네.
차가운 창가의 늙은 선비
이(蝨)를 만지며 생애를 이야기하네.

122. 강월헌(江月軒)

左手捉飛電　　右手能穿鍼
좌수착비전　　우수능천침

山雲生定眼　　江月入禪心
산운생정안　　강월입선심

왼손으로 날으는 번개(電)를 잡고
바른손으로는 바늘에 실을 꿰누나.
산 구름에 정안(禪定眼)이 이는데
강 달은 선심에 드네.

123. 옛일을 추억함

昨夜江南雨　　洞庭秋水深
작야강남우　　동정추수심

一葉孤舟客　　月中千里心
일엽고주객　　월중천리심

지난 밤 강남의 비에
동정호의 가을 물은 깊었나니
외로운 조각배의 나그네
달밤에 천리를 그리누나.

124. 초옥(草屋)

石上亂溪聲　　池邊生綠草
석상난계성　　지변생록초

空山風雨多　　花落無人掃
공산풍우다　　화락무인소

돌 위에 시냇물 소리 어지럽고
못가에는 푸른 풀 돋아나네.
공산에 비바람 많은데
꽃 져도 쓰는 사람 없구나.

125. 귀양사는 윤공(尹公)

青天一鴈沒　　碧海三峰出
청 천 일 안 몰　　벽 해 삼 봉 출

笛奏落梅花　　客心增鬱鬱
적 주 낙 매 화　　객 심 증 울 울

푸른 하늘에 외기러기 사라지고
푸른 바다에는 삼봉이 솟았구나.
피리소리는 낙화매(音律)를 부노니
나그네의 마음은 더욱 울적하여라.

126. 무상거사(無相居士)

宇宙一閑客　　離家歲月深
우 주 일 한 객　　이 가 세 월 심

桃源花竹夢　　楓嶽水雲心
도 원 화 죽 몽　　풍 악 수 운 심

우주에 한가한 나그네
집 떠난 지 세월이 깊었어라.
도원의 꽃과 대를 꿈꾸나니
풍악의 물과 구름의 마음일세.

127. 세상을 탄식함

石火光陰走　　紅顏盡白頭
석 화 광 음 주　　홍 안 진 백 두

山中十年夢　　人世是蜉蝣
산 중 십 년 몽　　인 세 시 부 유

광음은 석화처럼 지나가고
홍안은 어느새 머리가 희었어라.
산 속의 십년 꿈은
인간 세상의 하루살이일세.

128. 두류산(頭流山)

北地新爲客　　南天舊主人
북 지 신 위 객　　남 천 구 주 인

十年山獨在　　千里月相親
십 년 산 독 재　　천 리 월 상 친

북녘 땅의 새로운 나그네 되니
남녘 하늘은 옛 주인일세.
십년을 산은 홀로 있건만
천리를 떨어진 달은 서로 친하네.

129. 부휴자(浮休子)

臨行情脉脉　　桂子落紛紛
임 행 정 맥 맥　　계 자 낙 분 분

拂袖忽歸去　　萬山空白雲
불 수 홀 귀 거　　만 산 공 백 운

떠날 제 말없이 서로 바라만 보니
계수나무 열매는 분분히 떨어지네.
소매 뿌리치고 홀연히 돌아가니
만산에 속절없는 흰구름뿐이네.

130. 아이를 곡함

二十年前夢　　昏昏一枕中
이 십 년 전 몽　　혼 혼 일 침 중

人間生死苦　　西去聽柯風
인 간 생 사 고　　서 거 청 가 풍

이십년 전의 꿈이
혼혼한 베갯속의 한 일이라.
인간의 생사 괴로움이거니
서방(西方)에 가서 가풍을 들으라.

131. 회포
　　－영정선자(永貞禪子)에게 보임－

　　晝夜天開闔　　春秋地死生
　　주야천개합　　춘추지사생

　　奇哉這一物　　常放大光明
　　기재저일물　　상방대광명

낮과 밤으로 하늘도 열렸다 닫혔다 하고
봄과 가을에 땅도 죽었다 살았다 하네.
기이하거니 이 한 물건
항상 큰 광명을 놓고 있으니.

132. 재송도자(裁松道者；五祖)

　　兩身一夢覺　　松月冷相照
　　양신일몽각　　송월냉상조

　　白髮却紅顏　　千年鶴自老
　　백발각홍안　　천년학자노

두 몸이 한 꿈을 깨었으니
소나무에 달이 싸늘하게 서로 비추네.
백발이 도리어 홍안이 되니
천년 학이 스스로 늙네.

133. 세상을 탄식함

三世世間法　　猶如夢電雲
삼 세 세 간 법　　유 여 몽 전 운

變壞幷不淨　　蟲輩亂紛紛
변 괴 병 부 정　　충 배 난 분 분

삼세의 세간법은
꿈이며 번개며 구름과 같거니
변하고 허물어져 모두가 부정한데
벌레들 어지럽구나.

134. 맑은 밤에

東海月初生　　西嶽猿不歇
동 해 월 초 생　　서 악 원 불 헐

文殊與普賢　　豈犯豊干舌
문 수 여 보 현　　기 범 풍 간 설

동해에 첫달 떠오르는데
서녘 바위에 원숭이 소리 쉬지 않네.
문수와 보현보살이
어찌 풍간의 혀끝에 오르랴.

135. 일암도인(一庵道人)

莫學枯禪者　　參禪句不疑
막학고선자　　참선구불의

身雖化蜩甲　　心若亂遊絲
신수화조갑　　심약난유사

배우지 말라, 고선자의
참선구 의심치 않는 것
몸은 비록 매미의 껍질로 화(化)하였으나
마음은 어지러운 아지랑이 같으리라.

136. 인경구탈(人境俱奪)

梨花千萬片　　飛入淸虛院
이화천만편　　비입청허원

牧笛過前山　　人牛俱不見
목적과전산　　인우구불견

배꽃 천만 편
청 허원에 날아드네.
목동의 피리소리 앞산을 지나건만
사람도 소도 보이지 않네.

137. 사야정(四也亭)

水也僧眼碧　山也佛頭靑
수야승안벽　산야불두청

月也一心印　雲也萬卷經
월야일심인　운야만권경

물은 승려의 눈과 같이 푸르고
산은 부처의 머리처럼 푸르네.
달은 하나의 심인(心印)이요
구름은 만 권의 경일세.

138. 염불승(念佛僧)

合掌向西坐　凝心念彌陀
합장향서좌　응심염미타

平生夢想事　常在白蓮花
평생몽상사　상재백련화

합장하고 서쪽을 향해 앉아
마음을 모아 아미타불을 부르네.
한평생 그리는 일은
항상 백련화에 있네.

139. 행대사(行大師)에게
　　　－을묘년 봄, 전법회(傳法會)에서－

講盡無言處　　昭然六祖燈
강진무언처　　소연육조등

白雲生石路　　高拂一枝藤
백운생석로　　고불일지등

강설을 다하여 말없는 곳
밝고 밝은 육조의 등불이로다.
흰구름은 돌길에 일어나
한 가지 등나무를 높이 스치네.

140. 희장로(熙長老)에게

活句留心客　　何人作得霫
활구유심객　　하인작득척

報緣遷謝日　　閻老自歸降
보연천사일　　염노자귀항

활구에 마음을 둔 선객
어느 사람이 짝이 될꼬.
이 세상의 인연 다하는 날
염라대왕이 스스로 항복하리.

141. 봉성에서 닭소리를 듣고

髮白非心白　　古人曾漏洩
발 백 비 심 백　　고 인 증 루 설

今聽一聲雞　　丈夫能事畢
금 청 일 성 계　　장 부 능 사 필

머리는 희었으되 마음은 늙지 않았다고
고인은 일찍이 말했거니
이제 닭 우는 소리 한 번 들으매
장부의 할 일을 다했네.

忽得自家底　　頭頭只此爾
홀 득 자 가 저　　두 두 지 차 이

萬千金寶藏　　元是一空紙
만 천 금 보 장　　원 시 일 공 지

홀연히 나를 알고 보니
모든 일이 다만 이렇거니
만천금의 보장이
본래가 하나의 빈 종이일세.

142. 덕의선자에게

吾家有寶燭　　可笑西來燈
오 가 유 보 촉　　가 소 서 래 등

半夜黃梅信　　虛傳粥飯僧
반야황매신　　허전죽반승

나의 집에 보배로운 촛불 있거니
우습구나, 서에서 온 등불이라.
깊은 밤 황매산의 소식이
죽반승에게 헛되이 전해졌구나.

143. 법장대사(法藏大師)

斫來無影樹　　燋盡水中漚
척래무영수　　초진수중구

可笑騎牛者　　騎牛更覓牛
가소기우자　　기우경멱우

그림자 없는 나무를 베어 오고
물거품을 불에 태웠네.
우습구나, 저 소를 탄 사람
소를 타고서 소를 찾누나.

144. 원각경을 강하면서

白日雷聲動　　碧潭驚老龍
백일뢰성동　　벽담경노용

清風吹鷲嶺　　明月上圭峰
청풍취취령　　명월상규봉

맑은 날 우레소리 울리니
푸른 못의 늙은 용이 놀래누나.
맑은 바람은 취령에 불고
밝은 달은 규봉에 떴네.

145. 초당의 잣나무

月圓不逾望　　日中爲之傾
월원불유망　　일중위지경

庭前栢樹子　　獨也四時靑
정전백수자　　독야사시청

달이 둥글어도 보름을 넘지 못하고
해도 낮이 되면 기우는데
뜰 앞의 잣나무는
홀로 사시절 푸르구나.

146. 내은적(內隱寂)

飄泊十年客　　歸來白髮添
표박십년객　　귀래백발첨

樵人刈竹盡　　何處覓香嚴
초인예죽진　　하처멱향엄

십년을 떠돌던 나그네
돌아오니 백발만 더했구나.
나무꾼은 대(竹)를 다 베었거니
어느 곳에 향엄(香嚴)을 찾을꼬.

147. 고의(古意)

風定花猶落　　鳥鳴山更幽
풍정화유락　　조명산경유

天共白雲曉　　水和明月流
천공백운효　　수화명월류

바람은 자건만 꽃은 오히려 떨어지고
새 우니 산은 다시 그윽하여라.
하늘은 흰구름과 함께 밝아오는데
물은 밝은 달과 함께 흘러가네.

148. 심선자의 행각

枯木別春色　　羚羊挂石邊
고목별춘색　　영양주석변

山川遊歷罷　　還我草鞋錢
산천유력파　　환아초혜전

고목은 봄빛을 이별하였고
영양은 뿔을 돌에 걸었네.
산천을 유람하여 마쳤으니
나에게 짚신 값을 돌려다오.

149. 도운선자(道雲禪子)

衲子一生業　　烹茶獻趙州
납자일생업　　팽다헌조주

心灰髮已雪　　安得念南洲
심회발이설　　안득념남주

중이 한평생 하는 일이란
차를 달여 조주에게 올리는 것
마음은 재가 되고 머리 이미 희었나니
어찌 다시 남주를 생각하리오.

150. 응화선자(應和禪子)

仰天噓一聲　　箭盡弓還折
앙천허일성　　전진궁환절

若也更商量　　依前入鬼窟
약야경상량　　의전입귀굴

하늘을 우러러 한 소리 탄식하나니
화살 다하고 활 또한 꺾였구나.
만약 다시 헤아리고 생각한다면
여전히 귀굴에 들어가리.

151. 태희사미(太熙沙彌)의 귀령

可笑世間愛　　氷鎖瓦解時
가소세간애　　빙쇄와해시

恩多翻作恨　　歡極却成悲
은다번작한　　환극각성비

세간의 사랑이란 우습구나.
얼음같이 녹고 기와처럼 풀릴 때로다.
은혜 많으면 도리어 한(恨)이 되고
즐거움 지나치면 도리어 슬픔되네.

152. 원철대사(圓徹大師)

一徹祖師關　　不疑三世佛
일철조사관　　불의삼세불

黃梅半夜信　　可笑是何物
황매반야신　　가소시하물

한 번 조사의 관문을 통과하니
삼세의 부처를 의심치 않네.
황매의 깊은 밤에 전한 소식
우습다, 그것이 무어란 말인가.

153. 원(圓)과 밀(密) 두 선자에게

活水淸如鏡　　天光碧一痕
활수청여경　　천광벽일흔

多生漂遠派　　何日返初源
다생표원파　　하일반초원

활수가 거울같이 맑으니
하늘의 빛 푸르러 하나일세.
수많은 생(生)을 먼 지류(支流)만을 떠돌았나니
어느 날 처음의 원류(源流)에 돌아올꼬.

154. 좌주(座主)의 물음

百二十邪師　　俱迷眞實義
백이십사사　　구미진실의

一念忘又忘　　身心忽無寄
일념망우망　　신심홀무기

일백 이십명 사사
모두가 진실의 뜻을 몰랐네.
한 생각 잊고 또 잊으면
문득 몸과 마음 의지할 곳 없으리.

緣心多巧僞　　妄識亂浮沈
연심다교위　　망식난부침

霜劒一揮處　　寒光爍古今
상검일휘처　　한광삭고금

인연(因緣)의 마음에는 꾸밈과 거짓이 많아
망령된 식견(識見)으로 어지러히 부침하네.
서리 같은 칼 한 번 휘두르는 곳에
싸늘한 빛 고금에 번득이네.

155. 낙산사의 회해선자(懷海禪子)

一生奇特事　　獨坐大雄峰
일생기특사　　독좌대웅봉

立敎滄海渴　　攪動機魚龍
입교창해갈　　교동기어룡

일생에 기특한 일은
홀로 대웅봉(大雄峰)에 앉는 것일세.
입교하자 창해를 마르게 하여
어룡을 몇이나 흔들어 움직였는고.

156. 김거사의 딸을 곡함

日色通天海　　龐翁哭一聲
일 색 통 천 해　　방 옹 곡 일 성

蛻形先父去　　誰與說無生
탈 형 선 부 거　　수 여 설 무 생

햇빛은 하늘과 바다에 사무쳤는데
방옹은 한 소리 곡하네.
형체를 벗어 버리고 아비보다 먼저 가니
누구와 더불어 무생을 말할꼬.

157. 천옥선자(天玉禪子)

晝來一椀茶　　夜來一場睡
주 래 일 완 다　　야 래 일 장 수

靑山與白雲　　共說無生事
청 산 여 백 운　　공 설 무 생 사

낮이면 한 잔의 차요
밤 들면 한바탕의 잠일세.
청산과 백운이
함께 무생을 이야기하네.

158. 성운장로(性雲長老)

聲前相見了　　何必望州亭
성 전 상 견 료　　하 필 망 주 정

一笑無言處　　天邊列嶽靑
일 소 무 언 처　　천 변 열 악 청

말 듣기 전에 서로 만났으니
구태여 주정(州亭)을 바라볼 건가.
한 번 웃고 말 없는 곳
하늘가에 줄지은 묏부리가 푸르구나.

159. 도능선자(道能禪子)

歷歷離賓主　　寥寥絶色空
역 역 리 빈 주　　요 요 절 색 공

目前勤記取　　山立白雲中
목 전 근 기 취　　산 립 백 운 중

역력히 주객(主客)을 떠났고
요요히 색과 공을 끊었네.
눈앞에 잘 보아둘 것이
산이 흰구름 가운데 섰네.

160. 새인선자(賽仁禪子)가 게송을 구함

趙州關捩子　　衲僧如打開
조주관렬자　　납승여타개

天下老和尙　　鼻孔穿却來
천하노화상　　비공천각래

조주의 관렬자(關捩子 ; 빗장)를
만약 납승이 열어젖히면
천하 노화상들의
콧구멍을 꿰어 오리라.

161. 신상사(申上舍)의 운을 따라

活活孔夫子　　空空釋世尊
활활공부자　　공공석세존

吞含一口客　　誰識臥雲軒
탄함일구객　　수식와운헌

활활한 공부자요
공공한 세존일세.
한 입에 삼킨 나그네가
운헌에 누워 있는 줄 누가 알랴.

162. 도홍(陶泓 ; 벼루)을 구하는 선자

罪在心生處　　暗中多鬼神
죄재심생처　　암중다귀신

莫求龍尾硯　　慚愧遠追人
막구용미연　　참괴원추인

마음이 나는 곳에 죄가 있나니
어둠 속에 귀신이 많으니라.
용미연을 구하지 말라.
멀리 쫓아와 주는 사람에게 부끄러우리라.

163. 찬불(讚佛)

觀他也不妄　　覺自亦無生
관타야불망　　각자역무생

出世謌何事　　人人本太平
출세가하사　　인인본태평

남(他)의 보는 것도 허망함이 아니요
나(自)를 깨닫는 것도 역시 무생이로다.
출세하여 무엇을 노래하랴.
사람마다 본래가 태평한 것을……

164. 유·도를 찬(讚)함

仲尼旣非始　　伯陽安得終
중니기비시　　백양안득종

寥寥天地外　　來化入無窮
요요천지외　　내화입무궁

중니가 이미 처음이 아니거든
백양이 어찌 마침(終)이 되겠는가.
고요하고 쓸쓸한 천지 밖에서
화(化)하여 무궁으로 드네.

165. 달마의 진영에 붙여

落落巍巍子　　誰開碧眼睛
낙낙외외자　　수개벽안정

夕陽山色裏　　春鳥自呼名
석양산색이　　춘조자호명

뜻이 크고 뛰어나 우뚝 솟은 이
누가 푸른 눈동자를 열었는고.
석양의 산 빛 속에
봄새가 스스로 이름을 부르네.

서산대사법어

印刷日 | 2010년 2월 20일
發行日 | 2010년 2월 28일

발행인 | 한 동 국
발행처 | 불교통신교육원
저 술 | 활 안 한정섭
편 찬 | 법왕궁 박현재

인 쇄 | 이화문화출판사
02-732-7096~7

발행처 | 477-810 경기도 가평군 외서면 대성리 산 185번지
전 화 | (031) 584-0657, 4170
등록번호. 76. 10. 20. 경기 제 6 호

값 15,000원